江苏省"十四五"时期重点出版物出版专项规划项目

"新时代青年眼中的中国式现代化"系列丛书

丛 书 主 编 ◎ 郭继超
丛书副主编 ◎ 戴　锐　刘兴平　李　宁

本册主编 ◎ 孙秀芳

新时代高校校园生活变迁之研究

河海大学出版社

·南京·

图书在版编目(CIP)数据

新时代高校校园生活变迁之研究 / 孙秀芳主编. -- 南京：河海大学出版社，2023.12
("新时代青年眼中的中国式现代化"系列丛书 / 郭继超主编)
ISBN 978-7-5630-8794-5

Ⅰ.①新… Ⅱ.①孙… Ⅲ.①大学生－学生生活－研究－中国 Ⅳ.①G645.5

中国国家版本馆 CIP 数据核字(2023)第 241226 号

书　　名	新时代高校校园生活变迁之研究 XINSHIDAI GAOXIAO XIAOYUAN SHENGHUO BIANQIAN ZHI YANJIU
书　　号	ISBN 978-7-5630-8794-5
策划编辑	朱婵玲
责任编辑	曾雪梅
特约编辑	杨　曦
特约校对	孙　婷
装帧设计	杭永红
出版发行	河海大学出版社
地　　址	南京市西康路1号(邮编:210098)
电　　话	(025)83737852(总编室)　(025)83722833(营销部)
经　　销	江苏省新华发行集团有限公司
排　　版	南京布克文化发展有限公司
印　　刷	广东虎彩云印刷有限公司
开　　本	787 毫米×1092 毫米　1/16
印　　张	16.75
字　　数	355 千字
版　　次	2023 年 12 月第 1 版
印　　次	2023 年 12 月第 1 次印刷
定　　价	98.00 元

总 序

高校思政课承担着立德树人的使命与责任，是为党和国家培养全面发展的社会主义建设者和接班人的关键课程。党的十八大以来，习近平总书记高度重视高校思想政治理论课建设，从召开全国高校思想政治工作会议、全国教育大会、学校思想政治理论课教师座谈会，到多次赴高校考察和师生交流谈心，围绕思政课建设作出了一系列重要论述，为办好思政课提供了根本遵循。习近平总书记指出："要高度重视思政课的实践性，把思政小课堂同社会大课堂结合起来。"高校思政课通过创新实践教学形式、丰富实践教学载体、整合实践教学平台、深化实践教学内容等方式将理论知识学习与实践体验感悟融为一体，把思政小课堂同社会大课堂结合起来，引导大学生走进基层、走向社会，在实践中检验真理，在实践中发展理论，进而促进大学生理论水平、思想素质和思维能力的全面提升。

多年来，河海大学始终坚持立德树人初心使命，以高度的政治责任感多维发力推进思政课建设，着力培养堪当民族复兴重任的时代新人。强化顶层设计，赓续红色血脉，构建大思政格局，打造具有河海特色的思政课程群，将学校"爱国爱水爱校"的深厚情怀融入学生培养全过程。注重拓宽思政课教师育人大视野，把专家学者"请进来"，建设思政课教学"知行"工作坊，举办"思政课大中小学一体化建设"研讨会，邀请兄弟院校、中小学优秀骨干教师等进行教学展示，分享学术成果、交流实践智慧，在交流互学中提升教师教学能力。注重汇聚社会资源育人大能量，联合江苏省档案馆、雨花台烈士陵园等场馆，通过故事和场景化的展示，组织开展体验式、情景式实境教学，上好"纪念馆里的思政课""行走的思政课"，打造"课内＋校内＋校外"育人同心圆。

注重拓宽实践育人大平台，开展大学生讲思政课活动，在村庄、社区、企业等建立学习社、联学站，共建实习实践基地，引导学生从课堂到基层，体验社会、感悟社会、理解社会，树立正确的世界观、人生观和价值观。不管是在思政课程还是课程思政方面，实践教学都是河海大学思政课改革创新的一个重要抓手。

河海大学马克思主义学院在思政课教学中一直重视对学生实践能力的培养，把理论学习和现实结合起来，将鲜活的实践引入课堂教学或者将课堂设在生产劳动和社会实践一线，强化问题意识，突出实践导向，通过多种实践方式引导学生深入理解马克思主义，理解中国化时代化的马克思主义。早在2006年，河海大学思政课就开展了以课题研究为中心的实践教学改革，教学改革使实践教学常态化，并形成了"一个主体，两个结合"，即以学生为主体，实践教学与科研活动相结合、实践教学的系统化与个性化相结合的实践教学理念。以学生为主体，就是要发挥学生的主观能动性和创造力，让学生去想象，去实践。实践教学与科研活动相结合，就是通过让学生申报课题项目、撰写读书报告、参加大学生创新训练计划等实践形式，全面培养学生的社会实践能力、学术研究能力、创新思维能力和论文写作能力，培养学生的人文情怀、团队精神和责任意识。实践教学的系统化与个性化相结合，就是在努力发挥实践教学系统性、整体性功能的同时，创新设计实践教学的多种形式，并针对不同学科、不同专业学生的实际需求，设计不同的实践教学内容、方法和手段，使不同兴趣、不同特长、不同专业的学生都能得到有效训练和发展。2008年11月27日，由教育部社会科学司主办的首届全国高校思想政治理论课案例教学研讨会对河海大学思政课实践课题研究项目改革给予了高度评价，认为这是创新性的思政课改革模式，能够让学生把在思政课上学到的马克思主义理论灵活运用起来，通过实践课题去了解社会，思考问题，提升能力，增长才干，非常值得推广。

在这一优良传统的影响下，河海大学马克思主义学院在思政课实践教学中长期坚持，不断探索和创新。近几年，学院老师围绕抗击疫情、脱贫攻坚、乡村振兴等主题和学生共同研讨，带领学生走入工厂车间、田间地头，在"大思政课"中"受教育、长才干、作贡献"，呈现了很多优秀的实践成果。这些成果作为课堂教学的重要和有益补充，进一步推动了理论教学的改革发展，提升了思政课教学效果，真正让党的创新理论走进学生心里，成为他们在未来工作岗位上不断前行的内在思想动力。这些成果是师生教学相长的见证，是河海大学思政课教学改革成果的生动呈现，得到了江苏省高等教育教改研究立项课题"'行塑'理念下高校思想政治理论课教学模式创新与育人效果提升研究"和江苏省教育科学"十三五"规划课题"高校思想政治理论课教学模式创新研究"的支持，并有幸得以出版和传播。如能经由这套丛书与更多的兄弟院校加强交流，为思政课改革创新提供一些有益启示，尽一些绵薄之力，那么这套丛书出版的初衷也就实现了。

丛书以时代新人的视角，从不同社会空间呈现了近代中国经历的百年历史变迁，从一个家族的演变到一个政党的成长，从校园生活的变化到社会变革的发生，无不折射出中国社会各阶层在巨大的社会变迁中围绕民族独立和人民解放、国家富强和人民富裕等问题进行的思考和实践，历史和现实也充分证明了唯有马克思主义、唯有中国共产党、唯有中国特色社会主义道路、唯有改革开放才能实现中华民族伟大复兴的历史伟业。《"我"对晚清以来中国现代化道路探索之思考》立足于近年来河海大学"中国近现代史纲要"学生课程实践部分成果，展现了鸦片战争以来中国社会各阶层对国家、民族出路的探索，进一步证实了近代中国的封建地主阶级、农民阶级以及资产阶级都无法找到一条通向光明的道路，只有中国的无产阶级才能担当起近代中国革命的领导重任。同学们通过对开天辟地、改天换地、翻天覆地、惊天动地的伟大历程的研究和认识，感悟中国共产党为中国人民谋幸福、为中华民族谋复兴的初心和使命，百年党史波澜壮阔，百年初心历久弥新。在历史洪流中，每一个家族都是一段传奇，每一段传奇都可书写为生动的故事。《跨越百年的对话："我"的家族记忆》立足于家庭与国家、个人与时代的关系，师生共同探讨历史洪流中的那些永恒话题。在中国共产党成立百年以来中国社会发生沧桑巨变的历史背景下，同学们讲述了各自家族发展变迁的故事，呈现出近代以来中国社会发展变化的基本脉络，揭示了人们对美好生活的向往是社会发展进步的深层动力。《"我"对新中国70余年来社会进步之观察》以实践调查的形式，呈现新中国成立以来我国社会主要领域发生的深刻变革，探究社会变革生成、展开的逻辑。该书选取四个主题，分别为反映人民生活水平提高的"民生社会"篇，探讨人们观念转变的"思想观念"篇，突显南京发展特色的"地域特色"篇，以及聚焦生态文明、精准扶贫等方面的"热点问题"篇。通过以上不同视角，在对社会变革的探究中，阐释中国特色社会主义发展道路之特色、中国共产党执政理念之优势、中国共产党带领人民取得的成就之伟大。《新时代高校校园生活变迁之研究》集结了当代大学生观察世界及其变化的系列研究成果，包括大学生对文化、教育、生活及热点话题等方面问题看法的调查研究，既有对传统校园生活各方面的关注，也有对西方文化及其现象的反思，更聚焦于当前校园生活的热点话题。这些研究成果，向我们展示了新时代青年的智慧与理性，彰显了当代大学生的批判精神和责任担当。

　　由于疫情等原因，丛书编撰、出版过程几次中断，但河海大学出版社的老师们始终没有中断编辑工作，对他们的辛勤付出，我们深表感谢！因为是学生的视角，有些论述不免稚嫩。老师们为保证丛书的质量，尽了最大努力认真修改，同时也做了一定的保留。因编写时间和水平有限，错漏之处也在所难免，恳请广大读者不吝指正。

前言

青年学生是国家的希望、民族的未来,是实现中华民族伟大复兴的先锋力量。习近平总书记多次强调,青年的价值取向决定了未来整个社会的价值取向。对大学生的思想政治教育,需要发挥思政课程和课程思政的作用,更需要激励当代大学生不仅读有字之书,还要积极投入社会实践,读"无字之书",从历史和社会实践中求真知,做真学问,全面提升自己,为投身全面建设社会主义现代化国家和实现中华民族伟大复兴的中国梦而不懈努力。

基于此,在近年的"毛泽东思想和中国特色社会主义理论体系概论"课程实践中,思政课教师开始有意识地引导大学生关注校园生活。当代大学生坚持问题导向,透视校园生活的点点滴滴,以青春的热情去感受大学文化和生活,以团队的头脑风暴去反思高等教育,更以年轻人特有的敏锐去触摸我国改革开放和发展的脉搏。循着大学生的思维之光,倾听新时代高校校园生活的变奏曲,深入感触当代大学生五彩斑斓而又别具风格的青春。这里,有对文化自信的昂扬而真切的关注,也有对我国教育澎湃而深沉的关心!在这里,无论是微观新时代校园的多彩生活,还是聚焦社会的热点话题,皆充满着深厚的家国情怀和勇担大任的自省自觉!在这里,大学生们尽情绽放青春的智慧与璀璨,更闪耀着年轻的果敢与坚定,间或呈现略显稚嫩的批判与反思。一切都是那么自然,却令人惊喜。

青春是永无止境的拼搏。当代大学生在思政课程实践中锻炼成长,在研学经历中体味奋斗和创造的力量。

草木蔓发,春山可望。愿他们"以青春之我,创造青春之家庭,青春之国家,青春之民族,青春之人类,青春之地球,青春之宇宙,资以乐其无涯之生"。

目录

总序

前言

第一篇 文化

003 当代大学生的文化自信状况探究

011 以善之名为恶
——关于大学中的道德绑架现象调查研究

022 当代大学生对长征精神的认识状况调查

033 关于新媒体环境下泛娱乐化现状的调查研究

048 当代大学生对西方发达国家认知情况调查
——以南京部分高校为例

第二篇 教育

063 "双一流"高校人才培养背景下思想政治教育建设的变革

085 改革开放四十多年来高校思想政治理论课的变迁

095 当代大学生性教育状况的调查研究
——以 H 大学为个案

099 关于大学生对抄袭现象看法的调查

111 理工科大学生文学素养现状调研
——以河海大学等高校为例

第三篇 生活

125 大学生借贷状况研究
　　——基于H大学在校大学生的问卷调查

137 大学生就业意识与能力发展的调查

150 大学生管理制度中的相对自由和相对束缚
　　——以H大学PU制度为例

163 当代大学生参与创新创业项目研究

180 关于大学生超前消费行为的分析

第四篇 热点话题

193 新媒体环境下高校舆情中的舆论反转现象及成因分析——以南京市高校大学生群体为代表的研究分析

209 "反校园暴力"立法问题的研究

227 大学校园代取业务发展情况调查
　　——以H大学为例

238 高校贫困生资助评定系统问题研究

参考文献　252

后记　257

第一篇 文化

文化自信是更基础、更广泛、更深厚的自信，坚定文化自信，是事关国运兴衰、文化安全和民族精神独立性的重要问题。高校是校园文化创造和传播的重要阵地，也是坚定大学生文化自信的前沿阵地。校园文化是高校的灵魂，在潜移默化中形塑着大学生的价值观。青年大学生是祖国的希望、民族的未来，"青年的价值取向决定了未来整个社会的价值取向"，"人生的扣子从一开始就要扣好"[①]。只有勇敢担负坚定文化自信的重任，才能担当民族复兴大任，成长为时代新人。高校思想政治教育工作必须坚持以文化人、以文育人，紧紧围绕立德树人根本任务，将坚定文化自信贯穿于高校思想政治教育全过程。本篇通过对当代大学生的文化自信现状、对长征精神的认识状况、新媒体环境下"泛娱乐化"现状等的调查研究，梳理其中存在的问题并分析原因，力图全面考察当前高校大学生的思想文化动态，从而为提高新时代高校思想政治教育的针对性和时效性提供参考和借鉴，在思想政治教育过程中循序渐进地增强大学生文化自信，激发大学生奋发向上的精神动力，提高大学生的思想文化素质，使其成长为中国特色社会主义事业发展的中坚力量，助推中华民族伟大复兴的实现。

---

① 习近平. 青年要自觉践行社会主义核心价值观——在北京大学师生座谈会上的讲话[N]. 人民日报，2014-05-05（2）.

当代大学生的文化自信状况探究

当代大学生是一个特殊的群体，作为未来社会进步和祖国发展的主力军，他们虽然接受了高等教育，有着一定的知识储备，但是在文化认知方面仍然存在着一些问题，文化自信不足就是其中一个很重要的问题。因此，对大学生群体的文化自信状况进行调研，了解其对文化自信认知的状况，并在此基础上提出增强大学生文化自信的建议，对促进大学生的全面发展有着非常重要的意义。

一、"文化自信"解读

在庆祝中国共产党成立95周年大会的重要讲话中，习近平指出，"文化自信，是更基础、更广泛、更深厚的自信"[①]。文化自信成为继道路自信、理论自信和制度自信之后，中国特色社会主义的"第四个自信"[②]。那么，文化自信中"自信"的"文化"有哪些层面，究竟包含哪些内涵呢？

（一）"文化自信"的内涵

文化自信中的"文化"有三个层面：传统文化、革命文化、社会主义先进文化。

我们有博大精深的优秀传统文化，它是文化自信的底气所在，是我们最深厚的文化源泉，亦是中华文化发展的母体，积淀着中华民族亘古以来最深沉的精神追求。诸如"当今之世，舍我其谁"的儒子胸怀，"见微知著，见端知末"的法家智慧，"顶踵捐糜，致利天下"的侠客风尚，"芳泽杂糅，昭质未亏"的诗人品质，"忍尤攘诟"的坚韧之志，"格物致知"的求真探索，"扶危助贫"的济世公德等。下到自我修身之道，上到治国理政之法，这些一直都是指引中华儿女精神的风标，代代不息，源远流长。"民惟邦本，本固邦宁"的治国理念，"居安思危，思则有备"的忧患意识，"克明俊德，协和万邦"的和平思想，"儒法并用，德刑相辅"的治理思想，"和为贵""和而不同"的东方智慧，一直是中华民

[①] 习近平. 在庆祝中国共产党成立95周年大会上的讲话（2016年7月1日）[M]. 北京：人民出版社，2016：13.
[②] 赵银平. 文化自信——习近平提出的时代课题[J]. 理论导报，2016（8）：7-9.

族发展壮大的思想源泉，保障了中华文明千百年来一脉相承，生生不息。全面建设小康社会中的"小康"概念，出自《礼记》，也是中华民族自古以来追求的理想社会状态。

我们有鲜明独特、振奋人心的革命文化。无论是战争年代的井冈山精神、长征精神、延安精神、西柏坡精神，还是和平年代的雷锋精神、大庆精神、"两弹一星"精神，以及载人航天精神、抗震救灾精神，这些富有时代特征、民族特色的珍贵精神财富，从根本上发源于中华民族优秀传统文化，同时与时俱进，随着时代前进，不断地进行着再生再造、凝聚升华，从而为我们在新的时代背景下推进文化建设奠定了坚实基础。

我们还有承前启后、继往开来的社会主义先进文化。它是在马克思主义指导下的对中华优秀传统文化和红色革命文化的继承、发展和再创造。社会主义先进文化的明显特征是中国特色社会主义共同理想、以爱国主义为核心的民族精神和以改革创新为核心的时代精神，还包括社会主义核心价值观。在短短几十年的社会主义实践中，我们开辟了中国道路，见证了中国制造，创造了中国奇迹，这足以说明社会主义先进文化的强大生命力，它是为人类文明发展指引进步方向的文化。

我们的文化自信，既来自文化的积淀与传承、发展与更新，更来自中国特色社会主义制度下洋溢的蓬勃生机，来自实现中华民族伟大复兴的中国梦的光明前景。中华文化正迎来一个繁荣发展的黄金期。

（二）文化自卑、文化自负与文化自信

文化多元是当今世界现代化进程的重要特征。中国的现代化转变是通过引进外来文明和文化来实现的，这给认识中国现当代文化秩序带来一种错误的文化差别心态，即认为以西方文化为代表的外来文化是先进和优越的，而以中国传统文化为代表的本土文化则是保守和持旧的[1]。这种心态对中国的知识分子群体及学术界也产生了不良影响。但是，在对待自身文化的问题上，一些人总是存在两种矛盾心理：文化自卑与文化自负。

文化自卑是一种对自身文化价值所持的轻视、怀疑乃至否定的态度和心理。有学者指出，"在 19 世纪末至 20 世纪 20 年代初，自卑于自己的民族文化是当时中国人普遍的文化心理"[2]。鸦片战争爆发，西方列强一方面用坚船利炮打开了中国的大门，另一方面也击碎了国人自以为是、孤芳自赏和以世界中心自诩的梦呓。一次又一次的民族危机加重了人们对自身文化的悲观情绪，一些人甚至产生了对自身文化的否定，进而产生了严重的文化自卑心理。我国近现代历史上多次出现的"全盘西化论""全方位西化论"，所表现出的就是

---

[1] 杜振吉. 文化自卑、文化自负与文化自信[J]. 道德与文明，2011 (4)：18-23.
[2] 封海清. 从文化自卑到文化自觉——20 世纪 20—30 年代中国文化走向的转变[J]. 云南社会科学，2006 (5)：34-38.

一种在文化自卑心理基础上的对传统文化的否定[①]。

与文化自卑心理相反的是文化自负心理。文化自负是一种对自身文化所持的自我满足和狂妄自大的心理。这种心理的思想根源是封建王朝尤其是清朝统治者的"天朝"意识和"中央之国"情结，其特点是唯我独尊，从各个角度强调文化等级观念。

以上两种心理，对于民族文化的建设和发展都是极为有害的。在新时代，我们需要克服文化自卑和文化自负心理，坚定文化自信，只有这样，才能以一种开放的姿态对待文化多元化的浪潮。

当代大学生对文化自信中"文化"内涵的了解程度有待调查，大学生的文化崇拜误区有待寻找，增强大学生文化自信的方法有待提出。为了更好地解决上述问题，特进行此次探究。

本次调查问卷一共有14道问题，前6道题目针对控制变量，后续问题为针对性问题，旨在揭示现象、剖析原因并提出改进方案。

本次调查涉及全国多所高校，主要为南京地区高校，具体涉及河海大学、南京大学、东南大学、南京航空航天大学、清华大学、北京大学、中山大学、西南财经大学、复旦大学、武汉大学、华北电力大学等高校，具有一定的代表性。调查采取随机抽样法发放调查问卷，共收集并处理有效线上问卷356份。被调查者中，女性占比为54.49%，男性占比为45.51%；专业类型为理工科占比48.3%、文科占比39.9%、其他（如艺术类）占比11.8%；就读年级为大一占比9.6%、大二占比38.8%、大三占比44.7%、大四占比5.3%、研究生占比1.7%[②]；政治面貌为中共党员占比3.9%、预备党员占比11.2%、共青团员占比79.8%、群众占比5.1%；父母最高学历为研究生及以上占比6.7%，大学本科占比19.7%，大学专科占比13.5%，高中、中专占比41.0%，初中及以下占比19.1%。此外，调查小组还对专业老师进行了访谈，以弥补问卷调查的不足。

二、当代大学生文化自信认知面临的现实挑战与机遇

当代大学生文化自信认知的现状，既有积极、乐观、自信的一面，也有消极、悲观的倾向，深入探究提升当代大学生文化自信面临的挑战和机遇，有助于有针对性地开展大学生的思想政治教育，提升当代大学生的文化自信。

（一）现实挑战

大学生虽然生活在"象牙塔"，但在信息化时代，作为网络常驻民，其受多元化思潮

---

① 杜振吉. 文化自卑、文化自负与文化自信[J]. 道德与文明, 2011 (4): 18-23.
② 本书中数据四舍五入，取约数。

的影响也有较大差异，因此，提升当代大学生的文化自信，必须从实际出发，了解当代大学生对文化自信认知的现状，以便为高校开展思想政治教育提供参考。

1. "文化自信"在更多的大学生心中仍是一个口号

调查发现，大部分大学生对于党和国家方针政策的关心程度有待提高，可能存在不够主动、态度淡漠等问题。关于"文化自信中'自信'的'文化'包含三个层面，分别是优秀传统文化、革命文化、社会主义先进文化，做此问卷前您了解其中的内涵吗？"的问题，选择"完全了解"的大学生只占8.4%，大多数大学生选择了"部分了解"，甚至有23.0%的大学生选择了"并不了解"。

"文化自信"的提出，最早是在2014年2月24日的中央政治局第十三次集体学习上。2017年，党的十九大将"文化自信"写入了党章。2022年10月，习近平总书记在党的二十大报告中提出："推进文化自信自强，铸就社会主义文化新辉煌。"可见党和国家对于"文化自信"的重视程度。对于当代大学生来说，如果想要了解"文化自信"，首先就要了解其中"文化"所包含的层面及内涵。调查结果表明，从国家层面提出的新时代命题——"文化自信"在更多的大学生心中仍是一个口号，当代大学生应该对其更加深入地学习与认识。我们可以做出合理的外推，当代大学生对于其他相似的国策及方针的态度与心理也大致相同，这说明了大学生在对待党和国家方针政策的态度和心理上可能存在一定的偏差。追溯其根源，可能是多方面的：如学校对党和国家方针政策的宣传普及程度不够，相关教育缺乏实践性，没有或很少有相关的实践活动，不能激发学生兴趣；部分学生认为时事政治、国策方针不关自己的事。

2. 大学生对于"中华文化走出去"的关心程度有待提高

对于中华优秀文化，我们有自信的底气，也有推动其走出去、造福全人类的义务。中国政府及相关机构在推动"中华文化走出去"这一使命任务上已经努力了多年，也取得了一些成效。其中最为人熟知的就是"孔子学院"，它是"中华文化走出去"的一个成功案例。"孔子学院"是中华文化走向世界的代表性方式，是在借鉴国外有关机构推广本民族语言经验的基础上，在海外设立的以教授汉语和传播中国文化为宗旨的非营利性教育机构。它秉承孔子"和为贵""和而不同"的理念，旨在推动中外文化的交流与融合。

中国虽有强大的文化根基和强劲的发展创新势头，但有一个事实不容忽视，那就是中国当前仍处在由文化大国向文化强国迈进的阶段，我国的文化软实力与日益强大的经济硬实力并不相称。如何提高文化软实力，落实文化自信，让中华文化走向世界？孔子学院便是中国推行"中华文化走出去"的良好实践。据报道，截至2019年12月，中国已成功地在162个国家和地区建立了550所孔子学院、1 172个中小学孔子课堂。我们完全有理由相信，中华文化之花，将借孔子学院及其他组织机构的努力实践，开遍全世界。那么当代大学生对于"孔子学院"的了解程度又如何呢？我们的调查发现，当代大学生对于"孔子学院"的了解程度一般。具体体现在"您了解'孔子学院'吗?"这一问题上,调查发现,绝大多数大学生对"孔子学院""听说过但不了解",占比86.5%;只有少数大学生特意关注过,很了解;还有极少数大学生没听说过。这表明大学生对于"中华文化走出去"的关注度有待提高。作为创办时间较长、相对有成效的"中华文化走出去"代表,"孔子学院"在大学生群体中仍然处于一个被冷落的地位。

3. 大学生主动阅读国学经典普遍较少

大多数大学生对优秀传统文化,尤其是国学持认可态度,并相当感兴趣。传统文化可以分为"术"(即形式)层面的内容和思想道德层面的内容。"术"层面是指茶艺、古筝、汉服、诗词、书画等相对偏形式化的内容;思想道德层面则是指经典书籍中的思想、精神和内涵。

国学是中华优秀传统文化之基础,以先秦经典及诸子百家学说为根基,它涵盖了两汉经学、魏晋玄学、隋唐道学、宋明理学、明清实学和先秦诗赋、汉赋、六朝骈文、唐诗宋词、元曲与明清小说以及历代史学等一套完整的文化、学术体系。国学既是优秀传统文化的基础,又是文化自信的根基。失了国学根基,很难做到文化自信。

"文化自信"中的"文化"包含优秀传统文化,国学又是优秀传统文化的根基,阅读国学经典、学习国学对于增强文化自信能够起到很大的帮助作用。因此,我们选取了当代大学生在课余时间主动阅读过的国学经典著作数目作为量化指标,在问卷中以问题"您在课余时间主动阅读过多少本国学经典著作?"呈现。调查发现,多数大学生对于国学经典是怀有兴趣的,但是只有12.9%的被调查大学生在课余时间主动阅读过5本以上的国学经典。国学内涵非常丰富,阅读不到5本的国学经典,恐怕连国学的冰山一角都认识不到,所以调查结果无疑表明了大学生在阅读国学经典方面有着较大的提升空间。

根据我们对调查问卷反馈的分析,大学生阅读国学经典相对较少的原因可能如下。

(1)虽然当代大学生对于优秀传统文化尤其是国学还是感兴趣的,体现在学校开设的传统文化相关课程选修人数较多、学校"国学社"发展得较好等方面,但是大多数大学生仍未能理解优秀传统文化的本质及内涵,多停留在"术"(即形式)层面,而未曾在学习中落实,从而导致部分大学生喜欢穿汉服,却不喜欢阅读国学经典的现象发生。

(2)国学经典文字艰深难懂。

(3)阅读国学经典对于生活学习的帮助虽大,但往往不能够立竿见影。

(二)机遇

调查虽然暴露了若干问题,揭示了若干现实挑战,但挑战也是机遇,若能把握这些机遇,将有助于提升大学生的文化自信。

1. 当代大学生普遍认可优秀传统文化

大学生群体对于优秀传统文化持认可态度，大多数人认为中华优秀传统文化确实起到了积极作用，并对自身文化的发展怀有一定的信心，具体体现在"您觉得中国传统文化是否在您的日常生活中起到了积极作用？"这一问题上，调查发现，绝大多数大学生认为中国传统文化在日常生活学习中起到了积极作用，占比87.1%；只有少部分大学生持否定态度，占比12.9%。这是增强大学生"文化自信"的机遇，稍加正确引导，就能收到良好的反馈和成效。

中国传统文化在当今大学生的日常学习生活中体现了它应有的魅力，大学生也有所察觉，并且对其非常感兴趣。具体体现在"您认为大学是否应该开设传统文化课程？"这一问题上，调查发现，高达78.1%的被调查大学生支持大学开设传统文化课程，仅有5.6%的大学生认为没有必要开设相关课程。

可见，大学生普遍对传统文化课程感兴趣，愿意支持并学习传统文化课程，也表达了对于高质量的传统文化课程的期待。

上课是对大学生进行教育的最主要手段。绝大多数大学生认为应该开设传统文化课程，就说明了他们对于优秀传统文化的认可及兴趣，这将成为增强大学生文化自信非常良好的机遇。

中华优秀传统文化是中华民族的精神命脉，是中华民族的突出优势，是我们文化自信的重要来源。坚定文化自信，要求我们深入学习贯彻习近平总书记关于传承和弘扬中华优秀传统文化的系列重要论述，珍惜价值，古为今用，弘扬精华，创新发展[1]。

中华优秀传统文化的内涵甚广，与我们生活息息相关并融入我们生活，少部分人享受它而不自知。调查结果显示，部分大学生享受优秀传统文化带来的积极作用而不自知抑或持否定态度，表明大学生还应更多地去了解优秀传统文化融入日常生活的具体表现，从而做出客观中肯的评价。

充分利用好以上机遇，就能帮助当代大学生学习和理解优秀传统文化内涵，从而增强大学生群体对自身文化的自信程度。

2. 当代大学生的文化自信程度具有一定的提升空间

当代大学生的文化自信程度具有良好的提升空间，为什么这么说？首先，大学生对于优秀传统文化抱有良好认可度及兴趣，而中华优秀传统文化是中华民族的精神命脉，是中华民族的突出优势，是我们文化自信的重要来源。其次，"文化自信"这一概念对于一些大学生而言是既神秘又令人向往的。但是不得不说的是，当代大学生的文化自信仍处在进一步培育阶段，具体体现在关于"您认为当代大学生的文化自信程度如何？"的调查结果

---

[1] 王伟光. 坚定文化自信 传承和弘扬中华优秀传统文化[J]. 求是，2016 (24)：31-34.

以及相关访谈中。

在对自身群体的文化自信程度进行自评时，超过一半的被调查大学生认为大学生的文化自信程度"一般"。这一自评结果能够在一定程度上反映当代大学生的文化自信程度，对了解大学生群体的文化自信程度具有一定的参考价值。为了进一步深入了解，我们特意采访了 H 大学马克思主义学院副教授、"国学社"指导老师张老师，以及 H 大学水电院 2015 级辅导员刘老师。两位老师明确表示，当代大学生的文化自信程度总体来看一般，还有较大的提升空间。

分析当代大学生文化自信程度一般的原因，有助于找到提升大学生文化自信的方法，有针对性地增强大学生的文化自信。

调查问卷中设置了"您认为谁应该承担起增强国民文化自信的主体责任?"这一问题，对这个问题的回答反映出来的情况是：绝大部分大学生认为，学校教育应当扛起增强国民文化自信的大旗，承担起增强国民文化自信的主体责任。这表明加强学校文化教育建设至关重要，学校教育在增强大学生文化自信上被寄予厚望。

3. 多元化媒体手段为文化学习提供良好条件

优秀传统文化的学习、传播与弘扬也应该与时俱进，在文化学习过程中，善于利用多元化媒体手段，很有可能会取得事半功倍的效果。当代大学生对于以新媒体手段呈现的文化内容尤为感兴趣，这为现今以及未来文化教育提供了良好的机遇，指明了方向。

调查问卷中精选了优秀传统文化在日常学习生活中的主要表现形式，以反映大学生对于各类形式的喜爱程度，采用统计学方法，统计百分数超过一半的词条作为有效指标。

调查发现，有效指标有两项——电视剧、电影，"百家讲坛"等公开课，说明通俗易懂的多感官传播和宣传更容易让人接受。这也给高校思想政治理论课或者其他文化类社团工作的开展提供了启发，即要将文化由精神层面具象化并用相对容易理解的话语传授给学生。

调查表明，当代大学生更喜欢优秀传统文化以电影、电视剧以及优秀公开课的形式表现，而最不喜欢书法或绘画展览的表现形式，由此可见，更多更好地通过大众媒体手段进行表现，将会使优秀传统文化对大学生更有吸引力。

三、关于增强大学生文化自信的建议

根据前面的调查结果和分析，关于增强大学生的文化自信，我们提出如下建议供研究和参考。

（一）帮助大学生树立对待国家形势与政策的理性心态

首先，古语有云，"家事国事天下事，事事关心"，当代大学生正应如此，在学好书本知识的同时，也不能忘了关心党和国家的工作大局，要摆正心态，保持理性的态度，紧跟时代的步伐。其次，充分发挥学校思想政治教育的作用，加强高校思想政治教育，引导大学生培育崇高的精神境界和健康的心理品质，提高鉴别腐朽文化的能力，帮助他们树立文化自信。再次，学校及政府相关部门应高度重视"中华文化走出去"等文化战略在校园的传播与更新，采取相关措施让大学生意识到国家文化战略与个人前途和生活密切相关。最后，大学生在对待本国自身文化时，必须摆正心态，坚定文化自信，避免文化自卑或文化自负的倾向。

（二）结合优秀传统文化、革命文化和社会主义先进文化进行课堂教学

调查结果显示，在大学生心目中，学校应当承担起增强国民文化自信的主体责任。因此，要充分利用高校课堂教学，从各个方面贯穿和渗透优秀传统文化、革命文化、社会主义先进文化教育。可以鼓励相关专业老师开设选修课，效果好的话甚至可以开设必修课，以提升学生传统文化素养，增强文化自信。同时，要注意相关课程课堂教学内容的时效性和趣味性，避免形式主义，使更多的同学对前述的三个文化产生兴趣。鼓励"国学社"等相关社团的发展，多举办一些有趣的文化活动，比如国学知识大赛、古风服装设计大赛、学校诗词大会等。

"中华优秀传统文化是文化自信的基石。"[①] 国学是中华优秀传统文化的根基，学校应当鼓励同学们多阅读国学经典，可以参考相关注解自学，也可以通过"百家讲坛"等公开课进行学习。学校可以为同学们开出国学经典阅读书单，布置阅读任务，作为综合素质成绩参考依据之一。对于国学经典文学可能存在的艰深难懂的问题，选修课老师及学校可以收集优秀注解供同学们参考阅读。

（三）注重利用媒体手段，增强文化学习的多元性、趣味性

传统文化表现形式可以更加多元化，多利用媒体手段，其中电视剧、电影以及"百家讲坛"公开课等表现形式尤受当代大学生喜欢，应当大力支持。

媒体应发挥舆论引导作用。媒体热点推送应减少娱乐新闻内容，多推送一些弘扬优秀传统文化、革命文化以及社会主义先进文化的内容。

---

① 杜芳. 中华优秀传统文化与文化自信[J]. 探索，2017（2）：163-168.

以善之名为恶

——关于大学中的道德绑架现象调查研究

道德绑架问题并不只存在于社会上，大学里的道德绑架事件也屡见不鲜。通过对大学里的道德绑架现象进行调查研究，分析道德绑架现象的发展趋势以及消除的意义，对促进大学生心理健康和全面发展以及构建和谐校园有着重大意义。

一、道德绑架概述

道德绑架是指人们以行善的名义，通过舆论压力胁迫他人履行一定行为或中止与道德相冲突的行为，具有道德性、公开性、胁迫性、软约束性等特征。道德绑架不同于道德劝说的地方在于它的强制性，不同于道德强制的地方在于它强制的软约束性，不同于道德欺诈的地方在于它的意图是善的。道德绑架对于现实社会的影响，我们应当给予足够的重视。首先，这种道德行为带有强迫性，是不尊重他人的意见、自由和道德选择的，因此它与道德自由相对立，也不同于道德规劝。其次，这种道德行为带有要挟性，而不是直接的强迫，要挟是"利用对方的弱点，强迫对方答应自己的要求"。道德绑架被要挟的乃是他人爱惜、顾及的自身社会道德形象，他人若不按要求完成道德行为，就得付出丧失或大大损害其社会道德形象的代价。

道德绑架虽然是以弘扬道德为出发点而展开的，但并非就符合特定文化背景下的实际社会道德。首先，即便它以道德为目标而非其他原因带动网络舆论，但这并不意味着此种行为就是符合道德本质的，只能说其初衷或许是善意的。其次，虽然行动者要求被绑架人完成的行为是道德的行为，但采取的手段是软约束性甚至是非道德性的，最终也使道德绑架成为一种不道德的行为。此外，道德绑架通常发生于公开的媒介平台上，而不是私人间的救助行为中，这是因为绑架施行方需要借助公共平台来形成舆论的压力，这也是其能够胁迫被施行方履行所谓道德义务的前提。也就是说，没有公开的报道或信息传播，就不存在道德绑架这一舆论现象[①]。

任何个人或者团体都有可能成为道德绑架的对象，而社会公众人物更容易成为被绑架的那一方，因为他们本身就是媒体和网民关注的焦点，而且普遍被认为是能够实施救助行为的实体。因而与此产生对比的是普通人更容易在道德绑架事件中成为施予道德义务的那一方。道德绑架要求发生的行为是符合绑架者道德判断的行为，而不必是符合所有涉事方共同价值观的行为，所以此种行为因带有强迫性而失去了道德的光辉。在网络社会中，最为常见的事例之一是对社会弱势群体的救助行为。例如当某地发生自然灾害时，就会在微博中看到一些网民在没有公开表达捐款意愿的演艺界人士的个人页面下留言、指责甚至声讨。

二、道德绑架案例分析

放眼当下，道德绑架现象不算少见，校园内人际交往、劝募、爱心捐款等等，或多或少都存在道德绑架倾向。

（一）校园内存在的道德绑架问题案例分析

1. 案例一：宿舍关系

（1）舍友：你去食堂吗？

我：我不去食堂，我回宿舍。

舍友：那你帮我把书包拿回宿舍吧！

我：……

舍友：不愿意就算了，还是不是舍友？

（2）舍友：放学你回宿舍吗？

我：我不回宿舍，我去食堂。

舍友：那你帮我带一份蛋炒饭吧！

我：……

舍友：不愿意就算了，还是不是舍友？

（3）舍友：放学你是回宿舍还是去食堂呢？

我：我不回宿舍也不去食堂，我在班里上自习。

舍友：那你的饭卡借我用一下好了。

我：……

---

① 王誉俊. 新闻传播语境中道德绑架的内涵与规避[J]. 今传媒，2016，24（3）：30-31.

舍友：不愿意就算了，还是不是舍友？

案例分析：以同学情谊绑架，要求帮忙的虽是小事，但是经常性的麻烦令人困扰，且因为都是小事，反而让人难以拒绝。

2. 案例二：爱心包裹

在每年的 11 月至 12 月份，学校爱心协会都会组织"爱心包裹募捐"活动，具体就是走上街头劝募，并用筹集到的资金购买一些文具和体育用品捐赠给欠发达地区的孩子。这个活动本意是好的，而且参加此活动可以得到志愿学时和证书，但却被一些人发展成逼捐，在街头拉住行人强行要求其捐款。

案例分析：劝募这种形式本身就是一种道德绑架。人们做慈善、做公益都是因为自己内心主动希望做一些实际的事情，而如果用"劝"这种形式做慈善，就带了一点强行的意味，虽然本意是好的，但实行的方法却有些走偏。

3. 案例三：强要笔记

临近期末，"学霸"的笔记成了"抢手货"，很多人都会去向"学霸"借，一次两次没关系，但是借的人多了，影响了"学霸"正常复习而被拒绝时，有人却说"学霸"自私，只顾着自己学习。

案例分析：同学间互帮互助本是好事，学习优秀的同学帮助别人复习也是好事，但并不意味着这是他们的义务，因为他们也是靠着自己的努力和认真换来的好成绩，无偿主动帮助是情分，但不帮助也在情理之中，毕竟复习时间紧张，而被帮助的人不感恩反而加以指责就不应该了。

（二）道德绑架的危害

绑架是指为了达到某一目的，使用暴力、胁迫或者其他方法作用于他人的行为，而道德绑架是指利用大众的道德观，通过舆论、评论、讲述等形式在精神上作用于他人的行为，两者在本质上几乎没有区别，但是道德绑架的危害性总是被人们忽略。

道德绑架带来的危害是多方面的。被道德绑架的主体，轻则损失金钱、时间，重则精神和肉体受到打击。大众的舆论会对被绑架主体产生巨大影响。他人的刻薄评价有时会摧毁一个人，日常生活中他人带有恶意的眼神都会给人带来巨大的精神压力，甚至可能导致抑郁症或更糟糕的后果，并且由于现在网络发达，道德绑架很容易大范围地传播，演变成一场网络暴力。

对于实施道德绑架的人来说，短期来看，其可能以道德舆论达到了自己的目的，但是一旦开头成功了，得到了道德绑架带来的利益，那么由于人的依赖性，随后他可能会进行第二次、第三次的效仿，逐渐丧失自我的能动性，并且当被绑架的人拒绝时，为了达到目的，绑架施行方甚至会实施违法犯罪的行为。

从个人到社会,当道德绑架没有人重视,实施道德绑架的人不用承担任何风险代价时,这个社会的道德水平就比较低了。因为道德本身是用来约束自己的,而不是用来强行要求、批判他人的。当一个社会跟风效仿道德绑架,惯于用严格的准则要求他人时,可以说这个社会一定是出了问题了。

综上,从各个角度考虑,道德绑架的危害巨大且不易被人察觉,实在不容小觑。禁人作恶,可也;强人行善,绑也。我们应正视道德绑架的危害,不助长道德绑架的不良风气,对道德绑架坚决说"不"。

三、道德绑架及其消除的意义

当今中国社会存在的道德问题,是在社会转型大背景下发生的,具有鲜明的社会转型期特征。正视这一点,是我们加强道德建设、治理道德问题的必要前提。我国改革开放以来,在道德视野内,最根本的利益关系的变革,是个人正当利益获得了重新评价和肯定。道德在调节利益关系方面取得历史性进步的根据在这里,同时,因面对复杂的利益关系,道德本身也出现了多元、多样、多变的复杂情况[①]。

(一)道德问题的客观成因

中国将自身发展阶段定位于社会主义初级阶段,找到了真实客观的历史方位。这对道德发展变化产生的最重要影响,是使人们深刻认识到社会成员道德觉悟和道德境界的多样性与层次性,认识到社会道德价值取向的多样性与层次性。这也就要求社会在倡导道德行为和进行道德引导时,必须考虑人们价值取向的实际状况,既强调道德的先进性,也照顾道德的广泛性,既追求道德的应然性,也满足道德的实然性。这种变化使道德建设从过去的"天上"回到了"人间",现实性、针对性和有效性得到大大提升。这种变化带来的一个客观结果,是使多元、多样、多变的道德规范日渐活跃,社会主流道德规范的适应性和弹性也由此增大,道德舆论环境也更加宽松。

从高度集中的计划经济体制到充满活力的社会主义市场经济体制的转变,是当代中国最具基础性的社会变革。发展社会主义市场经济,需要道德对更加多元多样的利益主体,对市场、利润、商品、货币、交换、分配以及消费等市场经济的基本要素,做出道德上的新阐释。一方面,在社会主义市场经济条件下,道德建设更加务实,道德对人们在合理合法基础上追求更多的个人利益,追求更多的商品和货币(金钱)、更高水平的消费和享受

---

① 秋石. 正视道德问题 加强道德建设——三论正确认识我国社会现阶段道德状况[J]. 求是,2012(7):10-14.

等观念及行为做出正当性的肯定和维护；另一方面，也要防止等价交换、利润至上、消费主义、嫌贫爱富等市场经济法则在人们精神领域的泛化，尤其要防止拜金主义、享乐主义和极端个人主义对人们思想道德的腐蚀。

从封闭半封闭到全方位开放的转变，是中国社会实现的又一历史性变革。对外开放使中国门户大开，新鲜空气进入的同时，"苍蝇蚊子"也进来了。一个加入了经济全球化进程的国家，一个链接了互联网的国家，再也不可能关起门来搞道德建设。一方面，中国可以在同世界各国进行交流、交往的过程中，更好地学习借鉴别国优秀的道德文化；另一方面，西方发达资本主义国家在全世界配置资本、科技、技术标准和贸易规则的同时，也会配置其所谓的"普遍伦理"和"普世价值"，当今中国道德价值观念的多元、多样、多变，既有深刻的国内根源，也有深刻的国际背景。

毫无疑问，道德问题的主观成因是十分重要的。为什么处在大体相同的社会环境中，处在相同的制度、体制之下，同样经受着市场经济大潮的冲击，同样面对着形形色色的诱惑，人们的道德境界、道德表现却差异甚大？"物必先腐也，而后虫生之"，区别就在于内因。少数官员贪污腐败，是因为他们在理想信念上出现了滑坡，而这是最致命的滑坡；一些企业和商人诚信缺失，是因为他们唯利是图、见利忘义；一些社会成员公德失范，是因为他们自私自利的思想意识在作祟。这印证了一句话：内因是变化的根据，外因是变化的条件。

但是，正如马克思、恩格斯所说："人们的观念、观点和概念，一句话，人们的意识，随着人们的生活条件、人们的社会关系、人们的社会存在的改变而改变，这难道需要经过深思才能了解吗？"[①] 在人类历史的本源意义上，是人们的社会存在决定人们的意识，而不是相反。因此，分析道德问题的客观成因，对于我们加强道德建设、治理道德问题，有着更为重要的意义。

（二）如何消除道德绑架

中华民族的道德观经历了五千多年的积淀。中国当前道德状况的主流积极、进步、向善，但绝不意味着能任由各种严重的败德现象泛滥，而要树立必胜的信心去治理和根除这些败德现象。中国人民有足够的道德阅历、道德勇气、道德能力，解决自己的道德问题，完善自己的道德体系，主宰自己的道德命运。什么是道德绑架呢？从字面上来看，就是以道德为筹码，要挟个人或众人不得不做某些事情。道德绑架在我们身边屡见不鲜，总有那么一些人，他们往往躲在网络平台的背后，站在所谓道德的制高点，以看似道德的逻辑去约束或规范别人的行为。那么，我们如何从根本上消除这些行为和现象呢？

---

① 马克思恩格斯文集：第二卷[M]. 北京：人民出版社，2009：50-51.

1. 在思想上提高觉悟，在行动上加大力度

改革开放初期，邓小平同志就告诫全党："经济建设这一手我们搞得相当有成绩，形势喜人，这是我们国家的成功。但风气如果坏下去，经济搞成功又有什么意义？会在另一方面变质，反过来影响整个经济变质，发展下去会形成贪污、盗窃、贿赂横行的世界。"[①]他反复向全党和全体人民强调，我们要建设的社会主义，不但要有高度的物质文明，而且要有高度的精神文明，要教育人民做到有理想、有道德、有文化、有纪律。

我们党确立社会主义市场经济的改革目标之初，江泽民同志就严肃指出："如何充分发挥市场机制的积极作用，同时有效地防止拜金主义、享乐主义和极端个人主义的滋长蔓延，帮助人们树立社会主义的理想、信念和道德风尚，这是一个重大的历史课题。"[②]他强调，"如果只讲物质利益，只讲金钱，不讲理想，不讲道德，人们就会失去共同的奋斗目标，失去行为的正确规范。要把依法治国同以德治国结合起来，为社会保持良好的秩序和风尚营造高尚的思想道德基础"[③]。

正视和治理各类道德问题，一个重要的先决条件，就是要在思想上进一步觉醒，决不能对道德建设有丝毫的轻视和懈怠；就是要在行动上进一步加大力度，决不能说起来重要，做起来次要。没有道德领域的进步和发展，就不是全面协调可持续的科学发展。在道德建设上，要做实功而不要务虚名，要日积月累而不能急功近利。要真正把道德建设纳入经济社会发展规划，纳入政绩考核指标，纳入干部奖惩评价体系。

2. 让法治建设成为道德建设的坚强后盾

道德的后盾在法律，道德的底线在法律。使法治和德治紧密结合、相辅相成，是加强道德建设、有效治理道德问题的根本途径。

道德主要依靠良心自觉发挥作用。人的良心不是天生的，而是后天形成的。儿童道德发展心理学的研究表明，一个人良心形成的过程，就是逐渐社会化的过程，从根本上说，良心就是内化的社会道德规范。在这个过程中，符合社会道德规范的言行会受到肯定和奖励，违反社会道德规范的言行会受到否定和相应程度的惩罚，人们在激励与约束相辅相成的机制中经受着道德磨炼。这一过程表明，道德良心仅仅靠正面的肯定和奖励是不可能健全、成熟的，而一定要有相应的否定和惩戒机制，才能促使人们形成"趋善避恶"的条件反射并养成道德行为习惯，逐渐形成健全、成熟的道德良心。这就是说，道德良心既是"奖励"出来的，也是"惩罚"出来的。

道德需要终身学习和修养。儿童道德良心形成的过程与成人遵守道德规范的良心机理是一致的。在中国社会转型的过程中，面对更多的利益诱惑和欲望冲动，面对新旧道德规

---

① 邓小平. 邓小平文选：第三卷[M]. 北京：人民出版社，1993：154.
② 中共中央文献研究室. 十四大以来重要文献选编：中[M]. 北京：中央文献出版社，2011：630.
③ 江泽民. 江泽民文选：第三卷[M]. 北京：人民出版社，2006：278.

范的碰撞激荡，无论是少年儿童还是成年人，新的道德良心的养成，既要靠学习教育、靠舆论引导，更要靠制度强制，包括靠法律惩处的"威慑"。人们往往只看到发达国家公共秩序良好的一面，却忽略了发达国家社会公德背后的法律支撑，当闯红灯、乱停车、随地吐痰等轻微违法行为的代价都高昂到承受不起时，人们自然就会变得更加"有道德"。中国自从实行"醉驾入刑"以来，酒后驾车的人数陡然下降。这是道德觉悟提高了，还是惩戒机制奏效了？答案显然是：双赢！因为法律本身也具有思想教育的力量，可以促使人们将道德行为由他律转为自律，并通过对正确行为的反复强化，对不良行为习惯的反复矫正，逐渐使遵守道德规范成为一种不再需要外部监督和意志努力的自觉行为。治乱当用重典，治理当前突出的道德问题，必须更加重视发挥法治的作用。

3. 从我做起，从现在做起，从小事做起

加强道德建设，治理道德问题，是一项全民共建共享的民心工程，需要全社会共同努力。每一位公民都应该成为道德建设的参与者，而不能只当旁观者；都应该成为良善道德环境的维护者，而不能只当享受者；都应该成为躬身行德的实践者，而不能只当评头论足的"批评家"。

道德领域存在的一些现象值得人们反思。比如，一些人一面抱怨"人心不古""人情冷漠"，一面又提醒家人"出门少管闲事""不要和陌生人说话"；一面抱怨假冒伪劣商品充斥市场，一面又对廉价仿冒名牌商品趋之若鹜；一面抱怨公共秩序混乱，一面又随地吐痰、乱扔垃圾、逆行和闯红灯；等等。这种相互矛盾、"双重标准"的心态，这种事不关己高高挂起的态度，正是当前道德问题产生的温床和土壤。

强调道德建设从我做起、从现在做起、从小事做起，就是强调道德建设人人可为、时时可为、处处可为、事事可为。每个公民都负有道德建设的责任，都是道德建设的主体；道德建设的成就人人有一份功劳，道德领域的问题人人有一份责任。一滴水能够反射太阳的光辉，一个人的德行也可能折射整个社会的道德风貌。"我为人人，人人为我"的社会，是我们理想的道德家园。

"己所不欲，勿施于人""己欲立而立人，己欲达而达人""穷则独善其身，达则兼济天下""勿以善小而不为，勿以恶小而为之"……这些古训所揭示的道德哲理，在今天，依然是激励每一个国人立德向善的大智慧。一个具有五千年文明史的伟大国度，一个自强不息、厚德载物的伟大民族，继续涌动的，依然是波澜壮阔、大浪淘沙、奔腾向前的道德主流。

（三）消除道德绑架的意义

我们每个人都应该讲道德，这是大家公认的事。但近来"道德绑架"这个词却越来越多地被人们提到。究竟何为"道德绑架"？所谓"道德绑架"，就是用圣人的标准要求普通人，将美德作为道德义务，或混淆政治义务和道德义务。比如：要求一个人舍身救人，否则就对其进行谴责，这就是道德绑架；要求一个人掏钱支持希望工程，这尽管是一件好事，但如果一个人不掏钱就要被谴责，这也是道德绑架，因为这并非道德义务。"道德绑架"之所以发生，除去人的精神结构不谈，根源就是道德判断逻辑的混乱。

道德是用来规范自身的标尺，而不是用来约束他人的工具。道德绑架之所以容易得手，是因为其借助舆论给人造成巨大的心理压力，足以"杀人"。在我国，社会价值观多元共存已经成为普遍的事实，社会对于个人行为的宽容达到了很高的水平，也正因为如此，"道德绑架"这个词才会受到热议。我们可以认为只要不触犯法律，是否履行道德义务是与他人无关的事，但长此以往，这个社会就会变得冰冷。尽管我们不应该强制他人接受我们认为的道德要求，但每个人都不能触及道德的底线，都应该尽力去自觉履行道德义务，只有这样，我们的社会才会更加和谐美好。

马克思曾把人类认识把握世界的方式划分为四种，即科学理论的、艺术的、宗教的和实践-精神的（即道德的）。其中，科学、艺术和道德是最为基本的认识方式，科学提供关于世界真的知识，艺术提供关于世界美的学问，道德提供关于世界善的知识，这三种方式有机结合，构成了对整个世界真善美的全面把握[①]。道德把握世界的特点就在于它是精神—实践的。道德首先是一种精神，但它作为精神又不同于科学和艺术等其他精神，而是以指导行为为目的、以形成人们正确的行为方式为内容的精神，因而它又是实践的，故马克思称之为"实践精神"的方式。道德根源于人类实践本身，实践既提供关于客体的知识，又使人们从人的需要的角度去认识和评价客体，从而形成主体与客体的价值关系，把世界分为有益的与有害、善的与恶的，世界正是在它的价值意义和价值属性中被人们认识和理解。

道德之所以能成为人们把握世界尤其是社会和人生的重要途径和方法，还取决于道德的客观基础和道德自身的特点。道德是社会关系的观念表现，道德规范这一"应然之则"依据于社会生活的"必然之理"，因而，可以说把握了道德，也就从一个极重要的方面——精神方面把握了社会和人生。道德还具有独特的渗透能力，具有特殊的广泛性和普遍性，凡有人生活的地方，就有道德的踪影，所以，道德不仅是社会关系的一个重要方面，同时也是表现社会关系的一个重要窗口，是社会状况和人类精神面貌的晴雨表。一个国泰民安、蒸蒸日上的社会，其道德面貌也必然是积极向上、焕然一新的；反之，必然是世风日下、人心不古。同时，由于道德是以"应然之则"来反映社会的，它便又成为预测未来社会的重要方式。正如苏联伦理学家季塔连科所指出的："人类的道德经验是独一无二的历史'实验室'，在这里可以找到社会发展和人类完善的最富有前景的、最人道的

---

① 黄明理. 论道德对个体的意义[J]. 淮阴师专学报，1994（2）：15-17.

途径。在一定的历史阶段,即当人们对社会发展前景的认识还没有形成科学定义时,社会制度未来轮廓的道德预测往往是历史转变的第一个信号。"①

讲理性、讲规矩、讲法律是好事,但不要忘了,我们的社会也要给人性以一定的舒展空间。谁都知道,要规范办事,但人之所以为人,就在于人并不是没有情感、没有情绪的机器。而法律的存在,为我们设定了最基本的行为底线,我们在关于法律的问题上没有什么明显的分歧。但道德标准就不一样了,有的人或许还觉得婚前"劈腿"跟私德扯不上关系,因为恋爱时毕竟还不需要履行法律中规定的"夫妻相互忠实的义务",这就会造成道德感在某些人心中的虚无和脆弱,抑或说囿于自身道德底线的"低下",为人处事就只剩下了"法律红线",而没有"道德红线"了,这是法治进程逐渐推进的中国社会应该警惕的倾向。道德是用来约束自己的,不是用来禁锢无辜的人的。制定自己的准则,绑架别人的道德,这是一种畸形的价值观。每个人的成长方式不一样,每个人都有选择自己生活方式的权利。

在国民法治意识提高和法治建设蒸蒸日上的当今社会,我们谈拒绝"道德绑架",但也要避免出现这种现象:一出现"道德"字眼,一透露出道德意味就条件反射,视之为洪水猛兽,欲除之而后快。法律是一个好东西,道德也是一个好东西。我们渴望国民道德素质的提高,能够让社会更加和谐,而要做到这点,就得放弃一种"谈道德色变"的心理,而这其中的关键就在于不要让"道德绑架"成为一个出现"道德"字眼就可以使用的筐。我们尊重道德,但拒绝道德绑架,让道德在空气中自由地呼吸,比将它强行加压到人的身上会更让人喜爱。

四、道德绑架问题的问卷分析

(一) 路人篇

本次针对社会"道德绑架"问题的调查,我们共收到"路人篇"的 270 份有效回复。其中男女占比分别为 48.1% 和 51.9%,这一比例充分证明了本次调查问卷结果的真实性和合理性。

在关于个人道德感的自我认知这一问题上,我们可以看到有 31.9% 的受访者表示自己的道德感很强,有 38.2% 的受访者认为自己的道德感较强,有 27.8% 的受访者认为自己的道德感一般,还有 2.2% 的人则觉得自己的道德感较弱。这与我们以及社会主流价值观的期待结果并不相符,显然,社会道德感的缺失已经成为一个越来越凸显的社会问题。

受访者中,83.0% 的人认为自己的道德感主要来源于父母的言传身教,55.6% 的人认

---

① 季塔连科. 马克思主义伦理学[M]. 黄其才,等译. 北京:中国人民大学出版社,1984:100-101.

为来自学校的教育，48.9%的人认为有来自社会道德宣传的影响，还有61.9%的人选择了自己的人生阅历。不难看出，学校教育和父母的言传身教在一个人的道德感形成过程中起着举足轻重的作用。父母加强自身的道德修养，为孩子做好榜样，学校增设道德培养类理论和实践课程，都有利于提高下一代的道德素质。

在接受本次问卷调查的受访者中，有36.3%的人听说过并比较了解"道德绑架"这一概念，还有57.4%的人表示听说过，仅有6.3%的人没有听说过这一概念。这一调查结果显示了"道德绑架"这一名词在当今社会的巨大关注度，对"道德绑架"行为进行研究并对这类问题加以解决已经成为社会的共同任务。

面对路边的乞讨者，受访者们做出了下面的回复：会"毫不犹豫地出手帮助"的人仅有6.3%，更多的人则会有所考虑，如担心被骗，觉得他们仍有劳动能力，等等。人们已经能够越来越冷静而理性地处理生活中遇到的道德性事件，也许这对部分真正需要帮助的人来讲很不公平，但这却是我们社会的现状。另外，选择"视情况而给予一定的帮助"的人多达63.7%，这也足以说明我们社会并不是真的冷漠，而是需要一定的道德引导，并且需要消除一些损害道德风尚健康发展的不利因素，比如部分人的"道德绑架"行为。

在近几年大热的让座问题上，我们得到了如下的调查结果：我们发现近乎90%的受访者都很认同"在公交车座位上年轻人与老年人是平等的"这一观点。29.6%的人认为让座这种道德行为透射的应该是相互尊重和尊老爱幼。美德不同于义务，它是一个人结合自己实地实时的具体情况，基于自己受到的教育等表现出综合素质的行为，而义务则是法律和社会要求去做的行为。所以让座是一种美德，它所表现出的中华民族传统的尊老爱幼的美德可以让我们的社会更和谐美好，但如果因此而将未曾让座的年轻人卷入"道德绑架"的旋涡，这将不利于道德风尚在全社会的传播。

针对日常生活中常常遇到的道德性事件，如微信拉票、家长袒护惹事的"熊孩子"，我们可以看到接受问卷调查的受访者中，大部分人都能够按自己的意愿处理，不会因为一些道德观念的掣肘而做出不符合自身心意的选择。这一结果无疑是令人欣喜的，经过近几年的各类事件的影响，人们已经能够越来越得心应手地处理此类事件了。

当人们遇到别人被"道德绑架"时，有89.3%的受访者表示会理性思考，不会盲目跟风。时代在进步，人们不仅要能够在自己遭遇"道德绑架"时正确处理，更要在他人遭遇"道德绑架"时保持同样的冷静和理智。

我们还调查了路人对出现"道德绑架"社会问题原因的看法。有48.9%的人将之归因于个人因素。在受访者的回答中，社会因素也占了较大比重，如社会舆论导向、社会资源分配等，还有10.7%的人认为中国传统观念的根深蒂固是主要原因。这恰恰说明了"道德绑架"这一问题的出现是多方面原因共同造成的，我们不能以偏概全，而应该全面地考虑各方面的因素，这将是共建和谐社会必须研究的社会课题。

(二) 学生篇

本次针对社会"道德绑架"问题的调查，我们共回收"学生篇"的有效问卷466份，其中，年级占比方面，大一为19.7%，大二为26.2%，大三为31.8%，大四为22.3%；在性别占比方面，男生为48.7%，女生为51.3%。性别占比和年级占比大致相当，确保了此次调查的真实性和有效性。

关于"道德绑架"这一概念，有42.2%的同学表示听说过但了解不多，有56.3%的同学表示比较了解，只有1.5%的同学表示不清楚。这说明绝大多数同学都对"道德绑架"有所了解，这也提高了问卷后续问题回答的有效性和真实性。

关于生活中的"道德绑架"问题，在所有的调查对象中，只有40余位同学认为社会上一些人在聚餐时说"我干了，你随意"的现象属于道德绑架，有接近80位同学认为"强迫舍友帮忙签到"不属于道德绑架。这说明仍有很多人对生活中存在的一些道德绑架行为认知不足。所以，道德绑架问题是一个需要我们重视的问题。

此外，大部分人认为社会上"道德绑架"问题的出现来源于社会舆论的影响、价值观的问题和中国传统观念的根深蒂固。可见，道德绑架的存在是多方原因共同造成的。

针对某导演电影票房大卖而遭遇"逼捐"的问题，调查显示：有95.8%的被调查者认为网友的行为是道德绑架，该导演的电影票房大卖是他自己努力和网友支持的结果，但是他是否捐款是他的自由，网友没有权利要求他一定要捐款。

针对微信好友让我们帮忙投票的问题，绝大多数同学认为应按照自己的意愿去处理，而不是因其他人"绑架"而为。

针对朋友借钱的问题，有49.6%的同学认为借钱是情分，不借是本分，自己不会因他人"道德绑架"而轻易改变想法，这也说明大部分同学可以处理好朋友借钱的问题。但是仍有15.2%的人会在借与不借的选择中不知所措，会被"道德绑架"。

从以上几个调查结果，我们可以清楚地看到，当代大学生多数可以理性、正确地去看待和处理相应问题。

关于社会上的道德规范对大家的生活是否造成影响的问题，21.9%的同学表示对自己的生活造成了很大困扰，65.5%的同学认为对自己有一些影响。可见，道德绑架现象客观存在，这是一个值得研究的社会现象。

调查发现，大多数学生是能够正确理解"道德绑架"的，我们生活中此类现象并不在少数，希望大家都能"停止道德绑架"，因为"世界不是法庭，你也不是法官"。总之，道德是用来约束自己的，而不是用来禁锢无辜的人的，制定自己的准则，绑架别人的道德是一种畸形的价值观。那些站在所谓道德制高点的人们大可不必咄咄逼人，慷别人所慨，强别人所难。每个人的成长方式不一样，每个人都有选择的权利，请停止道德绑架！

当代大学生对长征精神的认识状况调查

长征胜利已过去 80 多年，战争的硝烟早已散去，但长征精神始终光芒闪耀，穿越时空，历久弥新，永远激励着每个中国人。大学生是祖国的未来，大学生的思想觉悟关系到祖国的前途和命运。同时，提高大学生的思想觉悟，让每一位大学生都了解和学习伟大的长征精神，帮助大学生树立正确的世界观、人生观、价值观，也是我国高校思想政治教育的重要内容[①]。

一、"长征精神"解读

1934 年 10 月，由于第五次反"围剿"战争的失败，中央红军主力不得不撤离江西革命根据地，进行战略大转移。至 1936 年 10 月长征结束，红军走过了江西、福建、广东、湖南、贵州等十四个省（按当时的行政区划），翻越了五岭山脉，突破了湘江、乌江、金沙江、大渡河，行程达到两万五千里，最终胜利突破敌人的"围剿"，保留了革命的种子。美国记者哈里森曾以独特的视角评价长征说：人类曾经有四大史诗，以色列走出埃及，汉尼拔翻越阿尔卑斯山，拿破仑进军莫斯科，美国人征服西部，但是，它们与长征相比都黯然失色[②]。长征是人类战争史上的奇迹，是一部史无前例、雄伟壮丽的史诗[③]。

长征精神，正是红军长征这一壮举留给我们的宝贵财富，是我们伟大民族精神的一部分。"伟大长征精神，就是把全国人民和中华民族的根本利益看得高于一切，坚定革命的理想和信念，坚信正义事业必然胜利的精神；就是为了救国救民，不怕任何艰难险阻，不惜付出一切牺牲的精神；就是坚持独立自主、实事求是，一切从实际出发的精神；就是顾全大局、严守纪律、紧密团结的精神；就是紧紧依靠人民群众，同人民群众生死相依、患难与共、艰苦奋斗的精神。"[④]

[①] 何宏米. 浅议加强高校思想政治心理教育的作用[J]. 青年与社会，2013（15）：133.
[②] 张桂群. 试论全球化背景下弘扬长征精神的必要性[J]. 科技信息，2011（2）：221-222.
[③] 邓江波. 革命历史题材影视创作的重大突破——试论电视剧《长征》的艺术特色[D]. 武汉：华中师范大学，2002.
[④] 习近平. 在纪念红军长征胜利 80 周年大会上的讲话[N]. 人民日报，2016-10-22（2）.

(一)"长征"一词的由来

1935年2月23日,红军总政治部在《告黔北工农劳苦群众书》中,第一次把中央红军的战略转移称为"长征"。这是目前所见的将中央红军的行动称为"长征"的最早文献。1935年5月,红军总司令朱德在《中国工农红军布告》中指出"红军万里长征,所向势如破竹。今已来到川西,尊重彝人风俗",第一次提出了"万里长征"的概念。随着中央红军战略转移路线的不断延伸,"长征"的定语由"万里"逐步扩大。1935年10月19日,陕甘支队胜利到达陕北吴起镇。毛泽东在对萧锋的讲话中指出:"根据红一军团团部汇总,最多的走了二万五千里。"在这里,毛泽东第一次明确提出了"二万五千里长征"的概念。此后,随着红军长征的英雄业绩广为流传,这一伟大壮举的影响不断扩大,"长征""万里长征""二万五千里长征"等概念逐渐被固定下来,并被广泛使用。红军指战员在长征途中,表现出了对革命理想和事业无比的忠诚、坚定的信念,表现出了不怕牺牲、敢于胜利的无产阶级革命乐观主义精神,表现出了顾全大局、严守纪律、亲密团结的高尚品德。这些构成了伟大的长征精神,集中体现为:坚忍不拔,自强不息,勇往直前。

(二) 长征精神的发展

岁月易老,精神永存。尽管战争年代已经离我们远去,但长征精神并没有过时。在长征精神的基础上,"新长征精神"已然孕育。1996年,在纪念长征胜利60周年时,时任中共中央总书记江泽民同志提出,"当前,我国各族人民在党的领导下,正在为把祖国建设成为富强、民主、文明的社会主义现代化国家而团结奋斗。实现这个宏伟目标,任重而道远。这是新的伟大长征","我们要把长征精神作为加强社会主义精神文明建设的重要动力,作为在全体人民特别是青少年中进行理想信念和思想道德教育的重要内容","我们要把长征精神一代一代地传下去,激励和鼓舞全国人民奋发图强,开拓前进,在建设有中国特色社会主义的新长征道路上不断夺取新的胜利"[①]。

2006年,在纪念红军长征胜利70周年大会上,时任中共中央总书记胡锦涛讲道:"自70年前红军长征胜利以来,我们党团结带领全国各族人民在革命、建设、改革的各个历史时期进行了一次又一次波澜壮阔的伟大长征,夺取了一个又一个举世瞩目的伟大胜利。今天,我们进行改革开放和社会主义现代化建设,全面建设小康社会,积极构建社会主义和谐社会,开创中国特色社会主义事业新局面,为把我国建设成为富强民主文明和谐的社会主义现代化国家、为实现中华民族的伟大复兴而奋斗,就是我们党团结带领全国各族人民

---

① 江泽民. 在纪念红军长征胜利六十周年大会上的讲话[N]. 人民日报,1996-10-23 (2).

进行的新的伟大长征。在新长征的征途上，我们一定要继承和发扬红军长征的光荣革命传统。"①

2016年10月21日，纪念红军长征胜利80周年大会在北京人民大会堂隆重举行。中共中央总书记、国家主席、中央军委主席习近平在大会上发表重要讲话。习近平总书记指出，"伟大长征精神，是中国共产党人及其领导的人民军队革命风范的生动反映，是中华民族自强不息的民族品格的集中展示，是以爱国主义为核心的民族精神的最高体现。人无精神则不立，国无精神则不强。精神是一个民族赖以长久生存的灵魂，唯有精神上达到一定的高度，这个民族才能在历史的洪流中屹立不倒、奋勇向前。伟大长征精神，作为中国共产党人红色基因和精神族谱的重要组成部分，已经深深融入中华民族的血脉和灵魂，成为社会主义核心价值观的丰富滋养，成为鼓舞和激励中国人民不断攻坚克难、从胜利走向胜利的强大精神动力"，"每一代人有每一代人的长征路，每一代人都要走好自己的长征路。今天，我们这一代人的长征，就是要实现'两个一百年'奋斗目标、实现中华民族伟大复兴的中国梦"，"长征永远在路上。一个不记得来路的民族，是没有出路的民族。不论我们的事业发展到哪一步，不论我们取得了多大成就，我们都要大力弘扬伟大长征精神，在新的长征路上继续奋勇前进"②。

站在新的历史关头，我们唯有深刻领会"长征精神"，才能为实现中华民族伟大复兴的"中国梦"添砖加瓦，走好新的"长征路"。

（三）为什么要弘扬长征精神

长征精神历久弥新，它的独特魅力和对人心的震撼具有强烈的历史穿透力、时代感染力和教育影响力，具体表现在以下方面。

1. 弘扬长征精神有利于青少年的成长

长征精神中的不畏艰难险阻，甘愿为了救国救民而不怕牺牲的爱国精神，坚定信念、勇往直前的拼搏精神，独立创新，实行战略大迂回方针，坚决与敌人斗争的精神，以及坚持党的领导，坚定党的信仰，都是党留给我们的宝贵财富。少年强，则国强。青少年的成长与发展，关系到祖国的前程与发展，更决定了中国未来的世界地位与话语权，因而对青少年正确三观的培养，意义重大。长征精神的弘扬，能够从历史角度与现实角度让青少年感受身为中华儿女的使命，激励青少年努力与奋斗。

2. 弘扬长征精神有利于维护国家利益与安全

红军长征中的不畏艰难险阻，为救国救民而不怕牺牲，谨记群众利益就是一切的精

---

① 胡锦涛. 在纪念红军长征胜利70周年大会上的讲话[N]. 人民日报，2006-10-23（1）.
② 习近平. 在纪念红军长征胜利80周年大会上的讲话[N]. 人民日报，2016-10-22（2）.

神,是中华民族自强不息的民族品格的集中展示。长征精神告诉我们,人民是国家的主人,只有代表人民利益,才能立于不败之地。同时也告诫我们,在个人利益与国家利益的抉择上,个人利益必须服从国家和民族利益,个人利益的自我牺牲换来的是国家、民族利益的完整。

3. 弘扬长征精神有利于民族团结与国家统一

红军长征的同心共体,也是历来讨论的红色佳话。在党的领导下,各路红军同甘共苦、患难与共,军民团结一家亲,都给予了我们启示:在全球化背景下,反华势力与民族分裂主义者的猖狂需要我们保持警惕,而长征精神的弘扬,促进了各民族之间与军民之间的团结,成为反击分裂的有力武器;长征精神深入人心,深植于每一位中华儿女的心中,使党中央与地方各级党委和政府的决策部署、政策施行更为顺利,地区之间的联系逐步紧密,推动了国家的统一和发展。

4. 弘扬长征精神有利于实现中华民族伟大复兴

长征精神不仅仅代表了历史上我党为国为民、不怕牺牲、独立创新、坚定不移的优秀准则,更赋予了新时代新的启示。长征精神是实现中华民族伟大复兴中国梦的强大精神动力。

二、大学生对长征精神的认识现状

本次调查涉及江苏、湖南、山东、陕西等省份的多所高校,调查小组借助网络平台发放问卷,一方面在社交平台发出问卷的链接,号召同学们填写,另一方面将问卷链接的二维码打印发放。本次调查共回收有效问卷479份。此外,我们还对部分同学进行了话题访谈,以弥补同学们无法借助问卷表达主观意见的不足。调查结果和简要分析情况如下。

(一) 大部分当代大学生对长征及长征精神有一定的了解

在"您对长征精神的理解程度"的问题中,有近一半的同学选择了"略知一二",选择"比较了解"的也占了35.5%,而选择"非常了解"和"一点都不了解"的人数是非常少的。虽然红军长征的时代距离我们现在已经有点远了,但不管是在初中、高中或者大学时,我们都或多或少地接受过一些关于长征精神的教育,因此,无论是理工类专业的学生还是文史类专业的学生,对长征精神都会有一点了解。对部分文史类专业的学生来说,长征精神或许是他们的研究方向,因此有少数人选择"非常了解"。

在对长征精神时代背景的了解程度的调查中,绝大部分同学选择了"知道",小部分选择"模糊",极个别同学选择"不知道"。理工类专业学生中大部分同学选择"知道",选择"模糊"的仅占20.83%,而文史类专业学生中选择"知道"与"模糊"的比例差不多。红军长征的时代背景在初高中的历史课本上都有提及,有一点历史知识的人都知道长征发生在国民党对共产党进行"围剿"的时候,而对于红军为何要进行长征,大部分同学选择"知道",说明历史教育有一定效果,同学们对这一方面的知识较为明确。

在对红军长征中一些经典事迹了解情况的调查中,选择人数最多的选项是"爬雪山过草地",其次是"遵义会议",选择人数比较少的是"四渡赤水河"与"强渡大渡河"。男生和女生的选项都主要集中在"遵义会议"与"爬雪山过草地"上,对于其他选项,女生的选择相较于男生多一些。

在"下列哪些是刻画长征精神的诗句?"一题中,我们要求被调查者选出刻画长征精神的诗句。我们给出了五个选项,每一个选项都是对长征精神的刻画,每个选项的选择率理应都是百分之百,但结果并不是这样。只有毛泽东的"红军不怕远征难,万水千山只等闲"这一选项超过 90%,其他选项的选择率都没有超过 50%,男生和女生在这一题的选择上差别不大。经分析,毛泽东的诗句流传甚广,同学们在中小学语文课本中几乎都学过,因此比较熟悉,而其他四个选项的诗句确实不太常见,同学们不清楚也在情理之中。通过这一问题可以看出,同学们对长征确实有一定的了解,但了解得不是特别深入,所以学校应当进一步加强关于长征精神的教育。

(二)大部分同学对长征精神的理解基本正确

在"您觉得以下哪几个是长征精神?"的多选题中,我们给出了长征精神的几点内涵,分别做成不同的选项。在大多数人的眼中,提到长征精神就必然会想到不怕吃苦、不怕艰难、坚持不懈、团结一心这样的字眼,所以选项中"乐于吃苦、不畏艰难的革命乐观主义"选项的选择率达到 97.9%,"善于战斗、无坚不摧的革命英雄主义"和"善于团结、顾全大局的集体主义"两个选项的选择率也高达 72.0%。"重于求实、独立自主的创新胆略"选项的选择率相对较低,但也达到了 58.0%,近一半的同学对这一选项不太认可,他们认为求实与独立自主并不包括在长征精神的内涵中,但其实,能够做出进行长征这一决策本身就体现了中国共产党人的求实与创新精神。

在"你觉得长征精神适用于现代人的生活与工作吗?"的问题中,有超过一半的同学选择了"觉得长征精神非常适用于现代人的生活与工作",还有一部分同学选择了"勉强适用",仅有 2.1% 的同学选择了"不适用"。我们认为造成这一现象的原因有可能是被调查的学生未能较正确地理解长征精神,觉得长征那个艰苦的时代已经远去。在这道题中,理工类专业的学生选择"非常适用"的占了超过一半,而文史类专业的学生选择"勉强适用"的却占主要部分。和文史类专业的学生相比,虽然理工类专业的学生对历史方面的知识了解相对较少,但思考问题还是比较客观的,而文史类专业学生的上述回答值得深入探究和追问。

从同学们对长征精神现实意义理解的调查中可以看出，对大部分的同学来说，长征具有的现实意义更多地表现为"实事求是""联系群众""勤俭节约""与恶势力斗争到底"，分别占了总人数的77.0%、60.3%、60.3%、58.2%，而选择"蔑视困难"和"集体领导"的人数都较少。但我们回过头来仔细想想，长征途中，红军经历的艰难困苦是罕见的，战斗极为频繁，物质极其匮乏，甚至连基本的生存条件都不具备，但英勇的红军征服一切困难而不被任何困难征服，压倒一切敌人而不被任何敌人压倒，这正体现了他们对困难的蔑视。在长征中最令人瞩目的，是1935年1月党中央召开的遵义会议。这在我们党和军队的历史上，是一次生死攸关的转折点，它告诉我们，坚持中国共产党的正确领导，维护党的集中统一领导，是取得长征胜利的首要条件，也是长征精神的核心内容。对这道题的分析结果反映了同学们确实对长征精神的意义价值有一定的理解，但这种理解是不全面不完整的，甚至可以说是失之偏颇的。

（三）当代大学生获取长征精神知识的来源较单一

例如在"您是通过哪些渠道了解长征精神的？"问题中，有89.6%的人选择了"相关课程"这个选项，紧跟"相关课程"之后的是"媒体网络"和"革命遗址"选项，分别占了58.2%和52.2%；而"板报、报纸"只占了37.6%，与媒体网络对比，少了约20个百分点，这与近年来网络科技的进步与普及以及报纸行业的退化有关，结果符合我们的预想。男女生选择最多的都是"相关课程"，但是男生选择第二多的是"媒体网络"，女生选择第二多的是"革命遗址"，间接反映了近年来，在课堂外，女大学生更倾向于出去参观历史古迹，而男生更倾向于待在寝室或者家里，以网络作为主要信息来源的现状。由此体现出大学生有关长征的知识绝大多数来自课程的学习，来自老师的讲解，这些虽有利于学生正确了解长征精神，但他们还应尽力去开拓自己的眼界，从各个途径去获取长征知识，这样更容易加深对长征精神的理解。

（四）大部分同学认同长征精神的作用并能从中获得启示

在"弘扬长征精神与培育社会主义核心价值观有什么关系？"这个多选题中，选"长征精神为社会主义核心价值观的形成树立了标杆和方向"的人占了89.6%，选"在弘扬长征精神中培育践行社会主义核心价值观"与"长征精神与社会主义核心价值观一脉相承"的比例相同，占了70.8%，而选"没有关系"的只占了1.0%，没有人选"不了解"。作为当代大学生，绝大多数人都会认为长征精神与社会主义核心价值观有重要关系。

在"您认为长征精神给予您的启示有哪些？"的问题中，选择"薪火不熄，代代相传，长征永远是起点"的占了绝大多数，比例为77.0%；选择"坚持科学发展，独立自主，勇于创新，开创新道路"和"坚持党的领导是中国革命建设的成功保证"的占比都是68.7%；选择"坚定理想信念，勇往直前"的占比是62.4%；而选择"和平统一"的占比最少。

（五）同学们一致认为很有必要继承与发扬长征精神

关于继承与发扬长征精神，同学们认为传承的方式方法不尽相同，既可以采取传统方式如课堂教育之类，也可以将长征精神与多媒体技术相结合，但有一点想法是一致的，那就是长征精神有必要发扬光大。

例如，在"如何更好地继承长征精神？"的问题中，绝大多数同学选择了"网络、影视类现代形式宣传"和"普及长征相关读物"的形式，这也更符合当今网络科技发达的特征，方便、快捷的网络更有利于传播长征精神。与此同时，我们认为多推出一些与长征相关的有趣的新媒体作品，能进一步推进长征精神在当代大学生中的传承。而"重走长征路"被选得最少，仅有29.2%，文史类专业的学生都没有选择这一项，但基本上都选择了"普及长征相关读物"。考虑到大学生的身份、金钱和时间有限，且"重走长征路"可行度不高，这个结果在我们预想当中。可见，继承长征精神的方式需要结合当代特征和大学生的身份来考虑。

（六）不同性别和专业的大学生对长征知识的掌握存在差异

调查显示，男生对长征知识的了解比较匮乏，女生对长征知识的掌握相对比较好。关于"对长征精神的了解程度"这一问题，分别有6%、30%和26%的男生选了"非常了解"、"比较了解"和"略知一二"，而女生在这三个选项上的比例分别为9%、39%和33%；在"不太了解"和"一点也不了解"的选项上，男生的比例比女生要略高一些。根据结果我们可以得出结论：女生相较于男生更注重人文素养的培养，对这方面的知识更感兴趣一些。

文史类与理工类专业的学生在对长征知识的掌握上也存在着较大的差异。理工类专业的学生对长征知识的了解比较匮乏，而文史类专业的学生对爱国主义知识的掌握要相对好一些。

从调查结果中我们可以明显看出，在"非常了解"与"比较了解"这两项上，文史类专业学生的比例要高于理工类专业的学生，而在后面几个选项中，理工类专业学生的比例却高于文史类专业学生的比例。由此可见，专业性质的不同对大学生学习长征精神等近现代史知识影响很大。理工类专业学生的这方面知识比较薄弱，侧面反映了文理分科对大学生人文素质的影响很大，也反映了不同专业对基本的长征精神教育的重视程度存在一定的差异。

三、造成大学生对长征精神认识不足的原因

当代大学生对长征及其精神的认识,多基于相关课程的了解,文理科之间也有很大差异。深入剖析其中的原因,有助于提高思想政治理论课教学的针对性,增强大学生对长征精神学习的自觉性和主动性。

(一)理工类专业学生对长征知识的认知水平普遍较低

我们从"您是通过哪种渠道了解长征精神的?"调查中发现,接近九成的学生了解和学习长征精神与知识是通过相关课程进行的,媒体网络与报纸等媒介也成为次要学习来源,均超过五成,但为何调研的学生中对长征知识的了解水平普遍较低呢?为此我们采访了部分参与问卷调查的同学,并根据参与问卷的对象分析得知:调查对象中有八成为理工类专业学生,文史类专业学生占一成左右,其余为艺术生等。文史类专业学生的日常学习中,涉及长征知识的课程较多,因而较为熟悉此课题,但理工类专业学生仅能从有限的思想政治理论课或者中小学时期的课本内容中了解长征,因而认知水平普遍较低,造成了认知方面的差异性现象。

与文史类专业学生相比,理工类专业学生更注重对实际问题的解决,他们认为对于自己专业内需要解决的实际问题,学习长征精神并不能成为有效的"武器",所以从态度上就缺乏主观能动性;再者就是思考问题较为直接,难以多角度分析问题,更缺乏将意识形态和实践相联系的认识,因此也更容易出现"表面"理解,造成认知水平的差异性。与此同时,我们还了解到,理工类专业学生的课程较多且较难,课程与长征内容的相关性不足会不同程度地拉开长征课题与学生的距离,再加上当今大学生对思想政治理论课的重视程度不足,对政史兴趣不浓厚等,这些因素共同导致了大学生在长征精神认识上的个体差异。

(二)大学生对长征精神学习的能动性不足

在这个功利主义盛行、社会风气浮躁的大环境中,很多大学生没有形成正确的价值观。大学生在大学期间做的许多事情,都是有目的性的。他们参加活动、学习知识,虽然有时候是基于兴趣,但更多的时候看中的却是那一张张证书所带来的利益——保研加分、找工作时的锦上添花、申请各种荣誉奖项时作为垫脚石等等。在这样一种风气的影响下,大学生对长征精神的重视程度自然是不足的,他们始终认为专业课的学习才是最根本的学习,而如长征精神这样的思想政治教育内容只是专业课学习的"点缀"而已,所以即使身边有丰富的红色资源,但因为学习长征精神并不能为评奖评优、升学就业带来直接的利

益,所以愿意花时间去了解学习的人是少之又少。

大学生在学习上存在被动性与惰性。尽管"翻转课堂"等课堂形式开始流行,"一言堂""满堂灌"的教育方式依旧是大学课堂的主流。这就造成大学生对待课堂学习的态度始终是"要我学"而不是"我要学",他们没有意识到要通过学习来强化自身思想素质、道德素质。除了思想政治理论课上老师会提到一些相关知识外,学校基本上没有设置有关课程来系统地介绍长征精神,而大学生在学习上的被动性与惰性,也造成了长征精神这种红色教育在一些高校的普及和深入受阻。当没有了灌输者,他们自然而然也不会去自主地学习长征精神。

高校思想政治教育对学生的主体需要和能动性重视不足。少部分教育者只注重考试结果而忽视教学过程,不考虑学生的自身状态和内在需要。这样的教育方式容易抹杀或降低学生本就不高的能动性。"两课"是高校思想政治教育工作的主要途径,但教师往往只把它当作一门课程,其拓展智慧、启迪思想、培育精神、升华品德的功能没有得到充分发挥,素质教育成效还不明显。

大学生对于长征精神的学习意识淡薄。物质决定意识,但反过来,意识对于物质又具有能动作用,大学生缺乏能动性,不能自主地去学习长征精神,说明他们在这一方面的意识淡薄,对思想政治教育和良好道德品行的养成及其对自身成长和发展所具有的重要性认识不足、认同度不高,缺乏提升自身思想政治素质和道德修养的内在动力。只有当大学生在头脑中形成这样一种需求意识,他们才能自觉地、有目地、有信心地、有计划地去完成对长征精神的深入了解与学习。

(三)知识储备的欠缺导致部分大学生对长征精神的认知局限

绝大部分同学对长征精神所体现的"乐于吃苦,不惧艰难的革命乐观主义""善于团结,顾全大局的集体主义""勇于战斗,无坚不摧的革命英雄主义"表示认同,但在"重于求实,独立自主的创新胆略"上产生分歧,仅有五成的选择率。这种结果的出现表明,长征表现出的红军不畏艰难险阻、团结一致顽强拼搏的精神,大家都能切实感受,但涉及联系实际的创新问题,部分同学的反应欠佳,这也印证了他们缺乏多角度思考长征精神内涵的能力。其实,做出进行长征这一决策,在面对强敌的时候,避其锋芒,创造性地采取战略迂回战术,屡屡通过国民党的封锁线,给予我党发展的良好机遇就体现了中国共产党人的求实与创新精神。由此可见,当代大学生对于长征精神的内涵把握得较为深刻,但也存在遗漏之处,部分人对长征精神的体会也多停留在历史角度,缺乏联系实际的主见与意识。

为此,我们采访了部分参与问卷调查的同学,并根据已有数据分析得知:大学生的长征知识储备欠缺是造成对长征精神的理解具有局限性的主要原因。大家一提到长征,就只想到战火纷飞、枪林弹雨的战场和爬雪山过草地的艰辛，大脑里只有些许中学课本中的内容。此外，知识储备欠缺的状况，并没有引起大学生自身的重视，他们缺乏主动学习长征精神、主动联系与思考实际问题的自觉。再加上理工类专业学生参与占比为八成以上，他们偏重专业课程学习而限制了思维，对长征精神与内涵的理解更加局限。

（四）多数大学生难以结合实际体会长征精神的现实意义

在弘扬社会主义核心价值观的今天，长征精神也具有了新时代的意义。长征精神为大学生社会主义核心价值观的形成树立了标杆和方向，有助于他们培育践行社会主义核心价值观，这也是国家传承与弘扬长征精神的"首要目标"。而国家也实施了一系列加强大学生思想政治教育的举措，例如设立思想政治理论课授课专题，举办校内讲座与课程报告，鼓励地方政府举办具有思想政治教育性质的活动，等等，将社会主义核心价值观的正能量传播至全社会。当今时代是网络的时代，大学生接触网络较多，因而绝大多数的学生都能够列举出长征精神的现实意义。但长征知识储备的欠缺，再加上调查对象中理工类专业学生与文史类专业学生的比例失调、理工类专业学生的思维限制以及学生的重视程度不足等多方面因素，造成了大学生难以联系实际体会长征精神的状况。

四、弘扬长征精神的建议

通过上述的分析，本课题小组对如何弘扬长征精神、提高学习长征精神的自觉性和积极性，提出如下建议。

（一）充分利用高校课堂，革新开课方式，加强思想教育

当今高校中，都开设有思想政治理论必修课，但形式大多以教师授课为主，内容枯燥无味，不能鼓励学生主动思考与联系实际。教师可以组织学生观看《我的长征》《勇士》等有关长征的电影，或由教师与学校商议，举办与长征有关的讲座、课题报告，让学生感受到浓厚的长征学习氛围，培养学生对长征学习的兴趣。再者，设立"翻转课堂"，制定关于长征的课题，让学生自主思考，讲出自己心目中的长征故事，说出长征给自己的生活带来的鼓励与影响，从而调动学生的积极性。

（二）举办有关长征的课外活动，营造红色氛围

课本知识枯燥乏味，带来的仅有简单的知识，没有切实的体会。因此，高校可以联合地方政府，开展徒步旅行以体验长征的活动，也可以组织学生在重大节日参观革命纪念馆或在红色旅游景点举办春、秋游活动，让学生充分利用闲暇时间，既能缓解学业的压力，

也有时间静静思考，亲身体验红军不怕远征难的长征精神；也可以将关于长征的课堂讨论设置在红色旅游景点，在长征精神的感召下，相信学生能更全身心地参加，更全面地思考，感悟长征带给他们的精神财富，体会新时代长征精神的重要意义，有利于他们树立正确的"三观"。

（三）充分利用网络媒体，加强线上宣传

在网络日益发达的今天，我们可以通过网络直播关于长征精神的演讲比赛，或者投票选举学校、学院具有新时代长征精神的优秀学生或者教师，又或者创立关于长征精神的公众号，鼓励全校师生投稿与交流，再或者定期推荐关于长征精神的书籍、电影、演讲等。总之，我们要运用高科技手段，让大学生在形式多样、生动活泼的气氛中接受关于长征精神的教育。要重视和充分运用信息网络技术，提高个人思想觉悟，扩大知识覆盖面，增强长征精神的影响力。

（四）拓展大学生日常生活中认识长征精神的渠道

我们每天会接触到各式各样的信息，有些甚至不需要我们主动去了解，接触得多，自然就潜移默化地熟悉了。这一点需要国家和社会的引导，比如，拍摄新时代长征精神公益广告，在街头竖立弘扬长征精神标语，开办微博微信专题，上映长征主题电影。在高校内，我们可以在小范围内做试点，在宿舍楼或食堂等人流密集之处悬挂宣传横幅，周末晚上在报告厅内举办免费观影活动，播放长征影片等。弘扬长征精神，应从细微处着手，逐步扩大宣传覆盖面，将高校成功的经验推广至社会。

关于新媒体环境下泛娱乐化现状的调查研究

近期一位 20 多岁的康巴小伙一下子红得发紫，他的名字叫丁真，起因是一位摄影师无意中拍摄到了这个四川甘孜的藏族小伙，发布到网上之后突然爆红。丁真的爆红，使当地文娱和旅游业被连带着推到了大众面前。另一个"网红"叫马保国，自称"浑元形意太极拳"开山祖师，30 秒被业余搏击爱好者"KO"三次，因其发表声明的视频被网友恶搞而爆红，而后原本承诺退出"江湖"的马保国又频繁出现在公众视线，自曝拍电影、参加网红活动等，频繁登上热搜。对这两件热点事件，大家发出了不同的声音——有人看得不亦乐乎，有人觉得这占用了过多的公众资源，等等。此事件引发了我们的思考，我们小组通过大量文献资料的阅读并结合自己的思考，从新媒体环境下的泛娱乐化现状这个角度开展了调查研究。

早在 1985 年，电视影像等新媒体热潮开始出现时，美国媒体文化研究者、批判家尼尔·波兹曼在《娱乐至死》中写下了这样一段话："一切公众话语日渐以娱乐的方式出现，并成为一种文化精神。我们的政治、宗教、新闻、体育、教育和商业都心甘情愿地成为娱乐的附庸，毫无怨言，甚至无声无息，其结果是我们成了一个娱乐至死的物种。"[1] 时代快速发展，在时间和信息碎片化加剧的今天，快销的娱乐产品往往比严肃的文学作品更容易获得受众的喜爱，其流传度及影响亦不容小觑，通过马保国、丁真事件可见一斑，因为受众需要的就是放松身心的娱乐化的媒介坏境。社交媒体的泛娱乐化现象导致本应加强人际互动、表达自由思想的社交平台渐渐沦为全民狂欢的阵地。社交媒体应该是现实交往方式的延伸——人们有交流、表达、追求快乐的需求，但同时，也有传达真实信息、进行严肃观点讨论的需求。娱乐化不应甚嚣尘上，成为社交媒体吸引用户的噱头。虽然，追求快乐、享受生活是人之本性，但是过度娱乐化、沉迷于狂欢的状态，使社交媒体脱离于现实生活的真实性、严肃性，不是一个良性循环的发展态势。新媒体环境下，我们该如何警惕与改善"娱乐至死"的发展趋势？下面我们将从新媒体背景分析和泛娱乐化的成因、影响、应对措施几个方面展开研究。

---

[1] 波兹曼. 娱乐至死[M]. 章艳, 译. 桂林：广西师范大学出版社，2004：32.

一、新媒体环境背景分析——互联网使用现状调查

为了了解新媒体环境下泛娱乐化问题,本课题小组首先对互联网使用现状展开调查,主要围绕网民规模、互联网普及率、网民上网时间、各类应用使用时长以及网民属性展开。

(一)网民规模及互联网普及率

十八大以来,我国经济快速发展,科技加速进步,我国网民规模由2013年的59 056万人飞速增长到2018年的80 166万人(见图1),互联网普及率也从44.1%增长到57.7%。根据中国互联网络信息中心发布的第46次《中国互联网络发展状况统计报告》,截至2020年6月,我国网民规模达9.40亿人,互联网普及率达67.0%;手机网民规模达9.32亿人,网民使用手机上网的比例达99.2%。

图1 中国网民规模和互联网普及率

关于上网时间。相关调查数据显示,2017年上半年,我国网民的人均每周上网时长是26.5小时,截至2020年6月,我国网民的人均每周上网时长为28.0小时。

关于各类应用使用时长占比。根据中国电信集团有限公司的相关数据,2020年6月,手机网民经常使用的各类App中,网络视频、网络音频、短视频、网络音乐和网络直播类应用的使用时长占比分列第二到六位。

(二)网民属性

当前,我国网民主要以中青年群体为主。根据中国互联网络发展状况统计调查数据可知,我国网民以20~29岁、30~39岁、40~49岁的中青年人群为主。该部分人群具有一定的经济能力和大量的用网需求,成为我国网民的主体。网民学历结构则以初中学历为

主。根据中国互联网络发展状况统计调查数据可知，截至 2020 年 12 月，我国网民的学历占比分别是小学及以下 19.2%、初中 40.5%、高中/中专/技校 21.5%、大学专科 10.0%、大学本科及以上 8.8%，其中初中学历占比是最多的。而在职业结构方面，学生群体占比 23.7%，位列榜首；个体户/自由职业者以及农林牧渔劳动人员用网人数也较多。可见，互联网已经成为人们生活的重要部分，无时无刻不在影响人们的生产和生活。

二、泛娱乐化的成因

所谓"泛娱乐化"现象，指的是以消费主义、享乐主义为核心，以现代媒介（电视、戏剧、网络、电影等）为主要载体，以内容浅薄空洞的方式，通过戏剧化的滥情表演，试图放松人们的紧张神经，从而使人获得快感的一种文化现象。其形成的原因，既有西方文化传播的影响，也和经济富足之后大众需求多元化有紧密关系，当然，资本的推动是深层次的原因。

（一）传播方式

在互联网时代，随着移动互联网终端的普及，信息传播速度、传播量呈现爆炸式增长，传播方式从传统的图文模式中解放出来，人们对于信息的接收由被动转为主动选择自己所感兴趣的内容。但是这种主动在一定程度上意味着更加被动，过滥的信息使人目不暇接，用户被大量的低俗娱乐信息裹挟，信息-行动比的平衡被打破，人们往往只能采取沉默的方式，逐渐失去了思想批判性。

同时，对网络上发表的言论、发布的内容进行筛选和约束都具有更大的难度，这种监管和约束的不到位就容易造成各类媒体为吸引流量而不良竞争，通过制造矛盾、噱头和不恰当的笑点等方式来博取关注。目前自媒体已经成为重要的社交平台之一，直播、短视频平台凭借带有传播属性的互动形式迅速风靡，带来社交方式的新一轮变革。由于平台的审核机制不够完善，所发布的内容良莠不齐，海量炒作、无下限、低俗的视频被恣意广泛传播。这些平台正是整个社会泛娱乐化的一个缩影。

（二）受众心理

泛娱乐化现象之所以出现，与网民的心理有很大关系，包括猎奇心理、移情效应和明星效应等。

1. 猎奇心理

当今快节奏的生活方式让大部分人都面临着学业、工作、家庭等方面的巨大压力。为了释放这些压力，人们更加倾向于直观、简单的娱乐消费，在快速浏览的时候，具有巨大视觉冲击效果的物品和信息更容易吸引人的眼球。"90后"新一代消费者具有开放的消费观念，追求新奇事物，有强烈的猎奇心理，对于娱乐消费有巨大的需求。为迎合这种消费需求，各种具有强烈感官冲击效果的娱乐消费品层出不穷，人们沉溺于短暂的快感和满足感的同时，失去深度思考和严肃看待问题的能力。

2. 移情效应

社交平台上个人发布情感经历、日常生活、吐槽发声等内容，引来网民同理心和共情，以此获得关注度和流量，通过打赏、推广以及其他方式获取利益。这种几乎零成本、门槛低、效益高的变现方式营造出"草根逆袭神话""反抗压迫"的假象，以吸引更多人加入。当内容趋于同质化时，许多人采取恶搞等手段寻求差异度来博取眼球，在极大程度上推动了这场全民"狂欢"。

3. 明星效应

明星和"网红"包装出来的人设满足一部分人的美好想象，同时他们又不断自主美化这种想象。全民追星现象是泛娱乐化的一个重要表现。粉丝具有群体基数庞大、黏着性高、消费能力强的特点，明星的作品发布、活动参与，甚至是社交平台的动态都容易使粉丝产生感性冲动行为，陷入一种自我狂欢。当明星没有树立起正确的榜样，作品粗制滥造、行为媚俗宠粉、品德败坏低下时，其极易对粉丝群体的价值取向、审美水平形成不好的引导。

（三）资本运作

近年来文化产业的兴起，让嗅到经济利益味道的资本大规模流入文化产业领域。虽然具体的表现形式各有不同，但逐利性是资本恒久不变的本质属性。文化产业的资本注入，使得文化作品鱼龙混杂，主流文化遭受重大冲击。肤浅的娱乐信息的传播和渗透，使得个体及整个社会缺乏深入思考的能力，无所谓真相，无所谓真理。文化资本注入传统媒体的一个重要表现形式是各种题材层出不穷的综艺节目，如2004年开启了选秀时代的"超级女声"、以《非诚勿扰》为代表的情感类节目、户外真人秀……这些综艺的本质都是利用"精神娱乐"的方式得到受众关注，从而吸引大量流量以获取广告投资、周边盈利。资本注入互联网则表现为短视频的兴起，2017年3月，腾讯宣布以3.5亿美元入股快手；同年5月，火山小视频宣布将投入10亿元人民币补贴平台上的内容创作者，鼓励优秀的原创视频内容。"网红"崛起，大量看似个人拥有的账号，背后都充斥着专业团队的运作，也不乏资本的推波助澜。

三、泛娱乐化的影响

泛娱乐化对当今社会的发展具有多方面的影响，既有积极的一面，也有消极的一面。

(一) 积极影响

我们在谈论"泛娱乐化"时，同样需要辩证地看待这一问题。不可否认的是，"泛娱乐化"为我们带来了一定的好处。

早在 2014 年，"泛娱乐"一词就被文化部等中央部委的行业报告收录并重点提及，很多大企业都将"泛娱乐"作为公司未来战略加以大力推进开发。实际上，"泛娱乐"这一概念最早由腾讯公司提出，随后腾讯公司据此推出泛娱乐产业战略，并开始着手构建一个贯通游戏、文学、动漫、影视、戏剧等多种文化创意领域的互动娱乐新生态，并逐步形成一个以"同一明星 IP、多种文化创意产品体验"为核心的创新业态。2015 年，"泛娱乐"被业界公认为"互联网发展八大趋势之一"，它的核心是 IP（intellectual property），即知识产权。本质是内容产品在多元文化娱乐业态之间的迭代开发，通过内容产品连接、受众关联和市场共振，有效地降低了文化娱乐产业的前期开发风险，同时扩大受众范围，挖掘产品的长尾价值，实现规模效应，切实提高产业回报率。泛娱乐化通常指以互联网与移动互联网为根基的一种多领域共生模式，强调将一切文化理念、文化形式、文化产品置于"娱乐"的维度和标准来衡量和评判，是否具有娱乐性是文化能否传承、能否具有再生生命力的重要标准，成为获得文化话语权的重要元素。泛娱乐化强调一个"泛"字，即打造一个泛化的传播链条。娱乐与受众的需求、资本的结合，使泛娱乐化有了更肥沃的土壤和更多元化的发展路径，催生了全民化的娱乐狂欢。

1. 满足受众的心理需求，符合市场需求

"泛娱乐化"现象是对受众合理要求的一种积极回应。我国的大众传媒，已经不可能再倒退回单一的作为宣传工具的时代。泛娱乐化也是一种趋势。上海大学文学院教授、博士生导师葛红兵认为："泛娱乐化不会害死人，也不会真的危害社会，一个洋溢着自由和欢笑的社会总比一个拘谨和压抑的社会更好。"[1] 泛娱乐化是大众媒体市场化的必然产物，在剥离了政治和教化的功能后，网络泛娱乐化既反映了整个大众文化需求的多样性，也反映了当前社会氛围的活力，是一种社会文化多元、包容、共生的体现，演绎着大众文化的多元表达和精神自由。

电视等媒体的泛娱乐化，是市场这个看不见的手调节的结果。通过市场竞争而形成的泛娱乐化趋势，也是符合了市场需求的产物。市场的资源整合和合理化配置，有助于电视等媒体不断发展壮大，形成规模，形成产业。所以，立足当代社会，无论是商业化、市场化还是泛娱乐化，都对新传媒本身有着积极的作用。泛娱乐化同样是资本控制下信息全球化的必然产物，一方面资本的趋利性要求媒体最大限度地占有受众，另一方面信息全球

---

[1] 胡少华. 大众传媒娱乐化现象应对策略分析[J]. 新学术论丛，2012 (6).

的必然结果是信息的利益相关性降低——传统的高利益相关性信息受地理环境的制约，而信息全球化打破了这种制约。

2. 加强文化输出

过去，多是官方媒介来讲中国故事，传统媒体以及宣传纪录片虽然制作宏大，但带有浓厚的官方权威色彩和严肃的文学性质。短视频等新兴传播媒介和方式的发展，为讲好中国故事、传播中国文化开辟了新路径。例如古风美食博主李子柒不仅在国内网络，在外网也具有影响力。对于外国人来说，具有现代文明气息的高铁等产业，无论规模多么宏大，都不足以让他们对中国文化产生兴趣，因为这些是属于全世界的产物，并不具备东方文化色彩。相较于这些工业文明成就，李子柒的文化输出显然更加具有娱乐性质，也更加独一无二，完全不同于西方的历史文化，完全满足了外国人对于中国传统田园生活的想象。

3. 推动经济发展，鼓励创新创业

ChinaJoy组委会与新华社瞭望智库联合发布了《面向文化复兴的文化融合动员力——"泛娱乐"战略报告2017》，认为互联网与文化的结合，已经成为中国文化发展的一个特点。"泛娱乐产业"已然成为经济发展的推动力之一。20世纪后期，随着传统媒体行业与娱乐行业的深度结合，狭义的传统娱乐业的影响力被大幅度提高，而随后的互联网革命又进一步放大了这一行业的影响力。"泛娱乐产业"，包括影视、音乐、游戏、博彩等子行业，和旅游、体育、主题公园及地产等周边行业，日渐成为未来服务经济发展的主力行业。据中娱智库统计，2016年中国泛娱乐产业市场规模总计达到4584.4亿元。产业链价值分布为：上游——以网络文学和动漫（不含衍生品）为主，市场规模达到1227.2亿元；中游——以影视剧、网生内容（网剧、网络大电影）、数字音乐为主，市场规模达到1282.9亿元；下游——以游戏、VR（不含硬件）、衍生品为主，市场规模达到2074.3亿元。

作为新媒体环境下娱乐经济的产物之一，电商直播平台带货的热潮给各大电商企业带来了新的营销策略。而在网红带货直播的背后，则是从个体网红到MCN机构以及各大电商平台的产业链条；通过流量加持成就网红大咖，塑造网红大咖的引流能力和拉动能力，成为电商平台流量变现的主要方式。2020年由于疫情的影响，实体经济受到冲击，线上直播带货带来了可观的经济效益，同时在脱贫攻坚关键时期，直播带货扶贫的方式让更多人参与其中，拉动了经济增长。

我们需要用崭新的眼光来看待娱乐经济。"互动娱乐产业，本质上是文化创意产业，除了商业价值，我们也应有一种文化的抱负。"这种文化抱负的实现，依赖于数个关键性因素：首先是如何管理创意性人才；其次是构建需求方与供应方的崭新关系；最后，也是最重要的，永远牢记，原则比钱更重要。

4. 提高民众参与度

利益相关性直接影响到大众的信息获取动机，而娱乐是最容易与大众建立一定利益相关性的传播方式。尤其是新闻的娱乐化，将新闻事件的内容和文化内涵通俗化、大众化，改变以往的严肃形态，以一种更加新鲜、生动的形式进行传播，提高了民众的关注力和接受度。"受众往往是无意识的集体，也是力量十分强大的群体，要挖掘自己真正的道德兴趣点。"[①] 严肃硬新闻的适当软化，使得群众更加乐意了解与接收其中所包含的具有正向导向的信息，达到"寓教于乐"的目的；民众对于时事热点能够更积极表达自己的看法，提出具有一定价值的观点，参与到国家管理和社会稳定的维护中去。公众对社会新闻等讨论意愿更强，讨论度更广，也是许多官方账号一改往日严肃刻板的形象，在内容编辑上不断推陈出新，更加注重趣味性、贴近人们生活的重要原因。

（二）消极影响

早在二十多年前，"泛娱乐化"现象就已经被学者批判，然而时至今日，"泛娱乐化"仍在一定程度上违背价值取向，我们仍然没能妥善解决这一社会问题。"泛娱乐化"的危害不可谓不大，今天我们在提到这一问题时，更重要的是警惕其消极影响。

泛娱乐化有两个最明显的特点：一是"劣币驱逐良币"。例如以短视频与低俗娱乐的方式对受众进行感官刺激，受众乐于接受这种简单直接的传播和思考方式，而日渐失去严肃思考和理智批判的能力。二是"碎片化"。"碎片化"一词很早就被运用于社会学，它原本的意思是完整的东西破碎为零散状。我们现在所说的碎片化，常指时间的碎片化和知识内容的碎片化。对信息碎片式的吸收只会使人们看到眼前和局部，没有全局观，并且这种思维方式会逐渐融入一个人的价值观。泛娱乐化的背后是资本逻辑把控、营销流量操作，媒体决定不了人们的思考，但可以在很大程度上影响人们想什么。在娱乐热点背后，相关人物无论本身的价值取向如何，都会因为受到的关注度而得到较高的知名度和商业利益。雇佣网络推手，人为制造热点已经成为获取商业回报的一环。青少年辨别事物的能力弱，没有办法辨别哪些娱乐事件是有危险的。这种危害是不可估的，但是一旦造成危害就是不可逆的，所以这种潜移默化的危害更应该引起我们的警觉。

1. 泛娱乐化扭曲人们的价值观

泛娱乐化使得受众的认知浮于表面。价值认知是整个价值观形成过程的基础，正确的价值认知是价值认同和价值追求的起始环节。泛娱乐化使人们特别是部分年轻人的价值认知比较浅薄、浮于表面，对社会中的各种现象的认识不够深入，分不清什么是好的、什么是坏的。在泛娱乐的浪潮中，部分年轻人对网络上所流行的"拜金主义、消费主义、享乐主义"等不良思潮的警惕性不高，甚至没有形成一个正确的认知。他们关注的娱乐化信息不论是内容还是形式都缺乏深度，内容的表面化、碎片化会导致他们思维的发展受阻，形

---

① 周栩睿. 娱乐新闻报道的弊端与对策[J]. 科技传播，2018，10（23）：34-35.

式的单一化会导致他们视野受限，使得他们越来越倾向于娱乐化的形式，而没有深度的思考。

泛娱乐使得人们的价值认同出现偏差。价值认同指的是个体对某种或某类价值的认可，并形成相应的价值观念或产生相应的价值追求、价值实践。价值认同是价值认知和价值追求的中间环节。社会主义核心价值观只有在被社会成员认知、理解和认同的基础上，才能真正内化为大众的价值取向、信仰和人的自觉行为。在泛娱乐浪潮的影响下，人们的价值取向越来越倾向于功利化、娱乐化。在娱乐至上的喧嚣声中，形式大于内容，理性不及感性，真实输给夸张，表象战胜内涵，形而上的人文关怀让位于形而下的明星娱乐。因而，当下首要的价值认同就是增强人们对社会主义核心价值观的内心认同感，建立共有精神家园。

泛娱乐使得受众追求低俗化。价值追求是价值认知和价值认同的最终目标。改革开放以来，我国以前所未有的速度向前发展，时至今日，我国已经进入了新一轮"科技革命"的时代。信息技术的迅速发展，正在日渐影响着我们每一个人的生活。智能化手机的普及，使人们不仅可以随时打电话，还可以随时随地和别人聊天、了解新闻资讯、观看各种视频，它的功能已经可以和一台电脑相媲美了。不可否认，手机确实给我们带来了很多便利，但互联网中的不良思想也在极大影响着当代人。比如网红主播，他们只需要唱几首歌、卖卖萌，其收入就可以达到一位白领的收入水平，甚至远超白领。"网红"经济的过度发酵，对青少年的人生目标、价值追求产生了一定的消极影响，他们中的一些人越来越倾向于低俗化的价值追求，把自身的发展与国家的发展完全割裂开来。

2. 泛娱乐化使受众审美异化

在传统的认知中，文学和艺术是审美的客体，随着网络的发展，审美客体不断呈现多样化，大众审美也走向多元化。但是泛娱乐化给人们带来的精神消费产品不一定是高尚的。网络内容为了迎合大众越来越多元化的审美趣味而变得更加娱乐化。过度的娱乐化，使得各种低俗、色情、暴力的直播层出不穷，使得其传播文化信息的功能不断被弱化。其次，在消费主义背景下，人们在消费思想引导刺激下进行审美活动时，会带有一种消费主义的思维，此时审美对象就变成了一种满足自身愿望的工具，在这种心境下，人们缺少了理性思考的能力。过度娱乐化的网络平台，利用各种方式吸引受众关注，从而逐渐加剧受众审美娱乐化的倾向，进而削弱大众的审美鉴赏能力。

如今的网络，网络红人盛行，当人们缺乏从书籍、绘画、电影等各种艺术中遇见美好、体验美感的经历，仅仅"靠网上的这些网红来决定自己的审美"，很容易造成人们审美观念的扭曲。此前，央视新闻点名批评的网络直播"大胃王吃播"，正是网红的病态审美乱象之一。正如当代文学与大众文化研究者杨玲所说："在多元的氛围激发下，网红传播的内容在一定层面上满足了受众的需求，生产了许多创意的内容，带来了全新的审美体验。然而，网红现象的正向效应和负面影响并存。其盛行也带来了一些审美危机，审美内容的浅表化，审美活动的功利化，审美追求的平庸化，这些网红现象的弊端不容忽视。因此，在正视网红现象有利一面的基础上，对网红现象的美学反思也是至关重要的。"

从十几年前的网红"凤姐"开始，持续到现在仍热度不减的"审丑"现象，其背后都有着利益作为支撑。人民日报曾发文批评红遍网络的所谓"太极宗师"马保国和炒作他的网络平台，一针见血地指出："推波助澜、炒作放大马保国的一些互联网平台为什么？无非是流量至上，背后还是利益。然而，无论平台还是资本，蹭热点、找卖点的前提，都是遵循公序良俗，是正确的价值观，否则就会沦为浅薄而拙劣的商业游戏。"同时提醒人们："这样的人受追捧，值得我们深思。不少人谈及马保国……似乎觉得没什么大不了的。其实这还真不是什么'无伤大雅'，放任'审丑'成为流行，让招摇撞骗大行其道，这本身就是对社会风气的伤害，特别对于尚缺乏判断力的未成年人，这是对价值体系的毒化。"[1]

在现代社会，生活繁忙多变，到处充满激烈的竞争，人们的生活充满了各种各样的压力，他们需要一种新的娱乐方式来释放压力、刺激感官、满足欲望。因此对于无厘头又带点哗众取宠嫌疑的网络直播，有人指责的同时，又有人关注捧场甚至一掷千金。公众对网络直播的疯狂追捧在一定程度上体现了大众审美的疲乏，因而大众从追求"审美"转化为追求"审丑"。而网络"审丑"红人，更有着共同的"成名之道"。首先，他们将"反道德"作为"道德"，出现了反社会伦理的极端表现。他们往往以网络日志的方式炫耀、展示自身"丑"的行为，通过"以丑为美"和反审美的畸形变态方式将自我形象奇观化。另外，许多网络红人看似个性张扬和自我反叛，其实是精心地商业策划和操作的，背后往往有成熟的利益链。"凤姐"就是最典型的例子。这一切的"审丑"现象背后都有媒体、大众、文化、利益等作支撑[2]。

此外，不乏以此来炒作的大众媒体和无良商家，他们以"审丑"为诉求，迎合大众的世俗心理，将非主流价值观甚至反文化现象作为卖点。"随着闲暇时间的增多、生活水准的提高，那些漂浮于都市的大众既强烈需要也有充分能力进行宣泄和补偿情感生活的文化消费。这是一个巨大的市场。于是商业逻辑与大众文化迅即合流。"[3] 在这场大众"审丑"的狂欢中，人们不仅失去发现美的眼睛，也没有审视丑的耐心，而仅仅过分强调审美和审丑的功能性和实用性。这种审丑的功利化取向以吸引眼球和刺激感官来追求物质利益的最大化，亵渎了传统意义上对"真善美"的追求，丑的品位和展示等大众低俗文化肆意横行。

---

[1] 人民日报发文：马保国闹剧，该立刻收场了[EB/OL]. (2020-11-28)[2021-03-01]. https://www.thepaper.cn/newsDetail_forward_10189554.

[2] 肖鹰. 网络审丑兴盛根源是"全媒体娱乐"[N]. 中华读书报，2011-11-02 (5).

[3] 韩升，赵玉枝. 当前大众文化审丑异化的批判性解读[J]. 中央社会主义学院学报，2017 (1)：100-104.

3. 泛娱乐化消解主流文化

文化泛娱乐化，简单地说就是娱乐价值被推至文化的一切领域，是否有娱乐性、能否取乐成为衡量文化产品价值的"法则"。在"娱乐至上"的价值追逐中，历史可以被戏说，经典可以被篡改，崇高可以被解构，英雄可以被调侃。近年来层出不穷的"杜甫很忙""李白很酷"等恶搞名人事件，各类选秀、真人秀的强力圈粉，都是文化泛娱乐化的表现。追求上座率、获得收视率、博取点击率是文化泛娱乐化背后的动力，受众心理上图消遣、求轻松、避思考的倾向，是文化泛娱乐化赢得市场的重要原因。文化泛娱乐化以消费、技术、快感、世俗等因素的融合消解文化的深度与厚度，当众多严肃的新闻、正统的历史、经典的叙事以"娱乐"包装的形式呈现时，其负面作用不可小觑[①]。

此外，一些原本严肃的、不适合被娱乐的信息也跟着被娱乐化了，如新闻要事、法律裁决等。这些娱乐化了的信息没有正确传达真实的信息，是对人们认知的一种蒙蔽，令人们逐渐失去判断什么是真实信息的能力，不再严肃对待应该严肃对待的事情；个体容易失去对价值和意义的追求，是非观、价值观可能会被消解、淡化甚至扭曲，形成对主流文化价值的侵蚀。

"我们是谁""我们从哪里来""我们到哪里去"，这是每一个国家和每一个民族都要面对的哲学追问，帮助求解这些追问是文化的深层意义与存在价值所在。文化泛娱乐化信奉娱乐至上，动摇了对"我们是谁"的认知，模糊了对"我们从哪里来"的追寻，弱化了对"我们到哪里去"的引领，是对正确的社会价值观和人们精神家园的侵蚀。首先，文化泛娱乐化冲击主体身份认同，动摇对"我们是谁"的认知。主体身份认同是主体对自我身份的认可与赞同。中华民族从某种意义上说就是基于"我们是中华儿女"身份认同而形成的文化共同体，民族文化能够帮助回答"我们是谁"的追问。然而，文化泛娱乐化在戏说、调侃、恶搞中解构宏大叙事，使民族文化碎片化，动摇了对"我们是谁"的认知。其次，文化泛娱乐化冲淡民族历史记忆，模糊对"我们从哪里来"的追寻。民族历史记忆具有唤醒民族情感、强化国家认同的重要功能，它让我们知道"我们从哪里来"。文化泛娱乐化将娱乐价值置于历史价值之上，为了娱乐而随意篡改、编造历史，为历史虚无主义的传播推波助澜，模糊了对"我们从哪里来"的追寻。最后，文化泛娱乐化消解社会主义核心价值观，弱化对"我们到哪里去"的引领。社会主义核心价值观是当代中国精神的集中体现，也是当代中国发展的价值引领。文化泛娱乐化背后充斥的物质欲望、个人主义等与社会主义核心价值观背道而驰，弱化对"我们到哪里去"的引领。

娱乐文化从总体上而言，内涵和深度总是有所欠缺的。长期接受娱乐文化，人们不仅会失去深度阅读和理性思考的能力，而且会对主流意识形态等宏大叙事的相关问题失去兴

---

① 曾楠. 警惕文化泛娱乐化侵蚀精神家园[J]. 共产党员（河北），2017（24）：54-55.

趣。网络媒介每天提供给我们的各式各样的信息，不仅会影响我们的生活方式，也会改变我们对社会和世界的看法，塑造我们的现代观念。娱乐充斥着我们的生活，占据了我们的思维空间，挤占了关于政治、经济、文化、教育等严肃性话题的位置，传统的主流意识形态教育的渠道优势和资源优势荡然无存。泰勒·考恩说："在能够轻易获得信息的情况下，人们通常喜欢简短、支离破碎而又令人愉快的内容。"这种情况长时间下去就会导致政治冷漠、精神迷失、信仰荒芜等问题。更为严重的是，一些不良的社会思潮被巧妙地植入网络娱乐文化，对社会主导价值进行解构和歪曲；对享乐主义、功利主义、极端个人主义、自由主义的宣扬，长年累月，会腐蚀人们的思想和精神。

（三）对高校学生及教育的影响

目前学界从各个方面和各个层次对网络泛娱乐化现象的影响进行了研究，众多学者认为受网络泛娱乐化现象影响最大的群体是高校学生。有的学者从思想政治教育角度出发，分析网络泛娱乐化产生的影响。有的学者认为网络泛娱乐化现象不仅是对思想政治教育者素质的考验，更是对教育内容权威的冲击。有的学者认为网络泛娱乐化不但侵蚀了思想政治教育环境、弱化了大众传播媒体的功能，更阻碍了受教育者的身心发展。有的学者认为网络泛娱乐化对个人的影响可概括为6组词：政治冷漠，信仰缺失；恶搞经典，价值混乱；告别崇高，抛弃理想；道德滑坡，诚信危机；拜金主义，享乐主义；是非不分，美丑不辨。

对正处于价值观形成时期的青少年群体来说，泛娱乐化的负面影响无疑是十分严重的。比如说，网络娱乐中的流行与时尚、享乐主义、奢侈消费等，极易受到青少年群体的推崇，容易使他们产生一种对于金钱名利的向往。影视剧中的感情、服饰、交往方式、社会风尚等内容，都容易成为青少年谈论或效仿的内容。近年来流行的青春怀旧系列影视剧，在"忆青春"基调的渲染下，夸大了青春期的感情戏码，这容易使懵懂时期的青少年受到误导并有可能移情到自己身上。当今社会，很多大学生就在浑然不觉中被泛娱乐化俘虏了，这种现象不仅影响了大学生的主流价值观的塑造、校园教书育人的环境，更是消解了高校思想政治教育的功效。因为网络泛娱乐化存在着泛滥化、媚俗化、同质化、去理性化特点，就注定了它必定存在着消极的一面，势必会为校园的教育环境和教育主题、主流意识形态的传播教育、学生精神世界的丰富和思辨能力培养带来负面影响，腐蚀学生的道德与思想，对大学生的社交、学习产生负面影响，造成大学生价值观认识浅薄、认同偏差、追求低俗。大学生一旦形成不好的价值观念，就难以被引导到正确的道路上，同时还会进一步影响大学生社会化过程中的行为选择。

四、应对泛娱乐化的措施

早在 2015 年 8 月 14 日,《人民日报》发表评论《追寻意义,走出"泛娱乐化"》,对泛娱乐化现象进行了深度的解析:"在娱乐化的潮流中,人们主张对事物和人物不作评价,尤其是不作道德价值上的判断。并不是认为这很困难,而是认为毫无必要。""泛娱乐化"背后,其实是对历史的一种"去价值化"。长此以往,当历史仅归于娱乐之时,也就是历史被虚无主义绑架之时,这将直接瓦解社会的价值底座、人们的精神信仰。学者们告诫人们,如果"我们的政治、宗教、新闻、体育和商业都心甘情愿地成为娱乐的附庸",最后必然是"我们成了一个娱乐至死的物种",因而呼吁人们走出"泛娱乐化"。

(一)应对泛娱乐化的建议

如上所述,泛娱乐化倾向消解社会主义核心价值观和马克思主义理想信念,因而必须采取有效措施,消解泛娱乐化带来的负面影响。

1. 加强制度规范,对泛娱乐化现象进行约束

政府相关责任部门要从制度机制层面,对各个领域出现的泛娱乐化倾向进行约束,关停整改以低俗炒作为主要手段来实现流量变现、资金交易等目的的黑色利益链条,遏制泛娱乐化在各个领域的蔓延势头。针对 2018 年 1 月出现的媒体恶炒李某某出轨事件、网络传播《黄河大合唱》恶搞视频等泛娱乐化事件井喷式爆发现象,国家相关管理部门齐亮剑出手整治,关闭了炒作明星绯闻隐私的账号,责成互联网单位"清理下线涉及经典革命歌曲的恶搞视频 3 898 条、恶搞音乐 165 首"。这些做法大快人心,获得网友一致好评,反映了人民群众对泛娱乐化已经到了深恶痛绝的程度。新闻不该泛娱乐化而失去其严肃性,历史文化、传统美德不该被娱乐化解构。

企业更应当肩负起社会责任与义务,尤其是新媒体平台的运营企业,要注重加强对传播内容的监管力度,对内容的发布进行严格的审查和监督,而不是一味追求流量关注和经济效益,忽视传播内容对社会的影响。

2. 加大正确导向文艺作品的生产力度

应引导文艺工作者推出导向正确、三观纯正、具有正面教育意义、符合大众审美的大众化文艺产品,打压低俗文艺创作的空间,树立主流价值观的权威。近年来,《中国诗词大会》《朗读者》《见字如面》《国家宝藏》等文艺节目被观众称为综艺界的清流,大获观众好评。其实从来不缺懂得欣赏的观众,缺的是能够满足人民群众精神文化需求的优秀文艺作品。

主流意识形态的引导,在任何时候和任何领域都是需要的。在这个时代,我们依然需要知识精英进行正确的主流文化思想的引导，我们需要知识精英在公共领域对大众进行引领，对社会进行建构。作为"民族脊梁"和"社会良知"，文化精英应该拥有强烈的历史使命感和社会责任感，去充当一个思考者、批判者。

(二) 加强网络文化治理

为遏制泛娱乐化的过度发展，防止青少年形成错误的价值观，国家出台了一系列的政策措施，旨在规范文化娱乐产业。

1. 规范网络直播

伴随着直播的火爆，越来越多的人看到了直播背后的商业利益，网络主播的工作也成了很多人心目中"钱多事少离家近"的首选行业，甚至还出现了"网红经纪人"这种"神奇"的职业。在利益的诱惑下，一些直播从业人员，为了博人眼球、获取更大的利益，奇招、怪招频出，淫秽色情、违法违德、拜金炫富等内容时不时出现在网络直播中，而吃播甚至"电钻吃玉米"等毫无营养的内容比比皆是。

为了遏制直播乱象，为广大网民特别是青少年成长营造风清气正的网络空间，国家网信办发布的《互联网直播服务管理规定》（以下简称《规定》）已于2016年12月1日起实施，此《规定》也被称为"史上最严网络直播新规"。《规定》中，特别对直播资质和主播黑名单制度做出了详细的规定，同时还为直播上了双保险——先审后发和及时阻断，有助于加强对直播的监管与规范，在一定程度上整治直播乱象，同时，也将倒逼直播行业理性发展，有助于让直播回到理性化、法治化轨道。

2. 规范网剧

不同于通过传统电视媒体放送的电视剧，网剧在内容上更加自由，尺度也更大。为了衡量规范网剧的尺度，2015年12月31日，中广联电视制片委员会和中国电视剧制作产业协会共同制定了《电视剧内容制作通则》，自2016年3月2日起实施。《电视剧内容制作通则》涉及众多方面的规范化，例如未成年人早恋、危害社会公德和法律法规禁止的其他内容。

3. 真人秀节目管理

自2013年《爸爸去哪儿》大热以来，国内明星真人秀节目进入爆发阶段，湖南卫视、浙江卫视、江苏卫视、东方卫视等一线卫视开启季播模式，二、三线卫视跟进潮流。2013—2015年这两年内，国内真人秀节目以一种近乎疯狂的速度野蛮生长。

真人秀节目出现了争抢版权、一味模仿、靠明星博眼球等问题。国家新闻出版广电总局于2015年出台《关于加强真人秀节目管理的通知》，要求真人秀节目关注普通群众，避免过度明星化，摒弃"靠明星博收视"的错误认识，纠正单纯依赖明星的倾向，不能把节目变成拼明星和炫富的场所，强调要提升真人秀节目文化内涵，根植中华优秀传统文化，大力创新。

4. 网络游戏管控

在电脑、手机基本普及的今天，网络游戏很大程度上已经成为当代青少年生活的一部分。网络游戏种类繁多，游戏质量参差不齐，其涉及的道德层面问题，以及如何引导玩家建立正确的价值观值得我们重视。

在上述背景下，2018年12月，在中宣部的指导下，网络游戏道德委员会在北京成立。网络游戏道德委员会由来自有关部门和单位以及高校、专业机构、新闻媒体、行业协会等研究网络游戏和青少年问题的专家、学者组成，负责对可能或者已经产生道德争议和引发社会舆论的网络游戏作品及相关服务开展道德评议，为网络游戏管理部门提供决策参考，引导网络游戏企业自觉遵守社会公德和职业道德，履行社会责任，始终坚持把社会效益和保护未成年人身心健康放在首位，促进依法管理与以德治理相结合，推动网络游戏行业健康发展。网络游戏道德委员会成立后，即对首批存在道德风险的网络游戏作品作了评议。这是贯彻落实全国宣传思想工作会议精神，积极回应社会关切，提升网络游戏思想文化内涵，引导网络游戏企业坚持社会效益优先，向人民群众提供健康有益的文化娱乐产品而采取的一项重要举措。

（三）媒体平台的管控

2020年，抖音平台制定《抖音直播行为规范》（以下简称《规范》），对主播在直播中的行为进行规范。主播开展直播活动除应遵守相关法律法规、部门规章制度的规定以及《"抖音短视频"用户服务协议》《抖音短视频直播主播签约协议》的约定外，还应当遵守《规范》及平台公布的其他相关规则。

"哔哩哔哩"站规定UP主（视频创作者或上传者）上传视频内容（包括新增、编辑、换源等）需通过实名验证，方可编辑视频稿件。新浪微博设立微博监督员，对微博内容等进行监督管理。微博监督员通过专门的投诉机制自愿对微博上的涉黄低俗信息进行投诉，并配合站方开展其他网络监督工作。相对地，微博监督员也受到全体网友的监督。

在互联网时代、新媒体传播的大背景下，文化发展呈现多元化趋势，泛娱乐化的现象和问题将继续存在，今天我们在谈论"泛娱乐化"现象时，应当更加警惕其对于大众尤其是对青少年精神、思想方面的侵害。同时，我们也要积极引导其有利的方面、消除其不利影响。

当前，我国的大众传媒日益成为更加开放的平台。为满足人们日益增长的文化与消费需求，在"泛娱乐"的进化与探索过程中，我们可以找到一条既符合我国社会主义核心价值观，又能积极推动文化创新的道路，正确处理好正统严肃文化的价值与娱乐化文化的价值之间的关系，积极探寻主体多元、文化多元、利益多元、视角多元条件下的最大共性文化，并培育壮大之，坚守文化自觉、自信与历史责任，坚守娱乐化的道德和伦理底线，使娱乐回归主流，确保其至少与主流价值不冲突，那么"泛娱乐化"就有望在未来减弱乃至消解其负面的影响。"泛娱乐化"只要被控制在一定范围内，就不会真的对社会造成非常大的危害，因为大家都更喜欢一个自由的时代，而不是压抑和拘谨的、一味强调严肃的环境，把握好度是最关键的。身为大学生的我们更应该擦亮眼睛，明辨是非，警惕泛娱乐化带来的危害，不做被资本收割的"韭菜"，也不做冷漠的"吃瓜"群众，积极提升自身文化品位。

当代大学生对西方发达国家认知情况调查
——以南京部分高校为例

当代大学生是一个特殊的群体，他们的思想动态需要格外关注。本研究采取访谈法，对高校学生关于西方发达国家的认知情况进行调查，了解当今大学生如何看待西方发达国家及其认知渠道。对调查结果的分析可为有关部门提供参考，以有效地对大学生存在的某些问题进行引导和教育，从而提高当代大学生的思想道德素养，培养其爱国情怀。

一、调查的基本情况

改革开放四十多年来，一方面，我国经济社会发展取得了巨大的成就——科学技术取得重大突破，GDP总量跃居全球第二，社会保障体系日益完善，综合国力大大提升，国民的物质生活水准得以快速提升，也极大地增强了国民自信心和国家认同感。另一方面，随着改革开放的深入，发达资本主义国家的资本和思想文化冲击并影响着发展中的中国，西方文化和价值观尤其受到部分青年学生的追捧。互联网的发展，更加剧了中西方文化之间的碰撞。

习近平总书记在党的十九大报告中指出："要提高人民思想觉悟、道德水准、文明素养，提高全社会文明程度。"[①] 青年大学生的思想动态在某种程度上是青年群体思想动态的风向标。研究大学生对西方发达国家的认知情况，不仅有助于了解大学生认知水平和政治觉悟程度，也有助于对大学生进行有针对性的思想政治教育，使其更好地增强"四个自信"，从而全面提高全社会的思想道德素养，激发爱国热情。

本次调查于2018年10月进行，调查人员由6名2016级H大学水利水电学院水利水电工程专业的学生组成，调查形式为线上问卷调查和线下采访。调查对象主要为H大学及周边高校全日制在校本科生，部分调查对象为校内老师和去发达国家留学的留学生。将调查范围控制在团队的能力范围内，一方面避免了学校类别等无关变量对调查结果的影响，提

---

① 中共中央党史和文献研究院. 十九大以来重要文献选编：上[M]. 北京：中央文献出版社，2019：30.

高了调查结果的科学性、准确性;另一方面,在合理范围内扩大了样本容量,使调查结果更具代表性、广泛性,避免偶然因素的影响。线上问卷共发放并回收 257 份;线下采访共 6 人,其中"60 后"老师 1 人,"90 后"博士生 1 人,"90 后"留学生 4 人(留学地点分别是加拿大、美国、澳大利亚和英国),专业涵盖了人文社科、理工科、生物医药、经济管理方面,无论年龄层次还是专业范围都具有较好的可靠性与代表性。

本次调研的主题为"当代大学生对西方发达国家认知情况调查——以南京部分高校为例"。数据收集方法分为线上、线下。本次调研的局限性,主要在于调查对象多为 H 大学以及其他高校的学生和部分教师,受教育水平相对较高,职业单一。线下访问对象是 H 大学的老师和研究生,有一定代表性,但也有局限性,再加上由于受访同学课业较为繁忙,访谈时间较短,并且缺少线下调查问卷,无法保证调研的绝对准确、科学。

二、调查分析

本次社会实践共在线上调查 257 名同学,其中男性 121 人,女性 136 人,性别比例接近 1∶1,比较均衡,专业分布上自然科学类(为便于统计,将理工科和生物医学专业统称自然科学类专业,将人文社科和经济管理专业统称人文社科类专业)偏多,有 185 人,人文社科类仅 72 人。受访人群中有超过 90% 的人都是在读大学生。

关于对发达国家了解途径的调查。本次调查受访人群中,167 人选择"聊天软件",186 人选择"搜索引擎",200 人选择"资讯类 App",148 人选择"官方新闻报道",89 人选择"书本报刊",48 人选择"其他"。从选项的人数分布可以看出,大家平时对国外的了解主要来源于资讯类 App、搜索引擎和聊天软件。针对是否出过国的调查显示,受访人群中共有 77 人出过国,而 180 人未出过国,未出过国人数远大于出过国人数,前者为后者的 2.34 倍。

关于国内生活与发达国家生活的比较。在受访人群中,有 10 人认为"发达国家的生活完全优越于国内",有 71 人认为"发达国家的生活不会优越于国内",176 人认为"发达国家的生活很大程度上优越于国内"。大部分受访人都认为发达国家的生活整体上优越于国内的生活。

关于社会制度的认识。被访人群中有 192 人认为"发达国家的社会保障制度优越于国内",65 人并不认为发达国家的社会保障制度优越于国内。这道题和前一题基本属于同一类型的问题,主要是考察被访问者对于发达国家生活状态的认知,该题中的选择国外优于国内的 192 人和上一题中的 186 人基本吻合,可以基本认为是同一群人。这说明被访问者做问卷的时候是比较理智的状态,没有出现随便乱回答的现象。

关于是否愿意接受发达国家教育。有 173 人表示愿意让孩子接受发达国家的教育,84

人表示并不愿意让孩子接受发达国家的教育，愿意的人数是不愿意人数的 2.06 倍。

关于发达国家艺术文化作品的吸引力。有 184 人表示发达国家的艺术文化作品对自己有一定的吸引力；50 人表示发达国家的艺术文化作品对自己很有吸引力；23 人表示发达国家的艺术文化作品对自己完全没有吸引力。通过本题可以看出发达国家的文艺作品在中国还是比较受欢迎的。

关于是否愿意移民。89 人表示愿意移民去国外，168 人表示不愿意移民去国外，不愿意移民的人数接近愿意移民人数的 2 倍。

关于中西方价值观的对比。有 114 人表示愿意通过独立做事，实现个人价值的最大化；143 人表示愿意通过与他人协作，实现集体的价值。两者基本持平，愿意发挥集体价值的人数大于实现个人价值的人数。本题的设置主要是考虑到了中西方价值观的一种对比，西方的价值观中可能更加强调个人利益；中国的价值观中可能更强调个人为集体做贡献，以求集体利益能够得到最大化，比较典型的特点是"集中力量办大事"。虽然很难通过一道选择题全面反映出大家对待中西方价值观的态度，但通过较多人选择"与他们协作"，还是能够看到青年人的协作精神，以及本土价值观的影响。

1. 大部分受访者对发达国家的信息获取主要为间接了解

调查发现，大学生对于发达国家认知的来源，位于前三的分别是聊天软件、搜索引擎、资讯类 App，均达到 70% 以上，而这三种方式都可以归结为互联网手段；通过官方新闻报道和书本报刊方式了解发达国家的人群要少于前面三种方式，但是占比也不少，这两种手段和前三种手段合并在一起可以归结为通过传媒等间接手段获取信息；通过其他方式了解的人数最少，仅为 18.7%，主要是从家庭、学校或者个人出国亲身经历等途径了解发达国家的情况。可见，被访者主要是通过间接的方式获得对发达国家的了解。通过互联网媒体获得相关信息的选择中，有 30% 的同学"有出国的经历"。由此可见，被访人群对于发达国家的认识多缺乏亲身感受且较为片面，主要来源于他人间接经验，包括互联网上传播的信息，70%~80% 的被访者为缺乏直接认知者，是通过相对被动的、灌输式的途径了解西方发达国家的基本情况。大部分受访者对发达国家具有好感。

对于发达国家的认知倾向，有 72.4% 的人认为发达国家的生活条件优越于国内，74.7% 的人认为发达国家的社会保障制度优越于国内，67.3% 的人愿意让自己的子女接受发达国家的教育，这样的比例与上文提到的缺乏直接认知者的比例大致相当。虽然对发达国家缺乏切身认知，但被访问者对于发达国家抱有明显的好感。一种可能的原因是，过去互联网中存在一种对于发达国家的吹捧倾向，尤其是"美吹"、"德吹"和"日吹"一度盛行，这会导致受访人群在成长的过程中无意识地受到影响。总之，受访的大学生对于发达国家的这种好感——认为发达国家一定程度上优越于国内，是建立在受访者群体缺乏对发达国家亲身体会的基础之上的。这与我们对留学生群体访谈得到的结果并不相同，留学生群体更倾向于认为发达国家和中国相比各有优劣,这一点将会在之后的内容中提到。

2. 当代大学生群体对发达国家的认知趋向客观理性

改革开放四十多年以来,随着中国综合实力的不断提升,尤其是经济的快速腾飞,中国能够以一个更加自信的态度面对世界,大学生群体对于发达国家的认知水平是随着时代的发展不断进步的。从线上问卷调查数据看,当代大学生对于发达国家抱有明显的好感,且认为发达国家整体上优越于中国。比较有趣的是,当问及是否愿意移民国外时,65.4%的受访者表示愿意留在国内,可见虽然受访者对于发达国家都有一定程度的喜爱,但是这种喜爱的程度还不至于促使他们想要移民。对于当代大学生来说,随着经济实力和物质生活水平的提高,他们更有能力走出国门看一看,他们对于发达国家的认知也将更加理性与客观。

3. 受访留学生对西方发达国家的认知更为客观理性

总结对 4 位留学生的访谈,可以发现,受到个人生活阅历以及留学国家的影响,每个人对于发达国家都有不同的感受。但是这 4 位同学的共同点是,他们原本都生活在江苏(南京和苏州),所以对于他们来说,国内和国外的对比就是所留学的城市和江苏省发达城市的对比。与线上收集问卷所得到的结果不同的是,被采访留学生并不认为发达国家的生活质量就优于国内,他们认为发达国家的生活与国内相比各有各的好处,很难说发达国家的生活就一定比国内的好,这与个人喜好相关。前 3 位被采访的同学不约而同地提到了国外的阶级分化问题和治安问题,并且都认为发达国家在这一点上不如国内;最后一位同学提到了英国人的马路文明素质也有所欠缺。可以发现,留学群体因为自身在发达国家体验生活,得出的结论更加客观和理性。

三、原因剖析

调查显示,大学生们对国外各方面的认知主要是通过互联网途径。但是,仅仅通过互联网途径产生的认知是远远不够的。一方面,在当今互联网发达的信息时代,大量庞杂的互联网信息会对当代大学生的思想倾向产生重要影响,以至于完全决定了部分学生对西方发达国家的认知,从而使他们对中国的改革开放缺乏客观理性的认识。另一方面,学校或家庭缺乏积极的引导,国家对于当代大学生的思想素质的引导还不够完善。经过分析和反思,下文将从个人、家庭、学校、社会与国家等 5 个方面分析当代大学生对发达国家的有关认知形成的原因,并提出建议。

(一) 个体及其经历差异对认知有较大影响

专业是个体因素中最为重要的影响因素,它对大学生关于西方发达国家的认知有显著影响。专业与认知呈低度负相关性，表现为自然科学类专业的大学生认知状况更好，这一差异来自文理专业的差别所带来的知识结构差异。虽然自然科学类专业的大学生在进入本科教育阶段后，思想认知及其信息来源要少于人文社科类专业的学生，但是自然科学类专业的大学生其专业课学习的逻辑性较强，在对国家、制度等层面的认同上，通过在高校的系统学习与人文社科类专业的大学生差距不大，面对西方价值观的冲击，更能保有政治理性和独立思考的能力，因此自然科学类专业的大学生思想认知更为成熟。

性别对认知程度产生了一定的影响，呈现低度正相关性，表现为大学生中女生的认知状况优于男生。女生对于主流的政治思想、制度政策的认同感高于男生，男生在高校学习阶段对于国家政策存在更多的自我想法，对主流政治思想有逆反情绪。

年龄是个体因素中较为重要的影响因素，较强影响了个体对西方国家的认知程度。年龄与政治参与呈中度正相关性，表现为年龄越大的大学生认知程度越高。一年级大学生刚进入高校学习，在接受以思想政治理论课为主要途径的思想政治教育时，习惯性地以高中阶段接受式的学习为主要模式，因此认知上缺少思辨。进入二年级，随着思想和自我意识的成熟，大学生对于政治教化可能产生逆反心理，政治情感产生了动摇，因此对西方发达国家有了新的认识和向往。从三年级开始，高年级大学生在思想认知上趋于成熟，更加接近于一个成熟的政治人，对西方国家的认知也更客观。

出国经历也是个体因素中较为重要的影响因素，有过出国经历的大学生通过亲身经历，将西方发达国家的生活质量、社会保障以及教育等方面与国内进行比较，从而有着更加深刻的思想认知。

（二）家庭环境影响

家庭环境对大学生关于西方发达国家的认知有较大的影响。首先，家庭是大学生思想认识的萌生地。家庭事务中由父母单方面决策的家庭和家庭成员集体决策的家庭中的大学生在对西方发达国家的认知上表现出了差异[①]。父母共同决策家庭的大学生的政治认知明显高于父母一方单独决策的家庭。这说明大学生的家庭环境对其认知水平存在影响，来自父母共同决策家庭的大学生在长期的、较为民主的家庭氛围中成长、学习，表现出更愿意接触国内外信息的倾向，在认知程度上高于来自父母单方面决策家庭的大学生。其次，家庭政治和经济情况也对大学生关于西方发达国家的认知有较大影响。来自不同收入水平家庭的大学生在对西方发达国家的认知上也存在着一定的差异[②]。家庭的物质条件在一定程度上可能影响到子女所接受教育资源的优劣，从而对思想认知的获取途径等产生影响。大

---

① 李丽，赵文龙. 家庭背景、文化资本对认知能力和非认知能力的影响研究[J]. 东岳论丛，2017，38(4)：142-150.
② 罗芳，关江华. 家庭背景和文化资本对子女非认知能力的影响分析[J]. 当代教育科学，2017（9）：91-96.

学生所在家庭年收入水平越高，则相应的认知程度越高。在父母为中国共产党党员的情况下，尽管家长不会直接地将自己的政治情感传播给子女，但是父母的认知程度（包括政治情感、政治立场及政治行为模式）会使子女在潜移默化之下形成最基本的认知态度。在中国的大多数家庭之中，父母仍然是家庭话语权的代表，父母的政治面貌会在很大程度上影响到大学生的认知程度。

（三）学校环境和教育的影响

高校是大学生认知成熟的主阵地。思想政治理论课是高校诸多因素中最为重要的影响因素，它对大学生关于西方发达国家的认识有比较显著的影响。思想政治理论课与认知水平呈中度正相关性，表现为对思想政治理论课的了解程度越高，大学生的认知状况越成熟、理性。

学生会等学生组织以及校园文化是高校中仅次于思想政治理论课的重要影响因素，它们对大学生关于西方发达国家的认知水平有较为显著的影响。一方面，校园文化丰富程度不同的大学生在认知上存在显著差异。校园文化越丰富，大学生的政治认知程度越低。校园文化生活较为丰富的大学生参与各类校园活动较多，虽然校园活动可能使他们的政治能力得到提升，但是过多类型信息的交织，可能对原有的并不牢固的认知产生冲击，从而弱化认知的基础。因此，越多地参与校园文化活动的大学生，其认知水平反而越低。另一方面，是否参与学生会等学生组织活动对大学生的有关认知存在影响，愿意参与学生会等学生组织的大学生的政治认知水平要高于不参加的大学生。不参与学生组织活动的大学生往往生活在自己的小圈子中，对于外界信息不敏感，对于国内外的政治体制、社会制度、价值观等缺乏了解，在认知程度上低于参与学生组织活动的大学生。

（四）社会环境的影响

社会是大学生认知发展的现实大舞台，互联网是主要传播渠道和传播载体。互联网的最主要的使用者之一是大学生。尽管因地域差异造成的使用新媒体的进度有差异，但是这种差异也会随着新媒体的普及而逐渐减小。网络共享空间的快速发展，为大学生提供了新的上网环境。新媒体带给学生的认知是多元化的，信息复杂多样、良莠不齐，对学生认知水平（生活观、价值观等）产生重大影响。

经常使用网络的大学生与不常使用网络的大学生在对西方发达国家的认知水平上存在差异[1]。接触网络频率越高，大学生的政治认知水平越高。在当今社会，网络媒介已发展成为覆盖面最广、信息传播速度最快的主流媒体形式，经常使用网络的大学生接触时事政

---

[1] 陈雅萱. 新媒体对大学生思想道德认知的影响及对策研究[J]. 群文天地，2012（23）：290-291.

治新闻的频率较高，同时对于包括政治体制、社会保障、价值观等在内的各种类型的信息接受面更广，这使得他们在认知水平上高于不常使用网络的大学生。此外，由于传统媒体的衰落，大学生对于印刷媒介和电子媒介的接触相对于网络来说较少，因此，对这两种传统媒介的使用频率不同，并不会造成大学生认知水平明显的差异。

然而，有时一些消极的现象也会发生。一些新的认知不断涌入，传统的认知受到了冲击与挑战，导致认知水平和价值取向混乱。大学生能通过网络认识到各种各样的价值观念、生活方式、社会新潮等。他们大多数都能认识到新媒体对自己知识结构、观点思维的影响，但同时又忽略了其对自身认知水平的影响。许多不良的信息隐藏在虚拟网络中。大学生出于好奇对其认识，有可能过于高估自己对新鲜事物的认知能力，以为自己能够控制许多事物，从而造成对事物的片面和错误的认知，进而造成价值取向的偏离，判断能力逐渐减弱，认知水平逐渐降低。

（五）大环境的影响

当代大学生正置身于利益主体多元化、思想多元化和价值取向多元化的历史背景中。一方面，西方发达国家中的反华势力依然强大，极力通过多种途径进行思想和文化渗透，利用向我国大量输出的精神文化产品宣扬资本主义价值观。另一方面，目前社会上出现的拜金主义及各种私德泛滥的社会丑恶现象给青少年的健康成长带来许多负面影响。特别是在信息网络广泛覆盖的今天，一些错误的思想观念以网络为载体，具有传播速度快、覆盖范围广、声势大、难于控制的特点，对当代大学生影响极大，对思想教育工作提出了新的挑战[1]。从目前来看，我国现行的一些法律、法规与网络发展还不相适应，存在相对的滞后性，对于有的新问题，暂时还没有与之相对应的法律法规。现行的一些办法和条例属于部门规章，既缺乏法律效力，又缺乏可操作性。网络舆情监管队伍的建设相对不足，队伍专业化水平有待提高，对网络安全管理认识不足，手段不到位，无法有效面对突发事件。针对网络舆情管理的设备、技术手段和拨款不足，也影响了工作的效率。

四、相关建议

基于上述分析，本课题组建议从家庭、学校、社会和国家等层面采取有效措施，消解泛娱乐化的消极影响，助力当代大学生正确使用网络，成长为合格的社会主义现代化建设者和接班人。

---

[1] 褚笑清，王乃新. 网络舆情监管存在的问题与对策建议[J]. 学理论，2016（11）：51-53.

（一）家庭层面

强化家庭民主决策，营造大学生成长的良好氛围。当前，我国大学生的家庭在决策方式上有高达八成为父母亲共同商议决定，这说明家庭民主氛围是较好的。家庭是大学生认知的启蒙课堂，父母亲本身的政治态度对大学生在幼年与少年时期的影响巨大。美国学者迈克尔·罗斯金认为家庭具有其他任何机构所不能比拟的作用，在与家庭价值观冲突时，任何机构的社会化都可能失败。家庭的决策方式——民主或专制，在家庭环境中构成了大学生最初生活的政治环境。当家庭环境与主流的政治文化保持一致时，对身处其中的家庭成员可能产生正面的影响，反之则会阻碍家庭成员个体的政治社会化进程。家庭的决策方式偏向于父母亲共同决定的家庭，可以体现出父母亲作为家长，选择的是沟通和民主的家庭事务处理方式。在这种家庭氛围之下成长的大学生，在获取政治知识时，可以及时获得家长的指导，在疑惑、探讨和释疑的过程中强化政治认知。这种方式促进了所有家庭成员之间的互动，直接或间接地对大学生儿童时期的行为、意识和知识的获取方式产生了良性作用。因此，强化家庭的民主决策方式，改变家庭的政治氛围是提升大学生认知水平，进而促进大学生政治社会化的重要方面。

虽然大学生在进入高校阶段的学习后，生活和学习的重心都转移到高校环境中去了，脱离了家庭成长环境的强烈影响，但家庭决策因素对大学生政治认知的重要影响提醒我们：家庭氛围对大学生的政治社会化影响（包括父母亲的政治认知、政治态度以及社会政治地位）并不仅仅停留于他们的儿童和青少年时期，而是更为深远的。

（二）学校层面

1. 关注学科差别，创新课程内容

首先，人文社科和自然科学这两类专业的大学生的主要研究对象和学习方式不同，造成了自然科学类专业的大学生重理轻文的现状。他们受专业学习特点——逻辑性强的影响，思维方式趋于理性而务实，对思想理论知识的获取不如人文社科类专业学生。其次，两种不同类别学科知识结构的差异，对大学生的认知体系有决定性的影响。在接受的学科教育方面，人文社科专业大学生在理论知识的获取上比较有优势，其接触的人文课程的数量要明显多于自然科学专业的大学生。

目前，我国高校政治理论教育主要以思想政治理论课为通识类课程，但是仅仅以思想政治理论课作为高校政治教育的依托则显得较为不足，难以在大学生的认知提升中发挥绝对的作用。思想政治理论课作为通识类课程，不能毫无针对性地对所有学生进行完全一样的教育。因此要关注学科差别，找准不同专业学生之间的区别，对教学模式进行改进。针对大学生政治认知中对于我国政治体制等基础知识了解比较薄弱的现状，可以从专业的差

异人手。针对自然科学专业大学生喜欢广泛涉猎各类学科知识以及喜欢创新的特点，可以将政治基础知识的学习渗透于专业课之中，提高这类学生的人文社科类知识的广度。人文社科专业学生已有的知识结构对政治认知有正面影响作用，可以从提高人文社科知识的深度入手，提高他们政治认知的深度与专业度。从高校管理的角度来说，教育者的责任在于传道、授业、解惑，高校不只是传授大学生专业知识的地方，也应该充分重视人文社科类课程在高校教育中的课程比，适当增加全校人文类讲座的开设数量。

2. 鼓励大学生参与学生组织活动

学生组织是高校中对大学生的认知产生正面作用的重要影响因素。大学生在参与学生组织活动的过程中，通过对校级活动与学生组织内活动的广泛参与，可以在实际参与活动中获取必要的政治知识，提升认知水平。认知的提升是一个互相作用和累加的过程，因此要鼓励和引导大学生参与学生组织活动。一是要充分运用各种宣传手段，营造参与学生组织的良好氛围。高校环境对大学生参与学生组织具有重要的影响。一般来说，良好的校园氛围不仅对校内各种学生组织起到宣传的作用，也有利于大学生打破参与学生组织的畏难心理，从而促进认知水平的提升。可以通过多种方式向大学生宣传学生组织，引导和鼓励大学生参与学生组织活动。一方面运用印刷媒介，如海报、传单、学生组织会刊等形式，向大学生展示学生组织的成员风采以及活动成果；另一方面运用电子媒介，如校内广播、网络等搭建信息传播的平台，为大学生提供更多了解学生组织的渠道，争取更多的认同。

要增强学生组织的吸引力，发展具有不同特色的学生组织。学生组织的发展应有各自不同的定位和特色，不能片面追求学生组织数量和规模的发展。具体来说，既要有偏文体实践的学生组织，也要有偏理论学术的学生组织。应结合学生组织各自不同的特色，紧扣学生组织定位，有的放矢地开展学习、研讨和实践活动，也可以将学生组织打造为高校思想政治教育的新载体。在结合学生组织特质的前提下，开展学生组织品牌系列活动，走精品化、特色化发展之路，在满足大学生政治素质发展需求的前提下发展特色学生组织。

3. 减少校园文化的不利影响

校园文化与大学生的生活息息相关，大学生身处校园文化之中，丰富且积极的校园文化会营造更为多元的政治文化氛围。大学生的政治认知往往是通过宣传和教育来获得的，大学生在这一过程当中处于被动的地位。当校园文化越加丰富时，大学生可以有更多的机会体验到多元文化，亲自参与其中并展现自身的兴趣、才华；在这一过程当中大学生会更加注重自身的个体发展与价值判断，独立性增强，更倾向于回避被动接受的政治宣传内容，最终导致校园文化丰富的背景下大学生政治认知程度的降低。为了避免校园文化对大学生政治认知的负面影响，要在一定程度上控制校园文化活动的数量。

首先，校园文化是一个动态的环境，会与社会的政治文化产生互动影响，因此要注意社会热点问题的发生发展，注意吸收新的观念，不断丰富校园政治文化的内容，保持它的时代性和开放性。这对大学生保持与社会政治文化相适应的认知有重要的作用。其次，高校作为教书育人的场所，是各种人文、科技知识汇集之地，因此高校的校园文化内容包含了较强的知识性。高校的各种学生组织作为承载、丰富校园文化的活动组织，对于大学生知识面的拓展有一定的帮助，因此可以从鼓励大学生参与学生组织来调和校园文化过度丰富对认知的负面影响。

（三）社会层面

营造良好的社会文化环境，引导学生进行理性分析。当代社会信息传播爆炸式发展，信息通过传统及网络媒介的发布得到迅速传播。网络的出现，使大众媒介在传播信息时渠道更为多样，由传统媒介的单线传递向网络媒介的发散式互动传播转变。大学生面对纷繁的信息世界时，容易基于自身的感性认知对社会问题产生错误判断。媒体为了吸引受众眼球，获得关注，往往未经查实便肆意传播信息。在虚假信息传播的过程中，大学生常常出于义愤填膺或者是自控力差等原因，极易发表极端、过激的言论，轻则对自身及身边同学产生不良影响，重则触犯国家法律。大学生接受信息的方式由过去的被权威信息主导，转变为如今的需要个人对海量信息进行选择与判断，社会主流意识的传播在此情况下可能会有所弱化。当从网络获取的政治信息与从思想政治理论课等正规渠道所得信息有偏差时，这些信息就有可能对大学生的认知产生不利影响，因此需要警惕。

政治传播的主体，要引导大学生学会理性分析问题，培养他们对时事政治的鉴别能力，提高他们的认知能力。有关部门特别是高校，一是要引导大学生在日常的媒体关注中，多关注央视、人民日报等主流媒体的栏目，这些媒体作为党和政府的喉舌，可以较为客观公正地展现事实的全貌。二是要利用日常的思想政治教育增加大学生的政治理论知识的储备量，提升他们对时政新闻的阅读量，对热点问题进行讨论以形成共识性意见。三是要引导大学生学会鉴别和区分大众媒体信息的真伪，养成不轻信、不妄信，在阅读中寻求事实真相的习惯，提升自己的政治敏锐性与鉴别能力。在对待未经证实的信息时，要以批判的思维方式去对待。

（四）国家层面

大学生的认知受网络影响较大，随着网络爆炸式的发展，它已经成为大学生中普及率和使用率最高的一种大众媒介。而网络是一把双刃剑，在拓展大学生认知途径的同时，也存在着一定的消极影响。因此，应从政策、机制及技术等层面积极介入，加强对网络的监管。同时也要提高大学生自身分析鉴别网络信息的能力，学会理性思考和面对网络来源的信息。

1. 加强网络监督管理

大学生在通过网络了解国内外重大时政新闻的同时，可以在网络上发表个人的言论见解。网络为广大网民的言论与思想交流碰撞提供了便利，但网络信息的肆意传播也会造成各种不明来源信息的汇集与散播。网络具有的交流便捷、及时性强、个人信息容易隐藏的特点，加大了对政治信息的监管难度。在网络迅速发展、需监督管理的情况下，政府要建立行之有效的监管体系。

首先，对网络进行立法管理。法律是具有国家强制力的社会规范，在网络中同样离不开法律的约束。为了适应网络不断发展的趋势，进一步加强网络立法建设也迫在眉睫。我国可以借鉴、吸收国外成熟的法律法规，结合我国国情，颁布适应我国网络实际情况的法律。网络的自由并不是无节制的，要以符合法律和道德为基础。在明晰政府部门责任和不断加强网络监管的新形势之下，形成完备的网络信息安全监管法律体系，从而使大学生在一个相对安全和有序的网络环境之下进行政治知识的获取，从而得到认知水平的提升。

其次，设置相应网络管理机构。2008年3月我国组建了工业和信息化部，负责管理通信行业，指导和推进信息化建设，并协调维护国家信息安全。这一举措体现出了我国政府对于网络信息安全监管的决心和行动力。同时，国家的各种职能部门，包括新闻出版、教育、工商行政管理、公安等部门也应该积极配合工信部对网络进行监管，在各自的职能范围内依法对网络信息的发布和网络行为进行监督执法。

最后，加强对网络行为的监督执法力度。第一，要充分利用网络技术手段，对网络上的内容进行过滤和监控，对于网络上存在的不良信息、不良网站进行拦截和屏蔽，有效维护网络环境。第二，对于在网络上传播反社会、反科学的信息和邪教信息的行为，要对违法的个人或团体追究刑事责任，不构成犯罪的也要及时删除相关信息，并视事件情节轻重对涉事网站采取警告甚至关闭网站的处罚。

2. 加强对大学生的思想政治教育

改革开放以后，邓小平同志创造性地提出了"两手抓"的思想，"我们要在建设高度物质文明的同时，提高全民族的科学文化水平，发展高尚的丰富多彩的文化生活，建设高度的社会主义文明"[①]。随着改革开放的顺利进行和社会主义市场经济体制的逐步建立，国内外各种思想观念相互激荡，各种矛盾相互交织，我国又面临严峻的考验。江泽民同志在2000年2月1日中共中央政治局常务委员会会议上指出："抓好教育和青少年学生的思想工作，直接关系到我们实施科教兴国战略能否取得成功，关系到我国社会主义现代化建设能否取得成功。"[②] 因此要吸收"十年最大的失误是在教育方面"的教训，对当代大学生加

---

① 邓小平. 邓小平文选：第二卷[M]. 2版. 北京：人民出版社，1994：208.
② 江泽民. 江泽民文选：第二卷[M]. 北京：人民出版社，2006：590-591.

强思想政治教育，用社会主义的理想信念武装他们的思想，引导大学生成为有理想、有道德、有文化、有纪律的社会主义建设者。

习近平总书记高度重视学校思想政治教育工作。2016年12月7日，习近平总书记在全国高校思想政治工作会议上强调，要坚持把立德树人作为中心环节，把思想政治工作贯穿教育教学全过程，实现全程育人、全方位育人，努力开创我国高等教育事业发展新局面。[1]

国家应从加强高校思想政治教育入手，对大学生进行中国特色社会主义理论、爱国主义、中华民族优秀传统美德和艰苦奋斗创业精神等方面的教育，增强他们的责任感和使命感，自觉投入全面建设社会主义现代化强国的伟大事业。

---

[1] 习近平. 论党的宣传思想工作[M]. 北京：中央文献出版社，2020：275.

第二篇 教育

　　高校作为立德树人的主阵地，在进行思想政治教育的同时，更需要发挥高校思想政治教育话语体系的引导、激励和德育功能，推动高校思想政治教育话语的创新，这既是新时代思想价值理念表达的客观需要，也是破解当前高校思想政治教育发展困境的必然要求。为适应新时代新人才培养的需要，高校思想政治教育工作要以立德树人为根本，既需要加强思政课程和课程思政的有机结合，培养德智体美劳全面发展的人，以提升我国高等教育的综合水平和核心竞争力，又需要注重校园文化建设，积极适应时代发展，为高校人才成长创造良好的文化生态环境。本篇围绕"双一流"高校人才培养背景下思想政治教育建设的变革、当代大学生性教育状况的调查研究、关于大学生对抄袭现象的看法、理工科大学生文学素养现状等问题进行调查研究，探究思想政治教育面临的发展机遇和挑战，尝试为未来高等教育的现代化发展提供有益的参考，为提升思想政治教育的针对性和实效性提供借鉴。

"双一流"高校人才培养背景下思想政治教育建设的变革

建设"双一流"高校,是党中央的重要战略决策之一,要求以立德树人为根本,在坚守自身特色的基础上,对标国外高校的最高水平,加快提升我国高等教育的综合水平,培养精英人才,提高核心竞争力。众所周知,精英人才对社会发展有重要的影响,其思想政治素质的高低对社会发展与进步的影响不可低估。因此,思想政治教育工作要积极适应时代发展的要求,发挥对高校人才思想层面的引领作用。这既是思想政治工作自身发展的现实需要,也是当前人才培养工作对思想政治教育的迫切要求。

一、"双一流"高校人才培养对于思想政治教育的新要求

"双一流"高校的建设以及对"双一流"高校人才的培养,是党中央具有前瞻性的重要战略决策。对于"双一流"高校来说,其思想政治教育工作,在全国高校中具有示范带头作用,必须走在教育改革创新的最前沿,并随着时代的发展而发展。

(一)"双一流"背景下人才培养的顶层设计理念的更新

1. "双一流"高校建设的背景

"双一流"高校建设,即世界一流大学和世界一流学科建设,其概念来源于党中央全面深化改革领导小组会议于2015年8月审议通过、国务院在同年11月印发的《统筹推进世界一流大学和一流学科建设总体方案》,它显示了我国高校政策的最新布局。

一方面,这一高校新政的提出不仅是为了支持创新驱动发展战略、服务经济社会建设,更体现了新时代背景下应运而生的人才培养新要求;另一方面,"双一流"建设的提出反映了我国全面深化改革战略布局的具体要求和全面建设社会主义现代化国家中对建设高等教育强国的要求。

"双一流"建设承担着新时期高等教育重点建设任务和改革任务。以社会主义核心价值体系建设为核心,传承和创新优秀传统文化,是其中一项建设任务,旨在增强高校文化

自觉和文化自信；在改革任务中，加强党对高校的领导，加强和改进高校党的建设，旨在牢牢把握高校意识形态阵地，与文化建设任务相辅相成，同时从根源入手，防范整治高校腐败问题，进而为高校的科研、教学能力提升提供风清气正的环境。

2. 对高校思想政治教育的新要求

（1）教育体系方面

"双一流"高校对于创新型人才的大力培养有助于提升中国高等教育综合实力，进而提高我国在科教方面的国际竞争力。所以在人才培养模式的打造方面，思想政治教育既面临新的发展机遇，也面临严峻的挑战，它需要在创新型人才培养模式中谋得一席之地并发挥其不可替代的重要作用。

培养创新型人才是"双一流"高校建设的重要组成部分。"双一流"高校现行人才培养模式的最大问题在于学生的创新能力和实践能力的缺失，创新能力和实践能力恰恰是我国现阶段发展所迫切需要的。针对现行高校教育体制中存在的问题，本研究提出如下建设创新型人才培养模式的具体要求。

① 重构人才培养目标。为了确定人才培养的目标，我们首先需要明确什么是大学教育。大学教育总共包含通识教育和专业教育这两个部分。前者是指大学教育要将人的精神和灵魂作为改造的对象，在大学中应该强调教育的立德树人这一功能，培养人的价值观、道德修养、法律意识等。后者是指大学阶段的教育应该授学生以"渔"，使其拥有一技之长。因此，大学阶段人才培养目标理应包括人文素养和专业素养两部分。

② 重视培养方式改革。科教融合和产教融合是"双一流"高校培养创新型人才的两种主要方式。科教融合就是将学科的建设和专业的建设融为一体、科研的工作和教学的工作融为一体。课堂教学只能给学生提供单一的、以记忆和模仿为主体的学习经历，而学习经历的多样性是创造性思维产生的根本原因。培养创新型人才，应改变将课堂教学作为人才培养的唯一方式的观念，而把科研作为更有效的培养方式。"双一流"高校为了培养更高层次的本科生，通过让本科生提前参与科研工作以丰富本科生的学习经历。产教融合强调的是学校同企业开展合作，在将各领域的先进生产方向投射到高校教育的同时，促进对学生创新创业能力的培养。

③ 重视专业课程建设。如果我们将大学比作一个市场，课程与专业是销售的产品，不同的专业对应不同的学费，学生则是前来购物的消费者。"双一流"建设中，对于专业和课程的建设具有通用的标准。《悉尼协议》中提到，专业建设主要包括建设生源队伍、建设教师队伍、规划培养目标、优化课程体系、持续推进改革、完善支撑条件和设定毕业要求七个方面。

（2）思想政治教育者方面

落实新时代人才培养要求，需要在党的领导下，家庭、学校、政府、社会明确职责、共同发力。

① 加强教师队伍建设是重点。教师的学术能力、政治素养、道德品质等将直接关系到人才培养前线的建立，因此面向教师的思想政治工作和价值引领是教师队伍建设的重要领域。与此同时，师德师风的建设也是关键。教师行列中存在个别道德品质败坏的个体，近年来有关他们的种种劣行时有曝光，由此可见，在惩治师德败坏的情况方面，互联网引领下新型的制度建设将比传统制度更有力。

② 加强思想政治工作队伍建设是保障。思想政治教育在意识形态工作领域的地位举足轻重。思想政治教育决不能止步于表面，更不能如"蜻蜓点水"般流于形式，这就要求思想政治教育应在各学校、在学生成长的各阶段以及教师工作中实现形式上的全覆盖、内涵上的全面深化。今日受教育的学生，在未来势必充当一定程度上的"施教者"身份，因此能否在学生的思想里深深留下思想政治教育的成果，是检验思想政治教育成效的关键。

③ 加强党组织建设是根本。党政军民学，东西南北中，党是领导一切的。新时代要求全面深化和加强党对一切工作的领导。教育，特别是高等教育处在人才塑造过程中至关重要的阶段，教学组织形式应立足于基层党、团组织形式。我们的高校是党领导下的高校，高校党组织建设成效决定着人才培养质量。只有充分发挥党组织在人才培养工作中的把关定向作用，才能把党的教育方针全面贯彻到学校工作各方面，培养造就一大批优秀人才。

(3) 思想政治教育对象方面

人才培养的要求，就是教育的首要目标，因此，要探索新时代人才培养的顶层设计理念，首先要明确人才培养的内涵。1937年，毛泽东同志为陕北公学成立题词时就强调了要培养无私奉献的、忠诚不渝的、正直勇敢的、无所畏惧的人，激励陕北公学的同学们积极投身到民族独立和民族解放的事业中去，为新中国的建立贡献自己的力量。

在时隔86年的今天，毛泽东当初给陕北公学的题词中呈现出的对人才培养的部分要求仍然具有超越时空的价值，例如其对人才在政治素养、道德品质、价值追求以及对实事求是方面的要求，无论在社会的哪一个发展阶段，都是人才培养的基本内容。

① 注重道德品质培养。道德品质是人的立身之本，是一个人的理想信念、品德修养和人格品质的总和。道德品质培养，当立足于社会主义核心价值体系，培养知行合一、全面发展的优秀人才。只有把对人才的价值观培养放在高校教育的重要位置，并将立德树人的成效纳入高校绩效考核的重要标准，才能真正培养出有用之才。

② 注重专业才学培养。专业才学无论对于理工类还是文史类的高校学生，都是其投身社会的核心竞争力保障，其与通识教育共同构成了人才培养的两大板块。专业才学培养的关键不仅仅在于教授知识本身，常言道："授人以鱼不如授人以渔。"人才培养中对学生学习能力、学习意识和探求真知、严谨治学的科研精神的培养更为重要。

③ 注重责任意识培养。青年一代有理想、有本领、有担当，国家就有前途，民族就有

希望。能力越大，责任越大，但若学生自己都意识不到伴随能力增长而来的责任加重，便无从谈及责任意识，更无所谓责任行为。当前高校学生所处的人生黄金发展期，是与我国"两个一百年"奋斗目标的关键期相吻合的，只有树立起高校学生对家庭、社会、民族、国家的责任意识，激励学生从根本上认可把个人理想追求同国家、民族追求同一化，才能培养出真正能够担当时代重任的人才。

④ 注重家国情怀培养。人才最终能否投身中国特色社会主义事业的伟大建设，关键要看他是否对我国的道路、理论、制度、文化有着发自内心的认同，其外在表现便是民族情怀、家国情怀。情怀是指一个人的胸怀和心境，人一旦有了情怀，便有了学习奋斗的不竭动力，责任意识便能随之造就。新时代的人才，还应具有包罗万象、广博的世界情怀，理解人类命运共同体的真切内涵，放眼全球，抓住机遇，迎接挑战。

由此可见，新时代的人才培养内涵大致包含专业能力和通识能力两个方面，要求人才在扎实掌握专业知识的基础上形成顺应时代发展的、顺应中国特色社会主义事业发展的世界观、人生观、价值观，并且应具备一定的政治素养，这是生产力水平上升到一定阶段对人才的必然要求。

根据杨立军等对 2016 年 CCSS（中国大学生学习与发展追踪研究）调查数据的分析，我们从大学生发展指数权重分析可得：在学术性发展指数中，大学生知识的发展和能力发展同等重要；在总体大学生发展指数中，大学生的学术水平建设和社会能力培养同等重要；而在社会性建设中，大学生的价值观培养则相对人际关系发展更加重要。大学生价值观培养的重要性显然对思想政治教育也相应提出了更高的要求。所以逐步增强对大学生思想政治素养的培养成为"双一流"高校建设的大势所趋。

（二）立德树人实施路径的调整

习近平总书记曾在讲话中强调："人无德不立，育人的根本在于立德。"[1] 立德树人理应在新时代中国高校建设体系中处于重要的位置。立德树人是人才培养的要求，同时也是高校立足于新时代的根本，其核心问题在于人才的培养目标和人才培养方法。

1. 坚持正确政治方向

办好中国的高等院校，必须高扬马克思主义伟大旗帜，坚持以习近平新时代中国特色社会主义思想为指导，全面贯彻党的教育方针，彰显"四个服务"，坚持以学生为中心的发展思想，全面、深刻地推动全员育人、全过程育人、全方位育人，探索为社会发展和人类文明做出贡献的大学之道，建设中国特色世界一流的大学，使中国特色社会主义成为高校最鲜亮的底色和最强大的底气。

---

[1] 习近平. 在北京大学师生座谈会上的讲话 [N]. 人民日报，2018-05-03 (2).

"四个服务"指的是：

（1）为人民服务。教育为谁服务是根本性问题，是解决教育中出现的其他各种问题的先决条件。中国高校植根于中国大地，是具有中国特色社会主义性质的。而我国社会主义民主政治的本质特征就是人民当家作主。坚持以人民为中心、办人民满意的教育是高校教育的本质要求，其所坚持的政治方向必然是为人民服务，"为人民服务"也应是高校施教的根本要求。一切源于人民，一切为了人民，使高等教育成果反馈社会、服务于人民是我国高校办学的根本方向。

（2）为中国共产党治国理政服务。中国共产党代表中国先进生产力的发展要求，代表中国先进文化的前进方向，代表中国最广大人民的根本利益。党是中国特色社会主义事业的领导核心。党的宗旨是一切为了人民，一切依靠人民，党的利益在根本上与人民利益相统一，党治国理政的目的便是实现人民的利益诉求。高校教育应是"为人民服务"，党的治国理政也是"为人民服务"，由此来看，两者是统一的，教育坚持为人民服务就必须同时坚持为中国共产党治国理政服务，教育应该为其提供人才保障和理论支撑。

（3）为巩固和发展中国特色社会主义制度服务。高校既然是社会主义性质的，那么就需要牢记初心，明确定位，葆有本色。中国教育是立足于中国特色社会主义事业发展起来的，因此为了保证中国特色社会主义事业更好更快地发展，教育理应致力于推动社会发展进程，为新时代中国特色社会主义建设事业培养具有新特质的人才，只有这样才能实现二者的相互推动、相互促进。

（4）为改革开放和社会主义现代化建设服务。如邓小平当年所要求的"教育要面向现代化，面向世界，面向未来"，教育成果是我国推进现代化进程中至关重要的组成部分，是我国在新时代背景下攻坚克难、解决核心问题、实现逐步突破的关键，因此要始终坚持为改革开放和社会主义现代化建设服务这个宏观方向，培养塑造出的人才应是能为改革开放和社会主义现代化建设服务的符合新时代要求的综合性人才。

2. 坚持思想政治教育工作贯穿始终

思想政治教育工作是办好中国"双一流"大学的重要保障。学生辅导员是开展大学生思想政治教育工作的骨干力量，高校应认真贯彻落实全国高校思想政治工作会议精神，致力于形成用最优秀的人才担任辅导员教师的良好氛围。

思想政治教育不能只停留在形式上，更要在教育成果中真正得以体现。为此，习近平总书记在 2019 年 3 月举行的学校思想政治理论课教师座谈会上提出了"八个统一"的具体要求，为思想政治教育的改革创新、成果落实指明了方向。下文谈谈本课题组对"八个统一"的理解。

（1）坚持政治性和学理性相统一，以透彻的学理分析回应学生，以彻底的思想理论说服学生，用真理的强大力量引导学生。学生在学习过程中会形成对知识的自发认识，这样的认识往往是有依据、有逻辑、系统的认识，它是建立在学生的深层次理解和认同之上的。因此避免空洞的政治说教，是使学生发自内心参与思想政治理论课课堂，以及理解、掌握思想政治理论课精华的重要保障。

（2）坚持价值性和知识性相统一，寓价值观引导于知识传授之中。专业知识教育以知识传授、科学精神的培育、智力开发为其主要目标；而价值引导是以人格塑造、人性养成和人的价值开发等为目的。需要理清思想政治理论课教学与通识教育的关系，要以通识教育为支撑，以思想政治教育为导向。

（3）坚持建设性和批判性相统一，传导主流意识形态，直面各种错误观点和思潮。逃避不能解决问题，含糊其词更不能使学生全面地了解和分析问题。要以科学辩证的方法对各种历史问题、现实问题予以全面的、深层次的分析，使学生以客观的视角，在充分了解和认识这些问题的基础上，自觉地运用马克思主义基本原理、社会主义核心价值观等来正确认识种种问题。

（4）坚持理论性和实践性相统一，用科学理论培养人，重视思政课的实践性，把思政小课堂同社会大课堂结合起来，教育引导学生立鸿鹄志，做奋斗者。认识来源于实践，更要接受实践的检验。大学可以是象牙塔，但也是社会里的象牙塔。学生的认识可以来源于教材，也可以来源于社会实践，而后者便与社会发生了紧密的联系；并且，学生在社会实践中既能印证课堂上所学的知识，又能发现所学的不足之处，为最终在实践中运用所学做好准备。

（5）坚持统一性和多样性相统一，落实教学目标、课程设置、教材使用、教学管理等方面的统一要求，又因地制宜、因时制宜、因材施教。思政教材是全国统一的，具有"共性"，而全国各地的高校、高校的教师与学生都具有截然不同的"个性"，"共性"和"个性"间的矛盾，便类似于当初马克思主义之于全球各地的革命运动一样，思想政治教育也必须要实事求是、因地制宜，像马克思主义中国化进程那样，既能反映出"个性"中的"共性"，引发师生共鸣，又能真正将核心思想作用于不同条件、不同背景下的具体教学实践。

（6）坚持主导性和主体性相统一，既重视教师的主导性，又加大对学生的认知规律和接受特点的研究，发挥学生主体性作用。强调学生的主体性，就是要逐步改变过去以课本为中心、以教师为中心的课堂氛围，改变教师自我独白、无人参与的授课局面。实现课堂从单一权威到主体平等的转变，实现以学生为中心的转变，注重发挥学生的主体性作用，提升学生的参与度。其既包括学生形式上的参与，也包括学生思想上的参与，将课堂作为学生自由思考、主动思辨、内化知识的平台，从而使学生自然地将思想政治教育成果内化于心、外化于行。

（7）坚持灌输性和启发性相统一，注重启发性教育，引导学生发现问题、分析问题、思考问题，在不断启发中让学生水到渠成得出结论。首先，灌输性教育历经实践检验，其广泛的存在和沿用是有道理的；其次，与其说启发性教育能够在灌输性教育的基础上"添彩"，不如说启发性教育是灌输性教育在方式方法上的革新，在思想政治理论课教学中具有重要地位。两者并不是"非你即我""非黑即白"的，因为二者都是为了使学生获得知识的滋养，其终极目标是统一的。过于开放的课堂，不能满足于现状中对教学效率的要求；过于定式的课堂，也不能满足学生在该发展阶段中对自由求知、平等探讨的需求。因此，注重二者的辩证统一并在不同的矛盾下予以偏重，才是最为有效的。

（8）坚持显性教育和隐性教育相统一，挖掘其他课程和教学方式中蕴含的思想政治教育资源，实现全员全程全方位育人。不仅要在思想政治理论课上谈思政，更要将其共性精华覆盖到各学科的各个方面。一来是为了缓和当下思想政治教育队伍、教育资源的有限性和高校学生群体的庞大性及其对思想政治教育的急需性之间的矛盾，弥补思政课教师教学精力和科研精力不足的问题。二来是为了将思政知识从根源上"正名"，思政是可以作用于学生的所有发展阶段的强有力的人文素养的保障，它在其他学科中的出现，应该是十分自然的，因为它确实囊括了各学科中的共性部分，是知识体系架构中实打实的上层建筑。

二、"双一流"背景下思想政治教育改革的具体举措——以 H 大学为例

伴随着"双一流"人才培养顶层设计理念的更新与立德树人实施路径的调整，思想政治教育的建设工作进入新的阶段，在此背景下各高校都在落实具体的育人方略。为了实现建立思想政治教育的全方位、全过程育人体系，我们以 H 大学为例，列举"双一流"背景下思想政治教育改革的具体工作。

（一）推进学生党建工作

党的十九大以来，各高校响应习近平总书记指示，坚持党的教育方针，不断加强和改进思想政治工作，尤其是要加强高校学生党建工作。推进高校学生党建工作，就意味着要充分发挥学生党组织和党员的作用，加强学生的思想政治建设，促进学生的全面成长成才。

目前，随着科技的发展，网络信息的快速传播、覆盖范围的变广，学生党建工作面临着以下挑战：其一，高校实施党建的方式缺乏创新性和前瞻性，没有体现学校自身的特色；其二，在推进学生党建工作的运行机制上，统筹协调不够，影响党的建设进展；其三，在基层组织建设上，存在着制度建设不够完善，缺乏有效的监督和激励措施等问题；其四，在党员队伍建设上，教育形式单一，理论与实践结合不够。

基于这些学生党建工作的薄弱区，高校应该采取相应的措施进行改进，注重对基层学生党建工作的指导和检查，努力提升学生党支部的活力，逐步形成工作脉络清晰、重点突出的，有学校自身特点的，全校共同参与的学生党建工作一体化机制。

具体而言，以 H 大学学生党建工作的相应细则为例，明确以下层面的要求。

1. 加强学生党员队伍的建设

要继续做好学生党员发展工作，不断健全完善的工作制度、规范的工作流程，保障高校学生党员的发展质量，不断加强入党积极分子的队伍建设；还要加强学生预备党员和党员的教育、管理和监督，对于行为规范考核不合格的党员要予以相应的处罚，减小不合格党员的不良影响。

学生党员发展工作必须要做到"有法可依"。《H 大学党员发展工作细则》中明确要求：为保证新发展党员质量，保持党员的先进性和纯洁性，根据《中国共产党章程》、《中国共产党发展党员工作细则》和《江苏省高校发展党员工作实施细则》等有关规定，结合学校实际，制定相应的党员发展细则。

同时学生党员工作必须要做到民主公开、公平公正、积极稳妥、教育引导。H 大学根据学校的实际情况设定了"三投票三公示一答辩"实施办法。"三投票"是指发展大学生党员推优投票、发展预备党员投票、预备党员转正投票，其中推优投票是在大一就已经开始的在各班级团支部推行的公开投票，发展预备党员投票和预备党员转正投票则是在各学院党支部进行的公开投票。"三公示"是指推优公示、发展公示、转正公示，"一答辩"是指部分预备党员转正答辩。以此，学校将学生的入党流程透明化、科学化，保证学生党员队伍建设过程中每一个步子都是稳扎稳打、科学合理、透明公开的。

2. 抓好理论武装，落实政治体检

H 大学重视对党员展开集中教育培训工作，重点对新生党员、预备党员、毕业生党员进行教育培训。提出要健全党员日常学习的机制，明确学习目标和任务，健全督促检查机制，定期对党员的学习情况进行检查，实现党支部理论学习常态化。要把开好专题组织生活会、开展民主评议党员工作作为党员"守初心、担使命，找差距、抓落实"的一次政治体检，促进党员进一步增强"四个意识"、坚定"四个自信"、做到"两个维护"，牢记初心使命，重整行装再出发，立足岗位担当作为，充分发挥党支部政治功能和战斗堡垒作用，充分发挥党员先锋模范作用。

同时，H 大学要求基层党支部召开"不忘初心、牢记使命"专题组织生活会和开展民主评议党员工作一并进行。具体做到按照教育部党组关于党支部主题教育检视整改"三对照五查找"的具体要求，盘点收获、检视问题、深刻剖析，通过开展批评与自我批评，紧扣不忘初心、牢记使命的主题教育，学习贯彻习近平新时代中国特色社会主义思想。

3. 积极发挥大学生党支部的功能作用

大学生党支部的建设要紧紧围绕自觉承担举旗帜、聚民心、育新人、兴文化、展形象的使命任务，坚持稳中求进、守正创新，为党支部的建设工作提供有力的思想保证和精神支撑。H大学通过开展诗歌朗诵、观看党史纪录电影等党建活动，推动党的理论深入人心、落地生根。

（二）优化课程体系

合理科学的课程体系是实现高等教育人才培养目标的途径和保障，然而目前高校课程体系设置依然存在着一些问题：其一是高校培养出的人才与社会需要的技能型人才还有较大的差距。其二是思想政治教育与理工学科发展不均衡。不同高校的偏向性各不相同。理工科与政治文史类学科的学生思维模式和思维习惯不同，这不利于对理工科的学生进行思想政治教育，导致教学效果或多或少没有达到预期。其三，目前高校思想政治理论课"重理论轻实践""重文件轻时政"的现象依然屡见不鲜。这使得思想政治理论课程在高校教学中的地位极其尴尬，也使得多层次的课程理念无从贯穿。归根结底是由于我们并未树立"全面育人"的教育理念，将教育一分为二。长期以来，思想政治理论课程都处于独立的状态，即单纯凭借自身进行知识传递，并未与其他各类课程融合、共行。而实际上，学生所接受的专业课程也能承担相应的思想政治教育的任务，在培养学生专业能力的同时，应使思想政治理论课程与专业课程同向并行。其四，部分学校缺少传统文化教育和红色教育。传统文化与革命文化是中华民族文化的精髓，传统文化教育与红色教育的缺失会导致思想政治教育脱离实际，只停留在理论层面，无法深入人心、激发民族自信。

在现阶段，随着思想政治教育逐步被重视，思想政治理论课在各高校课程体系中的安排也会相应发生变化。通识教育课程与大学生所接受的思想政治课程有很多相通的地方且两者也享有同等的重要性，因而思想政治理论课也逐步成为通识教育模块中的一部分。

通过对全国105所高校进行通识教育模块和思想政治理论课的调查，我们可以具体了解思想政治理论课程的体系建设情况。调查显示，在105所被调查的相关高校中，有90所设立了通识教育模块，剩余的15所并没有设定相关要求。同时，通过对思想政治理论课设置情况的调查，我们可以看见在设立通识教育模块的高校中，有80所高校将思想政治理论课设置在通识教育模块，占总数的89%，有7所则将思想政治理论课置于公共基础类课程模块中，而剩余的3所则将思想政治理论课设置在通修类教育模块中。根据以上数据，我们可以发现思想政治理论课程被广泛地包含于通识教育模块之中，大部分高校都是将思想政治理论课作为一种面对全体学生开放的课程。这种做法虽然保证了思想政治理论课程的普及性，但同时也暴露出大多数高校将思想政治理论课等同于一般通识课程的态度，对思想政治教育类的课程缺少独立的、特殊的对待。

针对这样的现状，可以从以下几个角度对课程进行优化。

（1）树立"课程思政"观。思想政治理论课程不应当处于一种被孤立的状态，应当加强同哲学社会科学课程、自然科学课程的联系，并促进三者协同并进。同时，还要加强思想政治理论课程在理论层面的研究，促进形成较为完整的理论体系。

（2）优化课程内容。高校的思想政治理论课程内容应当注重与高中的政治课内容的衔接，了解学生学习思想政治课程的进程与状况，制定出符合大学生思想政治教育程度的课程内容，而不能脱离实际，造成老师授课内容与学生思政学习的进程严重脱节，这不仅影响授课效果，降低学生听课的兴趣，还会对思想政治教育的发展造成不利影响。

（3）加强教师队伍建设。要提高教师的理论素养，完善增进教师内部沟通与交流的机制，促进教师之间的教学方法与理论的相互学习进步，同时也增进教师之间的情感交流。这可以促进教师教学水平与能力的提升以及其教育意识的深化。

（4）推进"三全育人"改革。在明确思想政治教育重要地位的前提下，"三全育人"工作的推进要坚持以立德树人为核心，扩大格局并构建更加高效长久的教育运行机制。同时要做到联合各个课程（包括专业课程），发挥其在思想政治教育方面的功用，积极推进全员全过程全方位育人，积极构建协同一体、合力育人、充分发挥德智体美劳作用的育人工程体系。

（三）强化思想政治教育队伍建设

要对思想政治教育队伍给出一个明确的定义。在狭义上，思想政治教育队伍骨干指的是辅导员和班主任；在广义上应该包括"高校党政干部和共青团干部、思想政治理论课教师和哲学社会科学课教师、辅导员、班主任和心理咨询教师等队伍"。而在现今的思想政治建设的大环境下，应当坚持广义与狭义相结合，辅导员在思想政治政治建设中发挥骨干作用，思想政治课教师对学生的思想进行引导、教育，心理咨询教师起辅助作用。

现如今，思想政治教育队伍建设方面依旧存在相当一部分问题。其一，对高校思想政治教育认识不到位，高校还未将学生的思想政治教育提升到极为重要的地位上，对于辅导员队伍和思想政治理论课教师队伍的建设没有合理的安排与规划，造成思想政治教育队伍的良莠不齐。其二，高校思想政治教育机制不完善，部分高校对思想政治课程不重视，在教学检查、课堂检查、学期考核上没有按照思想政治理论课特点来进行；同时，部分高校在教学方式上较为单一，储备不充足，课程素材不够鲜活，这就间接导致了学生对思想政治理论课的不重视，思想政治理论课程实施效果不佳。其三，思想政治教育队伍建设不到位，思想政治教育队伍是将思想政治教育具体落实到个人的主要力量，而目前仍存在教学能力不足、队伍结构不合理、理论与实际严重脱节、考核机制不健全不合理等现象，这将严重影响思想政治教育队伍的建设与发展，这也是思想政治教育队伍缺乏活力的原因之一。

对于思想政治教育队伍缺乏一定活力的现象，教育者可以采取循序渐进的措施进行改进，从教学方向出发，完善体系，最后落实到思想政治理论课程上。

（1）明确新方向。"双一流"高校是人才培养的摇篮，要实现学生的全面成长成才，必须坚持正确的政治方向。要加强党组织的领导，进一步完善思想政治教育队伍的管理体系；加强学科建设的同时也要严格把控考核机制，建立科学合理的考核标准；加强科研工作，学习最新理论成果，在理论层面上进一步研究探索。

（2）进一步加强思想政治理论课教师队伍建设。一方面要提高思想政治教育教师的工作积极性与教育水平，对于违反法律法规和道德品质不佳的教师予以惩罚，对教学水平高、教学效果良好的教师予以奖励，还要督促教师不断进行理论学习，促进教师内部的学术交流；另一方面，要加强教学方式的创新，可以利用开放式网络平台进行教学，教学时间较为自由，学生能在任何时间进行思想政治理论课的学习，可以大大提高教学的时效性。

（3）丰富思想道德教育课的内容。进行思想政治教育的主要形式无疑是通过思想政治课程对大学生进行价值观和世界观的指导，高校思想政治教育的教学质量既取决于思想政治理论相关课程的内容是否足够丰富，也取决于思想政治教育的队伍建设是否满足思想道德课程教学的要求。

三、目前仍存在的问题

在"双一流"创新型高校建设的背景下，思想政治教育的更高要求与顶层设计不仅引起了各高校的重视，而且各高校也积极响应并推进体制改革，以求建立立德树人、有助于学生全方位成长的思想政治教育体系。但是，根据学生党建、课程体系设置、教育队伍建设等方面的新要求，在思想政治教育体系中，不可避免地会出现与顶层设计和安排有偏差或有距离的举措或问题。

（一）思想政治教育主体认知存在分歧

在思想政治教育体系中，根据思想政治教育者与教育对象之间的地位与本质关系，借用主体与客体的概念，毋庸置疑的，思想政治教育者为高校思想政治教育的主体，相应地，思想政治教育对象为客体。具体表现为，大学里的教师队伍是思想政治教育的主体，学生是客体。

长久以来，我国思想政治理论课程的教学模式，是教师在讲台上教学而学生在座位上学习，呈现出一种"填鸭式"的灌输性。不可否认，这种模式肯定也有其存在的价值和科学性，即可以让学生在最短的时间内了解最多的知识。但随着社会的发展以及社会对人才需求的改变，填鸭式教育的弊端也逐渐显现出来，那就是在很大程度上，扼制了学生的创造性思维，无论学生是否感兴趣，老师强制将知识点灌输给学生，最终把学生训练成应对考试的"机器"，缺乏创造力。而这种培养人才的模式也不符合"双一流"高校的人才培养要求。因而目前有部分教育者认为教师与学生共同参与才是最合适的教学方式，这也导致在思想政治理论课授课主体的认识上存在分歧，即以教师为主导还是以学生为主角。我们根据"中国大学生学习与发展追踪研究"（CCSS）调查问卷对"教育收获"这一板块的相关数据进行分析，即基于 Meta 分析对其中效应量的汇总结果进行各因素的效应值分析，得出结论：师生交流对于大学教育收获起着至关重要的作用。相对于其他因素，师生交流对于教育收获的帮助最大。由此可见，教育者始终占主导的地位，对学生这一客体起着指导性的作用。

在认识到以思想政治教育者为主体的前提下，"双一流"建设背景下思想政治教育的高要求就对教师的创新授课提出了相应的要求。思想政治理论课教师是任何一所高校所必备的教学工作者，对他们的称呼由"德育教师"或"两课教师"转变成现今阶段的"思想政治理论课教师"。称谓的变化导致部分思想政治理论课教师对自身角色定位认识模糊，将思想政治理论课教学视为"填鸭式"的教学，选择最简单的授课模式——将课堂的主导权牢牢掌握在自己手中，而不是创新授课方式，带领学生融入其中。

（二）思想政治教育客体的主观能动性需加强

基于"中国大学生学习与发展追踪研究调查"（CCSS）问卷中对部分学生的调查数据，我们通过整合汇总各变量对大学本科教育的影响程度，分析得到相应因素的重要程度。由数据来看，学生个人努力质量是直接影响本科教育最为重要的因素。所以在强调学生的主观能动性时，我们也要考虑以学生为客体在大学思想政治教育中的显著要求。

但现况是在大学本科的思想政治教育课程设计和推进过程中，部分学生由于在中学阶段过于依赖教师，出现了一切安排设计以思想政治理论课教师的要求为标准的现象，不能充分发挥自身的主观能动性，导致学生的主体地位的缺失。

与此同时，一些学生对思想政治理论课程也缺乏重视，将思想政治理论课视为只需要被动接受的课程，这其中一个主要原因就是，他们在内心世界中还是无法摆正对非专业课的学习态度，认识不到非专业课的重要性。尤其是在严峻的就业形势面前，很多学生更是只注重专业学科和技能的学习，对思想政治理论课程这样的基础课程的学习目标是"通过就行"。此外，思想政治理论课程自始至终贯穿在一个人的学习过程中，如"毛泽东思想与中国特色社会主义理论体系概论"课程中很多浅显的理论，学生在中学阶段的学习中就接触到了，或者在电视新闻报道中已经耳濡目染，因此也会觉得自己已经掌握了，从而失去了学习动力，失去了应有的主观能动性。

(三) 思想政治理论课教师的专业技术水平与能力需进一步提升

思想政治教育成效如何，思想政治理论课教师的教育教学能力是最关键的一个环节。总体而言，当前思想政治理论课教师队伍的整体素质是优秀的，而且是呈不断提升的趋势，但是，就个体来说，确有一些思想政治理论课教师的素质，包括其专业技术水平和教学能力，乃至其人格魅力，还不能适应思想政治教育的要求。

1. 对教育爱的情感没有充分体现出来

当前高校思想政治教育中存在一个较突出的问题，即教师在教育过程中爱的情感没有充分展现出来。具体表现为：①部分思想政治理论课教师对教师这份职业缺乏爱的情感，并没有完全认识到教师的职责和教育的本质。有的思想政治理论课教师责任感不强，出现了消极、倦怠的现象，缺乏对工作的热情。②有的教师重科研而忽视教育教学的使命，甚至轻视自身应当承担的本职工作。③部分思想政治理论课教师忽视情感方面的教育，只是为了完成学校规定的教学任务，没有充分考虑对大学生情感价值观的教育、对远大理想的培育。④少数思想政治理论课教师缺乏对学生的关爱。师生之间的交流只是体现在课上，课下的交流沟通很少。这样的思想政治教育就很难与学生形成良性互动，更谈不上使学生产生共鸣。

2. 教师形象、气质、言行等人格魅力表现不足

学生对教师的喜欢不仅在教师的学识和能力等知识素养层面上，他们也越来越关注教师内在气质与外在形象的兼备。当下备受学生喜欢的教师是极富个人特色、气场强大、态度随和、气质儒雅、内外兼修的。那些不注重自身外在形象塑造和内在气质修炼的思想政治理论课教师，学生无从感受其人格的魅力与亲和力。因此这些教师缺乏以自身模范的言行去感染和熏陶学生的自觉意识。相应地，教育者只有先做一个有感染力的人才能去感染别人。作为为人师表的思想政治理论课教师，教育者如果不注重内在气质的修炼，不能通过自身的亲和态度和外在形象在学生群体中树立特有的形象，不能吸引学生的注意力，不能调动学生积极的情绪，就不能达到理想的教育成效。

3. 课堂教学过程中的亲和力表现不足

一些思想政治理论课的教学内容往往远离学生生活实际，无法直接满足学生的需要，难以激发学生的学习兴趣。讲好思想政治理论课，必须创设与教学内容相契合的情境，建立起教学内容与学生之间的联系，突破理论与现实之间的隔阂。然而，教学语言缺乏生动性、教学方式缺少创新是部分思想政治理论课教师教学亲和力不足的一个重要表现。思想政治理论课是一门理论性较强的课，本身缺乏趣味性，如果教师刻板教学、照本宣科，以

"唱独角戏"式的方式教学，将很难激发学生的学习动力。

4. 马克思主义理论修养及其应用能力没有得到充分展现

马克思主义作为我们立党立国、兴党兴国的根本指导思想，也是高校思想政治教育的根本指导思想。高校思想政治理论课具有特殊性，它是知识性和意识形态性相结合的一门课程。因而系统的马克思主义理论及其最新理论研究成果成为思想政治理论课教师应当必备的知识。部分思想政治理论课教师的马克思主义理论修养没有得到充分的展现，主要有两个方面的表现：第一，对理论经典认知不足。可以肯定地说，思想政治理论课教师都接受过系统的马克思主义理论教育，有着专业的知识背景。但也有学生反映个别教师并不熟悉马克思主义理论原著的相关内容，对其缺乏深入的研究和解读，处于一知半解的状态。第二，理论应用水平不足。要把马克思主义基本理论与中国实际紧密相连，用马克思主义基本原理去解释中国实际，用中国的实际去证明马克思主义理论的真理性，不可以离开中国实际去单纯讲授理论知识，这样的理论是空洞的、没有说服力的。因而，思想政治理论课教师既要全面掌握马克思主义理论知识、认真解读理论背后的规律性，又要具备理论联系实际的问题分析能力，把艰深的马克思主义理论生活化、现实化。

（四）多元化授课模式跟进困难

传统的思想政治理论课程教学方法单一，教师对知识的传递呈现出一种单线式的灌输。而近年来，教育者们在创新授课、多元化授课模式方面做出了很多尝试和努力，例如专题授课、多媒体授课、结合现实与实践教学等。

但在多元化授课模式不断推进的过程中，仍有部分思想政治理论课教师固守传统教学模式，不善于实施多元化授课模式。在传统的思想政治理论课程教学过程中，学生没有主动性，都是教师充当课堂的主体，在教学内容上过于注重理论，没有联系实际生活，没有办法激起学生学习的热情。而如今，教师即便利用了多媒体、专题探讨、课堂研讨等创新授课模式，但由于把马克思主义原理，党的路线、方针、政策等理论性知识与现实相联系的尝试相对较少，学生的学习积极性依旧不高。

这是因为，思想政治理论课的教育内容呈现出形式化的特点，具体表现为实践过程做样子、走形式、流于表面，从而失去应有的实际意义。一方面，实践教学覆盖对象相对有限。实践教学对象的广覆盖是实践教学效果凸显的前提，没有实践教学对象的广泛参与，就无从谈论实践教学效果。由于思想政治理论课实践教学，尤其是校外实践教学存在经费匮乏、人力不足、学生人身安全的风险性以及与其他部门的协调困难等问题，相关部门对实践教学的审批比较谨慎；实践教学成为只有部分学生真正有效参与的教学实践，实践教学有效覆盖全员的运行机制有待改进。另一方面，实践教学参与对象被动。部分学生即使参与了一定形式的实践教学环节，但在对实践教学活动缺乏有效监督管理和对实践教学缺乏正确认知的情况下，他们参与思想政治理论课实践教学的积极性、主动性和创造性有限，经常处于一种被动化、形式化的参与状态。部分学生参与社会实践教学只不过是为了获得一定学分，完成教师布置的任务。教师对于此种社会实践活动也心知肚明，缺乏有效的监督措施。如果社会实践教学的目的仅仅是看看走走，而无法正确认知客观世界，进而改变个人的主观世界，必然导致实践教学过程的形式化，难以达到实践教学应有的效果。

（五）本科教育偏重量化考核的负面效应

近年来对大学生本科阶段的考核逐步加大了过程考核的比重，尤其是对课程实践越来越重视，但总体上依旧以分数成绩考核为主。

1. 学生成绩成为硬性指标限制了高等教育目的的实现

考虑到大部分高校思想政治理论课程开展的对象是全体学生，一位教师面对基数较大的学生，同时由于各方面的条件限制，在课堂上不能对每个学生都做出评价，因此以考试检测为思想政治理论课教学的主要考核方式是较可行、较高效的策略。但考核一旦以分数判断学生对思想政治理论课程的掌握能力时，会极大地限制学生自主思考的能力。思想政治理论课堂往往对学生自主思考、自由发言、保持高活动性有一定要求。同时，评价学生思考、学习情况的环节多且复杂。当学生仅以获得满意考试分数为学习目标时，则会简化思考过程，对相应考点重复背诵。这会严重破坏学生自主学习能力甚至扭曲学生对于思想政治教育的正确认知。

思想政治教育中传统的教学方法都是根据教科书上的内容进行教学。以教科书为大部分教学内容的参考基准，也极大地破坏了教师教学设计的主观能动性。我国大部分高校当下的思想政治教育课程，都是由教师或者辅导员根据要求进行备课，在课堂上以灌输式的教学方法传授学生理论知识，而学生只有被动接受知识。这就导致教师花费大量时间进行备课、知识点梳理的同时，学生只需记住、背诵教师所传达的知识点这一教学不平衡的现象泛滥。

分数指标也会成为判断相应教师教学能力的标准之一。这会极大地限制教师的教学内容、教学方向和教学方式选择。教师会不得不在相应的思想政治理论课堂上对固定的知识点进行单方面的以应试为目的的灌输，耗费时间做画知识点、分析考点、预测考题等重复工作。相应地，教师也会根据考试安排更改自己的教学计划，将课堂内容转换为单一的知识点灌输。

当高校的思想政治教育的教学方式只是一种传统的填鸭式教育方式时，学校或教师就有可能忽略了对学生进行真正有效的教育。思想政治教育的根本目的在于育人，不管是从以前还是从现状来看，思想政治教育科目的设置在一些学校或教师眼中还是因为学科的需要，与落实培养什么人的目标尚有一定距离，这在很大程度上影响了教师上课的初心，让教师在面临考试等压力下进行教学，就有可能培养出一些考试分数很高，但缺乏创新能力、独立思考能力的学生。

2. 以科研成果为导向的教师考核机制限制思想政治教育的长远发展

虽然对教师的学术水平需要有一个量化的评判标准，但是对教师培养学生所耗费的时间精力却无法量化。当前对于教师的考核评价建立在已发表论文、结题课题、专利成果等科研成果的数量和质量的标准体系之上，这样的量化考核标准客观上会引导教师更注重量化科研工作的完成，而对教书育人的投入则缺乏积极性。教师有限的时间和精力不得不耗费在日常的科研工作上，如果出现教学任务繁重的情况，教学质量自然会受到影响，甚至也会影响科研工作的完成。

思想政治理论课作为立德树人的关键课程，也担负着培养社会所需要的尖端人才的重任。但目前频频出现的学术失信案例，无论对于学术的健康发展，还是对教师自身的成长都是一个重要的警示。完全以学术成果为衡量标准显然是有局限性的。各高校及教师、学生应高度重视学术不端的问题，注重学术能力和学术水平的培养，而不是片面地、错误地为完成硬性指标而进行科研工作。

四、对未来思想政治教育建设的设想或建议

针对思想政治教育改革在教育者、教育对象、教师队伍建设、课程设计规划等方面存在的不足与困难，我们要坚持实事求是的原则，根据当前建设的现状，合理提出建议，完善规划，对未来思想政治教育建设的方向和路径提出科学的设想。

（一）平衡思想政治教育与通识教育和专业教育，促进学生能力协调发展

1. 改进教师与学生评价标准、完善综合评价体系

在以分数考核为主体的学生素质评价和以科研成果考核为主体的教师能力评价的情况下，偏重量化考核带来诸多问题，如学生主观能动性下降、填鸭灌输式教育方式出现、学术风气不正等。因而无论是在思想政治教育方面还是专业教育方面，为了促进学生与教师队伍综合能力的提升与协调发展，我们需要改进格式化的评价标准，完善多位一体、注重质量而非数量的综合评价体系。

在学生评价体系方面，构建多元化学业评价体系，以利于对学生综合素质的全面把控。我们不应仅以绩点、学分等分数条件或是科研成果对学生进行片面的评判，而应糅合学生的社会实践能力、创新创业能力、自主研讨能力、组织合作能力等各方面素质进行考

量，推动学生全方位的发展。

在教师评价体系方面，充分结合教师自评、教师互评、督导测评、领导测评和学生测评，并合理分配权重，避免被领导测评或学生测评"一棍子打死"的现象出现。同时提高对教师教学投入板块的考量，通过课堂教学竞赛、微课竞赛、翻转课堂运用等多种方式对教师的教学质量与教学能力进行考量评选。

2. 构建以人才培养为中心、学工和教学联动的工作模式

以专业为单元、学工与教学联动，德育与专业教育有机融合的大学生思想政治教育模式，将德育教育融入专业教育。在这个过程中，每一位教师都是参与主体，同时党员教师要发挥模范带头作用；全体教师在教书育人过程中具有三重角色：受益者、教育主体及传播者。

（1）纵横交叉，创新育人合作机制

横向上，设立年级辅导员，负责全年级学生的管理、教育和服务，下设各班班主任，班主任原则上由专业对口教师担任，具体负责班级学生的日常管理和教育引导；纵向上，以专业为单元，按照辅导员的专业背景等，辅导员下到各教研室，负责各专业四个年级学生的管理、教育和服务，与教研室主任分别担任专业社团的管理指导教师和专业指导教师，以专业社团为抓手，配合教研室做好专业教育。

（2）促党建带队伍

充分发挥党支部在人才培养中的战斗堡垒作用，充分发挥教师党员和学生党员的先锋模范作用。学生党支部和教工党支部均以专业为基础，量身打造适合学生党员的锻炼实践平台，加强教工党支部和学生党支部的良性互动，在不断交流和合作中，提升支部凝聚力和战斗力。教工党支部和学生党支部要主动贯彻落实"全心全意为人民服务"的宗旨，学会倾听同学意见，帮助同学解决实际困难，虚心向同学学习，把创建"学习型""创新型""服务型"团队作为发展目标。

（3）各司其职，相互配合

学工队伍通过组织以教学组织安排、任课教师评价等为主体的分专业学生座谈、参加教研室人才培养方案修订会、列席教研室定期例会等形式，深入教研室工作；教师队伍则通过与学工队伍联合举办学科竞赛、进行专业实习实践、开展大学生创新创业项目等形式，参与学生工作。专业课德育教育可以以专业思想和职业道德教育等为切入点，从严格规范学生学习行为入手，不断提升学生专业素养和基本职业道德素质。比如，思想政治理论课教师应当在教学中严肃对待、处理学生迟到、早退、旷课等问题，在这个处理过程中教师通过对学生强化时间观念、严格遵守课堂纪律、尊重他人劳动成果等品质的培养促进学生的综合素质的提升。

3. 制定德育人才培养方案

(1) 注重德育人才培养方案的持久性和阶段性

依据不同年级学生认知和专业培养的特点，分别制定德育人才培养方案及考核办法。基于大学四年一贯制的培养特点，要将德育和专业教育相结合，并使其常态化、不间断。学生从大一入学开始就进入专业教育体系，一直持续到大四毕业。其间，将第一课堂与第二课堂进行有效衔接与补充，形成从大一到大四的梯度式教育体系。就培养模式及侧重点而言，从大一到大四分别呈现为：认知、认知＋认同、认同＋践行、践行。其中大二和大三阶段属于过渡期也是关键期，这一阶段是形成学生认同的关键时期。到了大四人才输出阶段，重点体现出践行能力。等毕业生进入社会，根据培养体系中的跟踪与反馈机制，要进行教育质量的跟踪调查，并及时修订德育教育的培养方案。

(2) 注重人才培养方案的针对性和有效性

依据不同层次和类别的学生，制定因材施教的德育培养方案，以专业为单元，参考学生大一第一学期或者第一学年的成绩，通过选拔性测试和与学生直接的谈话、面试，将学生分为应用型、管理型、专业精英型等三个类别，除了课堂专业学习之外，在学生参与企业参观、实习实践、讲座研讨、科学研究等不同方面设置不同的比例要求，做出相应安排，提高人才培养的针对性和有效性。

(3) 发挥实践育人作用

校企合作是高校人才培养的重要途径，要充分发挥企业在人才培养中的积极性、主动性，拓展校企合作的广度和深度。学生通过社会实践可以了解企业文化和精神，了解自身不足，倒逼学生更好地学习专业知识、提高能力与素养。通过企业回访、校友调查、学生座谈、经验总结等方式，综合分析出学生基本素质存在的普遍性短板，比如社交礼仪、办公基本技能、职业认知和规划、语言文字表达等方面，有针对性地制定第二课堂的培养方案，弥补第一课堂的不足，提高学生的综合素质和能力。

（二）聚焦"三类课堂"，营造全方位育人环境

课堂是学生获取专业知识和技能，形成正确的情感、态度和价值观的主要途径。学院长期立足学生的成长成才需求，系统设计"第一课堂"、"第二课堂"和"网络课堂"的课程及活动方案，打通壁垒，实现"三类课堂"的无缝对接和同向同行。

1. 立足"第一课堂"，推动"四个回归"

坚持落实"用好课堂教学这个主渠道"的要求，充分发掘"思想政治理论课程"和"课程思政"育人元素的同向同行作用，以思想政治理论课、形势与政策课、党课、团课为抓手，整合院内外教师资源和课程资源。一是加强课堂思想引领，抓好马克思主义理论教育，培育践行社会主义核心价值观，回归培养"爱国、励志、求真、力行"的建设者和

接班人的初心；二是强化课堂管理，为学生班级配发手机收纳袋、安排学风督导员及评议员，加强课堂纪律建设，让学生回归常识、求真学问、练真本领；三是加强制度建设，学院党委制定《关于进一步加强本科教学工作的意见》，将师风师德作为教师考核的首要标准，开展教师讲课比赛、座谈会，引导教师将重点工作放在课堂教学方面，提升教学艺术与教学能力，让教师坚守教书育人本分；四是鼓励教师不断创新课堂教学模式，打造有活力的课堂，吸引学生自觉丰富学识、增长知识见识，努力实现教育梦想。

2. 拓展"第二课堂"，提升学生综合能力

通过开展主题教育、社会实践、技能大赛、创新创业、志愿服务、校园文化等活动，推动思想政治教育与社会主义核心价值观教育的有机结合，打造一批品牌主题教育、志愿实践和校园文化活动。组织学生开展以"传承红色基因，担当复兴重任"为主题的教育实践活动，加强学生理想信念教育，展现学生青春风采；组织调研服务队开展暑期"三下乡"社会实践活动；举办全国性的专业学科竞赛；邀请院士、学科专家主讲科普报告会，邀请企业家开展创新创业训练计划交流会，举办创新创业沙龙；组织新生篮球赛、辩论友谊赛、拔河比赛、新生才艺展示、研究生素质拓展联谊等文体活动，助力学生全面发展、成长成才。

3. 加强"网络课堂"，打造思想政治教育网络"微阵地"

立足网络课堂，推动思想政治教育与互联网的有机结合。通过学院网站、微信、学习通、QQ空间等新媒体平台，引导大学生形成正确价值观。积极探索实施网络教育系列"微阵地"项目，通过信息推送让政治理论学习、专业思想教育天天在进行、时时在身边。

（三）立德树人，构建全过程、全方位育人的思想政治工作体系

为了切实做好立德树人的思想政治教育工作，构建全过程、全方位育人的思想政治工作体系，我们需要聚焦学生成长导航、党团组织建设两个"关键环节"，提升全过程育人的工作"效度"。关注学生生活、学习情况和跟进党团组织建设是"双一流"高校思想政治建设必不可少的重要内容。

1. 聚焦学生思想引领

开展大学生问卷调查，用数据分析学生成长规律，充分了解不同阶段学生的思想状况和发展需求，有计划、有主题、有特色地开展学生成长导航和学生思想引领工作，为学生点亮理想的灯、照亮前行的路。

以新生入学教育为契机，以理想信念教育为主线，通过名家讲坛、专题报告、专题观影、主题演讲、实地参观等形式进行爱国荣校、纪律安全、感恩奉献教育，实施青年马克思主义者培养工程，通过团课加强形势政策宣讲；开展"传承红色基因，担当复兴重任"

系列活动，精准传播时政热点。

在充分了解学生发展需求的基础上，结合《大学生学业生涯规划手册》，以"适应""定向""冲刺""腾飞"为主线，围绕学业发展进行阶段目标指引和价值塑造教育。实施"积极心理品质培养工程"，开展"心灵之约"面对面约谈活动，定期举办人际交往等素质拓展类活动。

全程专业思想教育和阶段性专业思想教育相结合，根据不同阶段学生的特点，分别开展入学教育大会、专家教授进班级、分类培养说明会和学习报告会等活动，让学生认识专业、认同专业；开展院企合作，开设企业班，组织专业学科技能大赛，让学生发展专业；通过就业政策宣讲、求职面试培训、就业指导服务等职业生涯规划与创新创业教育让学生成就专业。

2. 聚焦党团组织建设

学院按照"提早培养、严格发展、有效管理"的工作思路和"控制总量、优化结构、提高质量、发挥作用"的工作要求，严把入口关、审核关、教育关、管理关"四个关口"，努力实现党员政治合格、执行纪律合格、品德合格、发挥作用合格的"四个合格"。

依托党建专题研究项目，进行大学生入党积极分子培养机制的实践探索。通过完善入党积极分子的培训机制、加强培训队伍建设、完善培养计划，同时为全体入党积极分子购买书籍等方式，做到并做好从思想上启蒙、政治上引导、理论上灌输，扎实开展入党积极分子的入党启蒙、入党前教育、党课结业后的继续教育，同时让入党积极分子树立坚定的理想信念、端正自身的入党动机、提高党性修养。

在发展党员工作中将政治标准放在首位，定期开展入党积极分子、发展对象、预备党员集中思想汇报会，支部书记按期开展"一对一"谈心谈话，将政治坚定、品德高尚、全面发展的优秀学生吸纳到党组织中来，构建发展一名党员、树立一个榜样、带动一群学生的良好局面。同时，积极开展支部委员培训，讲解党员发展注意事项，为支部委员购买《新时期党支部工作一本通》《新时期党务工作一本通》《新时期党务工作规范文本使用手册》等书籍，提高党务工作者理论水平和工作水平。

要求学生党支部有计划地安排学习内容，通过党委书记、党委副书记讲党课，学生微党课，红色诗歌朗诵，演讲比赛等形式将党的理论、方针、政策和精神生动呈现，入脑入心。有计划地组织学生党员参观川陕革命根据地纪念馆、习仲勋革命纪念馆等红色教育基地，现场接受红色教育洗礼。

通过开展党员"一帮一"、定期组织党员前往附近乡村开展义务支教、科技下乡等社会实践活动，增强学生党员的责任意识和服务意识，引导学生党员成长成才，使党组织充分发挥战斗堡垒作用，学生党员充分发挥模范带头作用，让党建育人形成长效机制。

(四) 实现思想政治学科特色发展

当前，思想政治教育的学科化已经是大势所趋，而且学科建设日益加强，学科研究队伍也在不断壮大。但如何凸显其学科特色，与其他学科的教育教学，尤其是与课程思政的建设紧密结合，是实现高校立德树人目标的重点。

1. 做好"课程思政"的顶层设计

在"双一流"高校的建设过程中，无论是各学科对应的专业课程还是设定的思想政治课程，都能给学生灌输相应的思想政治理念，同时我们也可以根据相应的课程设计出有特色的思想政治教育内容，即"课程思政"。而将"课程思政"转化为高效、精确的思想政治教育需要一定的顶层设计。在进行"课程思政"顶层设计的过程中，弘扬社会主义核心价值观的生动教学载体的主体内容可以从不同专业课程中传输的文化基因和价值范式转化而来。将对大学生理想信念的精神指引融入向大学生传播知识的专业课程，实现专业课与思想政治理论课齐头并进，实现构建全过程、全方位育人的思想政治工作体系目标。

首先，要注重思想政治理论课教师价值教育执教能力和德育意识的双向培养。教师是帮助学生树立正确价值观取向的引路人，教师的德育水准是其德育教育效果的前提，只有对社会主义核心价值观有深刻的理解和坚定的认同，才能在教学过程中有效地将其传递给学生。根据相应要求，思想政治工作人员要对照"四有好教师"和"四个引路人"两个标准，增强自己对于思想政治文化工作建设的使命感与责任感，提升德育教育的执教能力，促使学生能够真正融入教师所营造的学习氛围，切实做到在思想政治教育方面的"传道授业解惑"。

其次，立德树人的教育理念是思想政治课教师做好课程再设计的根本。思政教师要充分发挥专业学科优势，在教学目标的制定过程中注重充分发掘具有不同专业课程特点的"思政资源"，深度拓展教学内容。在课程再设计的过程中，还要注重教学内容、教学模式、教学方法的选择和教学资源的建设，研究行之有效的"课程思政"实施方案，以营造大学生认真学习、积极实践、广泛讨论、积极思考的良好氛围，实现认知、情感、理性和行为的全方位认同，在潜移默化中培育社会主义核心价值观。

最后，要保证"课程思政"组织工作的顺利推进。课程是"课程思政"的载体，其具体的实施方式是课堂教学，而课堂教学同时也包括实验和实践教学。为达到理想的效果，建议相应的思想政治理论课教师按课程组的教学计划进行集体备课，在认真准备和充分讨论的基础上统一准备课程资料，同时做好具体的教学设计，并进行试讲和评教。

2. 加强国际交流，抓住机遇

除了建设高校思想政治教育工作研究的一流师资队伍，创建一流教育管理体制外，还需加强国际文化教育交流，借鉴国内外一流大学的经验，在指导思想、创办理念、办学模式、学科特点等方面深入交流，整合教育资源。

新时代中国特色社会主义的发展为思想政治教育的创新驱动发展带来了更多机遇。思想政治教育工作是一项鲜活的工作，也是创建"双一流"大学不可或缺的环节，营造国际交流的氛围，结合自身教学特点和学科实际，积极与国际尖端人才、一流大学交流，促进文化教育的资源整合，在传承中创新发展学科项目，结合实际解决目前高校思想政治教育工作中出现的系列问题，"促使一流大学校园文化不断走向开放和多元"，落实好立德树人的根本任务。

改革开放四十多年来高校思想政治理论课的变迁

改革开放以来，高校思想政治理论课的变迁在"人"的方面，体现为：对教师的期望和要求提升，对思想政治理论课教师的学历和中共党员身份的要求更加严格，教师的培训和教学方式趋向多元化；学生对思想政治理论课的重视程度下降，参与课堂的方式以及班级成员构成呈现多样化趋势等。在"物"的方面，体现为：教学硬件设施大幅度改善，课堂组织形式、考核方式以及管理手段多元化等。对改革开放四十多年来高校思想政治理论课的变化及其深刻内涵的研究具有较强的现实意义。

一、调研背景

探讨改革开放四十多年来高校思想政治理论课的变化，需要回溯"文革"后思想政治理论课变迁历程中的关键时间节点，同时也需要结合当下党中央对思想政治教育工作的要求，以整体的视野把握高校思想政治理论课变化及其背后蕴藏的深刻内涵。

(一) 高校思想政治理论课的变迁

"文革"后，我国高校思想政治理论课程设置在继承"文革"前已有体系的基础上，先后进行了三次大的调整：党的十二大后初步确立了思想教育课程体系；党的十五大后，形成了由马列主义理论课与思想品德课两大板块构成的"两课"课程体系；党的十六大后，实现了马列主义理论课与思想品德课内容上的融合，形成了科学合理的思想政治理论课程体系[①]。

1. "政治理论课"基本课程设置的恢复与改革的开始

1978年4月，教育部下发《关于加强高等学校马列主义理论教育的意见（全国教育工作会议征求意见稿）》指出，高等学校应开设"辩证唯物主义和历史唯物主义、政治经济学、中共党史、国际共产主义运动史/自然辩证法"课程，即"78方案"。1985年，国家教

---

① 杨彩娟. 改革开放以来我国高校思想政治理论课程设置的历史沿革[J]. 教育与职业，2012 (18)：117-119.

委决定将包括"中国革命史""中国社会主义建设""马克思主义原理""世界政治经济与国际关系"的"新四门"逐步代替原有的四门课。这次调整即"85方案"①。

2. "思想教育课"课程设置的确立

1982年,"共产主义思想品德课"正式进入高等学校课堂,这也是后来高校"两课"中思想品德课开设的起点。1984年,教育部正式将"共产主义思想品德课"作为必修课纳入教学计划。1987年,"形势与政策""法律基础"两门为必修课,"大学生思想修养""人生哲理""职业道德"三门为选修课,思想教育课课程体系初步确立。1993年,"徐州会议"上决定把"思想教育课"的名称改为"思想政治教育课程",把"大学生思想修养"和"人生哲理"课合并为"思想道德修养",作为必修课在大一开设,高校思想教育课的课程体系基本确立。

3. "两课"课程设置的整合

1995年"思想政治教育课"的名字又被改为"思想品德课",并与"马克思主义理论课"在一起,被简称为"两课"。1997年,党的十五大把邓小平理论同马克思列宁主义、毛泽东思想一道确立为党的指导思想,因此,使马克思主义中国化的最新成果进教材、进课堂、进头脑,就成为"两课"改革的当务之急。普通高校从1998年秋季开始开设"邓小平理论概论"课。"邓小平理论概论"课的设置,开始了改革开放后我国高校思想政治理论课课程设置的第二次改革。1998年"98方案"的制定与实施,完成了高校马克思主义理论课和思想品德课形式上的统一,形成了高校"两课"教学模式,确立了"两课"课程体系。

4. "思想政治理论课"课程设置的确立

2002年11月,党的十六大把"三个代表"重要思想同马克思列宁主义、毛泽东思想、邓小平理论一道确立为党的指导思想,次年2月,新扩充的"邓小平理论和'三个代表'重要思想概论"课代替了原来的"邓小平理论概论"课。2005年,"马克思主义理论课和思想品德课"正式定名为"思想政治理论课",不再使用"两课"这一简称。2005年,教育部决定正式设立马克思主义理论一级学科,新的课程设置有了可依托的学科。

(二)目前中央对高校思想政治教育工作的要求

2016年12月7日至8日,全国高校思想政治工作会议在北京举行,习近平出席会议并发表重要讲话。他在讲话中指出,我国高等教育发展方向要同我国发展的现实目标和未来方向紧密联系在一起,为人民服务,为中国共产党治国理政服务,为巩固和发展中国特

---

① 杨彩娟. 改革开放以来我国高校思想政治理论课程设置的历史沿革[J]. 教育与职业,2012(18):117-119.

色社会主义制度服务，为改革开放和社会主义现代化建设服务。我国高等教育肩负着培养德智体美全面发展的社会主义事业建设者和接班人的重大任务，必须坚持正确政治方向。习近平强调，"我们的高校是党领导下的高校，是中国特色社会主义高校。办好我们的高校，必须坚持以马克思主义为指导，全面贯彻党的教育方针"，"思想政治工作从根本上说是做人的工作"，"要教育引导学生正确认识世界和中国发展大势"。同时，"做好高校思想政治工作，要因事而化、因时而进、因势而新"。"高校教师要坚持教育者先受教育，努力成为先进思想文化的传播者、党执政的坚定支持者，更好担起学生健康成长指导者和引路人的责任。""高校党委对学校工作实行全面领导，承担管党治党、办学治校主体责任，把方向、管大局、作决策、保落实。"

2017年，中共中央、国务院印发了《关于加强和改进新形势下高校思想政治工作的意见》（以下简称《意见》）。《意见》指出，加强和改进高校思想政治工作的指导思想是高举中国特色社会主义伟大旗帜，全面贯彻党的十八大和十八届三中、四中、五中、六中全会精神，以马克思列宁主义、毛泽东思想、邓小平理论、"三个代表"重要思想、科学发展观为指导，深入学习贯彻习近平总书记系列重要讲话精神和治国理政新理念新思想新战略，全面贯彻党的教育方针，坚持社会主义办学方向，扎根中国大地办大学，以立德树人为根本，以理想信念教育为核心，以社会主义核心价值观为引领，切实抓好各方面基础性建设和基础性工作，切实加强和改善党的领导，全面提升思想政治工作水平，紧密团结在以习近平同志为核心的党中央周围，牢固树立政治意识、大局意识、核心意识、看齐意识，坚定不移维护党中央权威和党中央集中统一领导，为实现"两个一百年"奋斗目标、实现中华民族伟大复兴的中国梦，培养又红又专、德才兼备、全面发展的中国特色社会主义合格建设者和可靠接班人。基本原则是坚持党对高校的领导，坚持社会主义办学方向，坚持全员全过程全方位育人，坚持遵循教育规律、思想政治工作规律、学生成长规律，坚持改革创新。要强化思想理论教育和价值引领，要发挥哲学社会科学育人功能，要加强对课堂教学和各类思想文化阵地的建设管理，要加强教师队伍和专门力量建设，要推进高校思想政治工作改革创新。《意见》最后强调，要加强和改善党对高校的领导。

二、调研方法、对象和意义

在本次调研中，我们采用了访谈法。访谈法即研究性交谈，是以口头形式开展，根据被询问者的答复搜集客观的、不带偏见的事实材料，以准确地说明样本所代表的群体的一种方式，尤其是在研究比较复杂的问题时需要向不同类型的人了解不同的内容，具有较好的灵活性和适应性。

我们选择了教师和学生作为调查对象。其中，有三名老师是思想政治理论课教师，分别是 S 大学哲学系崔教授、N 大学政教专业黄教授、H 大学思想政治教育专业王老师；另外三名为非思政课教师，分别是 T 大学文学院于老师、Y 大学生化专业杨老师、H 大学地学院程老师。我们还采访了不同专业和年级的在校本科生。在本次调查中，调查人数适中；参加成员具有代表性、典型性，学历、经验、教育背景等各方面都比较有层次；选取对象上，老师、学生人数平均，涵盖了不同专业、不同年龄段的调查采访对象。

思想政治理论课是对学生进行思想政治教育的主要渠道，是全面贯彻落实党的教育方针和进行社会主义核心价值观教育的核心课程。对于学生来讲，本次调研能帮助学生清晰认识思想政治理论课的意义和自己对思想政治理论课的态度，激发学生的学习动力和兴趣；对于老师来说，调研结果有助于老师有针对性地调整思想政治理论课的教学方式，提高思想政治理论课的教学质量；对于学校来讲，开展调研能提高学校对其重视程度，提高思想政治理论课在教育教学活动中的地位。同时，思想政治理论课教学方法和手段改革的方向，是高校思想政治工作的重要标尺，对其他课程教学具有引领示范作用。

三、调研结论

结合对教师和学生的访谈以及相关文献的研究，我们从教师、学生两方面着手，分析了思想政治理论课教学中的主体和客体，即"人"的变化；从硬件、课堂两方面着手，探讨了思想政治理论课教学的中介，即"物"的变化。我们从这两个角度总结概括了高校思想政治理论课变化的表现，得出了调研的结论。

（一）"人"的变化

1. 教师

对教师的要求和期望方面。改革开放四十多年来，随着教学要求的不断提高，社会对于思想政治理论课教师的要求和期望也不断提升，尤其是在价值观的塑造方面。对思想政治理论课教师来讲，无论是课程建设还是教师的培训，要求都越来越高。例如：首先，过去对思想政治理论课教师并没有中共党员身份的要求，而现在中共党员身份已经成为思想政治理论课教师的硬性条件之一，在具有中共党员身份的前提下再考察教师教学和科研的状况；其次是社会对于思想政治理论课教师的授课方式期望值逐渐提高，比如让教师把思想政治理论课开展成学生喜闻乐见的、让学生终身受益的课程形式。

教师的构成方面。思想政治理论课教师群体的结构变化集中体现在学历上，由以前要求的本科或硕士发展到现在的博士。

教师的培训方面。由之前的没有任何的培训到定期参与教育部的培训，包括中央党校的培训以及定期的政治学习；在加入课程组之后，教师还要参与集体讨论备课，进行一些经验的分享交流。

教师的授课方式和管理方式方面。授课方式越来越多样化，同时，随着硬件设施的不断完善，教师的管理方式也越来越多样化且更便于操作。比如点名，过去教师只能通过点名册逐个点名或者抽选点名的方式统计到课率，而现在通过手机软件的定位功能，就可以实现快速、准确的实时点名。所以从管理角度来讲，现代信息技术更有助于教师对班级的管理。

教师的教学内容方面。由于教学内容是根据国家意识形态教育的需要而确定的，国家政策和党的理论是在不断发展的，所以相关的教学内容也在不断地丰富和更新。但有些经典的、基础性的内容是不会变的，比如马克思主义哲学、政治经济学、毛泽东思想等，只是根据要求在篇幅上会有所调整。

2. 学生

学生的重视程度以及态度方面。就重视程度来说，随着课程学分的占比增加以及爱国观念的不断强化，学生对思想政治理论课的重视程度越来越高。就态度来说，以前的学生进入大学的比例较小，所以那个时期的学生学习态度相比较而言更踏实认真，更珍惜大学课堂学习机会。但之后随着高校的进一步扩招，高等教育的门槛相对降低，学生素质也变得参差不齐，少数学生态度散漫，主要表现为课堂纪律意识较差，对于理论课的学习积极性不高。

学生的表现方面。学生表现随课堂教学方式的调整而变化，例如：从前思想政治理论课以小班教学为主，教学组织形式相对灵活，学生参与课堂机会较多，学生表现更为积极；但现在主要以大班教学为主，部分学生较为积极，而另一部分学生可能由于不善于表达或性格内向，课堂表现并不活跃，参与度较低。

学生参与课堂方式方面。以前的学生参与课堂的方式和教师的教学方式远没有现如今这么多样化，教师开展思想政治理论课教学往往只能依靠一本教案和板书。而现在的思想政治理论课教学，教师通过各种方式去调动学生的积极性，学生参与课堂的方式也不断增加，如拍微电影、表演小品、做实践调查等等。

学生班级构成方面。以前主要是同院或本专业为一个班，一个班30人左右，而现在以大班教学为主，每个班200多人，专业构成复杂多样，囊括了各个专业的学生。

（二）"物"的变化

1. 硬件

教室环境方面。较之从前的教室，现在教室的整体环境变好了，教室基本能够保持明亮整洁舒适的状况，桌椅质量好，排布也更加合理，属于有规范、有标准的改变。这离不开国家和学校的投资建设。学校把教室管理工作外包给专门的物业公司也是比较好的办法。

多媒体设备方面。以前的教室基本上是不会配备多媒体设施的,随着时代发展,至迟在 21 世纪初,大学校园里基本上都配备了多媒体设备,最简单的就是投影仪。随后多媒体的配置改变较为缓慢,如增加了扩音设备等,随着科技进步,电脑的配置也逐步提高。总体而言,较之几年前或者十几年前进步不是特别大,在某些大学校园里甚至还出现了多媒体设备跟不上课堂教学要求的问题。

互联网参与方面。二三十年前互联网在我国的教育教学中还没有得到普遍应用,而现在网络则成为补充课堂内容的一种重要途径,实现了信息的传递,方便了老师和学生的交流,可以说发生了翻天覆地的变化。

2. 课堂

课堂组织上,以前的大学由于人数少,课堂组织起来相对容易,所以老师会组织学生去校外参观考察,而现在随着大学招生人数变多,课堂上的人数也增多,组织形式更加规范统一,现在的课堂组织形式主要还是以"课堂内讨论＋学生课下自主实践"为主。

考核方法上,以前的考核方法相对简单,主要以课堂考核和考试考核为主。现在学校在思想政治理论课上课的形式上以及考核的方法上都有了很大的改进,主要趋势就是增加网络课程的学习和考核,增加课外实践形式的多样性并以实践的考核为主。

管理手段上,以前的管理手段较为单一,主要是通过作业和课堂上的管理。随着时代的发展、网络通信技术的发达,老师可以通过线上交流的方式,比如建立微信群,及时与学生交流,或者通过网络学习平台,比如"H 大学课堂在线",让学生可以方便地发起讨论。以后也可能兴起更加科学智能的管理手段,比如"智慧课堂"等。

四、总结

结合整个调研过程,可将改革开放四十多年来高校思想政治理论课程体系及地位的发展大致分为三个阶段,即党的十五大之前、党的十五大到党的十七大、党的十八大以来。

(一) 党的十五大之前的思想政治教育课程体系

1982 年,党的十二大提出"走自己的道路,建设有中国特色的社会主义",成为整个改革开放和现代化建设的指导思想。1987 年,党的十三大制定了党在社会主义初级阶段的基本路线(一个中心、两个基本点),提出社会主义现代化建设分"三步走"的战略部署。1992 年,党的十四大提出 90 年代改革和建设的主要任务是坚持党的基本路线,加快改革开放,集中精力把经济建设搞上去。大会提出经济体制改革的目标是建立社会主义市场经济体制,为我国规划了 20 世纪前进的航程,确立了迈向 21 世纪的行动纲领。

从改革开放初期到 20 世纪 80 年代，随着十一届三中全会的召开，改革开放的思潮打开了中国社会变革的大门，在这一时期，对"文化大革命"的反思以及思想上的拨乱反正显得尤为迫切和重要。党中央坚持实事求是，邓小平推动了实践是检验真理的唯一标准的大讨论。从 20 世纪 80 年代末到 90 年代，中国改革开放进入了迅速推进时期，市场化改革也产生了巨大而深远的影响。市场经济体制下的自由贸易、平等竞争、追逐利润等价值观念使得人们的就业方式、生活方式、思想观念等变得多元化和复杂化。

可以说，改革开放初期，社会上一时出现了姓"资"还是姓"社"的冲突观点，这种观点冲突不可避免地蔓延至高校。而年轻人的思想还不够成熟，性格激进、容易冲动，因此，党和国家希望加强高等学校马列主义理论教育，并以此向青年学生展现社会主义的制度优势，从而防止错误思想的进一步扩散。到了改革开放迅速发展的时期，市场化经济已经颇具规模，但是随之也出现了一系列经济纠纷和经济问题，市场化者主张国家权力要保护个人自由，更多关注个体利益，因此在高校课程体系中加入相关内容有助于规范这类经济问题，从而巩固市场化经济体制。

顺应时代的变革与要求，思想政治理论课也相应做出了调整。1978 年，教育部下发《关于加强高等学校马列主义理论教育的意见》（以下简称《意见》），《意见》指出，高等学校应开设"辩证唯物主义和历史唯物主义、政治经济学、中共党史、国际共产主义运动史/自然辩证法"课程。这标志着高校思想政治理论课的全面恢复，而所开设的四门课程从逻辑上包含了马列主义理论的三个组成部分的基本原理及其运用。1982 年，"共产主义思想品德课"正式进入高等学校课堂，两年后，教育部正式将其作为必修课纳入教学计划。马列主义理论以及共产主义思想品德课的学习，可以强化高校学生对社会主义理论的理解和认可。1987 年思想教育课课程体系初步确立，"形势与政策""法律基础"两门为必修课，"大学生思想修养""人生哲理""职业道德"三门为选修课。其中，"法律基础"课程的设置有助于树立学生的法律观念，增强学生使用法律手段解决纠纷和保护个人利益的能力；"职业道德"课程的设置有助于学生树立正确的职业观。一方面，这两门课程的设置有助于学生在市场化经济体系中更好地工作和生活，另一方面，也巩固了市场化经济体制的运行。

（二）新时代之前的"两课"体系

随着对外开放的持续扩大，社会思想日益呈现出多元化的趋势，因此党和国家要求思想政治理论课必须充分发挥思想引领作用，引导大学生坚定马克思主义信仰及社会主义的信念，增强对改革开放和现代化建设的信心以及对党和政府的信任。党的十五大到党的十七大期间正值世纪之交的关键时期，我国改革开放和社会主义现代化建设发展也处于关键时刻，要求进一步深化改革和扩大开放。党的十五大（1997 年）提出并论述了党在社会主义初级阶段的基本纲领,确立邓小平理论为党的指导思想;党和国家要求高校全面贯彻十五大精神,进一步落实好邓小平理论"进教材,进课堂,进头脑"工作,突出邓小平理论的科学内涵和精神实质;要求通过思想政治理论课的教学,引导学生树立科学的世界观,掌握马克思主义中国化的历史和现实问题,提高大学生对政治理论的认识高度,进一步提升大学生思想道德素质。自此以后,马克思主义理论与思想政治教育学科得到了长足的发展,在学科点数量、学科的合理布局上以及学科的完善和拓展上取得了较大进展,为"两课"的教学、科研和师资培养做出了重大贡献。为了贯彻党的十五大精神,教育部决定对"两课"课程设置做出新的调整。1998年,中共中央宣传部和教育部联合下发《关于普通高等学校"两课"课程设置的规定及其实施工作的意见》,即"98方案",突出邓小平理论在"两课"教学中的重要地位。课程改革的重要特点之一是"以论代史",如将"中国革命史"调整为"毛泽东思想概论",将"中国社会主义建设"改为"邓小平理论概论",将"马克思主义原理"分设为"马克思主义哲学原理"和"马克思主义政治经济学原理"。同时,强调德育和普法教育,开设当代世界经济与政治、形势与政策等课程。

"98方案"是针对我国处于"深化改革,扩大开放"关键阶段,面对国内外复杂多变的新形势而提出的。"98方案"注重理论历史发展的教育,体现马克思主义中国化的发展进程,充分体现马克思主义理论与时俱进的优秀品格,有助于树立大学生对中国特色社会主义的理论自信,增强对改革开放和社会主义现代化建设的信心、对党和政府的信任以及爱国主义情操。

2002年党的十六大召开以后,随着"三个代表"重要思想在全党指导思想地位的确立,2003年"邓小平理论概论"课调整为"邓小平理论与'三个代表'重要思想概论";2005年,为了响应全面实施科教兴国和人才强国战略,贯彻落实《中共中央 国务院关于进一步加强和改进大学生思想政治教育的意见》精神,中共中央宣传部和教育部印发了《〈中共中央宣传部 教育部关于进一步加强和改进高等学校思想政治理论课的意见〉实施方案》(简称"05方案"),"马克思主义理论课和思想品德课"被正式定名为"思想政治理论课"。高校把学校思想理论建设、思想政治教育和大学生政治理论课程建设融为一体,形成了高校思想政治理论课程改革的强大态势。2005年,教育部决定正式设立马克思主义理论一级学科,新的课程设置有了可依托的学科。

"05方案"是针对深刻复杂多变的国际国内形势,在实现全面建设小康社会宏伟目标和中华民族伟大复兴的攻坚阶段,面对当代大学生存在的诸多复杂的思想问题和高校思想政治理论课教育教学过程中存在的一些问题而提出的。新课程方案充分反映了马克思主义中国化的三大理论成果,充分反映了以马克思主义为指导的本学科领域的最新研究成果,比较有针对性地回答了大学生关心的理论问题,体现马克思主义理论与时俱进的优秀品格。

(三) 新时代的思想政治理论课课程体系

党的十八大以来，我国改革开放和社会主义现代化建设取得了历史性成就，推动党和国家事业发生了历史性变革，我们已经站到了新的历史起点上。经济方面，我们坚定不移贯彻"创新、协调、绿色、开放、共享"的新发展理念，不断适应、把握经济发展新常态，深入推进供给侧结构性改革，国内生产总值稳居世界第二，"一带一路"建设、京津冀协同发展、长江经济带发展成效显著，"天宫"、"北斗"、"蛟龙"、"天眼"、"悟空"、"墨子"、大飞机等重大科技成果相继问世。民主法治建设方面，党的领导、人民当家作主、依法治国有机统一的制度建设全面加强，社会主义民主不断发展，党内民主更加广泛，社会主义协商民主全面展开，爱国统一战线巩固发展。思想文化建设方面，全党全社会思想上的团结统一更加巩固，党的理论创新全面推进，尤其是党在新时代的强军目标、构建人类命运共同体等一系列重大理论创新成果的应时而出，形成了习近平新时代中国特色社会主义思想。人民生活不断改善，居民收入水平持续提高，收入差距不断缩小，发展成果更多更公平惠及全体人民。生态文明建设成效显著，强军兴军开创新局面，全方位外交布局深入展开，全面从严治党成效显著。这些成就是全方位的、开创性的，对党和国家事业发展具有重大而深远的影响。

2016年12月7日至8日，全国高校思想政治工作会议在北京举行，习近平出席会议并发表重要讲话。他在讲话中指出，我国高等教育发展方向要同我国发展的现实目标和未来方向紧密联系在一起，为人民服务，为中国共产党治国理政服务，为巩固和发展中国特色社会主义制度服务，为改革开放和社会主义现代化建设服务。从这"四个服务"，我们就不难看出新时代思想政治理论课的定位与价值。

习近平总书记在2013年全国宣传思想工作会议上指出，经济建设是党的中心工作，意识形态工作是党的一项极端重要的工作。一方面，高校思想政治理论课作为宣传党的大政方针的重要渠道，是宣传马克思主义理论的重要阵地，肩负重要使命。面对日益复杂的国内外局势，意识形态工作至关重要，思想阵地若不守牢，就有可能被别人占领，思想政治理论课要保证意识形态性。另一方面，青年大学生是国家的栋梁之材，是社会主义事业建设的生力军，肩负实现中华民族伟大复兴的历史重任。讲好高校思想政治理论课有利于增强青年大学生的理想信念，发挥引导青年大学生向上向善的功能。

习近平总书记2013年11月在山东考察时强调，引导人们向往和追求讲道德、尊道德、守道德的生活，形成向上的力量、向善的力量。高校思想政治理论课要培养能担大任、立场坚定、道德高尚的大学生，引导大学生自觉维护国家利益，积极投身社会主义伟大实践，思想政治理论课要保证大学生成才。总的来说，高校思想政治理论课的目标定位应坚持"育人为本"。这一目标的实现需要做好意识形态工作和大学生成才两个方面需求的

"内在融合",高校思想政治理论课要为"培养德智体美劳全面发展的社会主义合格建设者和可靠接班人"服务,这既符合党和国家的发展要求,又可以满足个人发展的需求。

习近平总书记在全国高校思想政治工作会议上强调,高校思想政治工作关系高校培养什么样的人、如何培养人以及为谁培养人这个根本问题。要坚持把立德树人作为中心环节,把思想政治工作贯穿教育教学全过程,实现全程育人、全方位育人,努力开创我国高等教育事业发展新局面。这为高校开展思想政治工作提供了思想指引,凸显了思想政治理论课的重要作用。未来思想政治理论课如何发展,思想政治理论课教师队伍如何建设,这一系列问题都值得我们去思考。

当代大学生性教育状况的调查研究
——以 H 大学为个案

当前，青少年性健康状况已经在全世界范围内引起广泛关注。长期以来，我国教育部门、计划生育部门、医疗卫生部门、心理学界乃至一些民间组织和志愿者们都在关注青少年性教育，但我国性教育仍然存在诸多问题，因此，本调查小组以当代大学生为研究对象来探讨我国当前性教育存在的问题，并针对问题提出一些实质性建议。

一、当代大学生性教育的现状和存在的问题

随着社会的发展，性教育越来越受到社会多方的关注。但调查结果显示，当代大学生对性知识的了解不够全面、对性的态度有所偏差、接受性教育的程度也不尽相同。这些都反映出当代大学生普遍缺乏与性相关的系统教育，反映出性教育在现阶段还存在一些值得深思的问题。

（一）当代大学生性教育的现状

1. 对性知识的了解程度

不同的大学生接受性教育的方式、时间是不同的，我们尝试根据调查问卷中设置的有关性知识问题的正确率来分析大学生对性知识的了解程度。绝大多数大学生认为自己对于性知识是较为了解的，从调查结果可看出他们对自身对性知识了解程度的认知与实际情况相符。但是当代大学生了解的多为常识性知识，无法确保他们接受过系统全面的性教育。

2. 对待性的态度

大学生对待性的态度也是因人而异，但很大程度取决于他们自身所受到的性教育以及获得性知识的渠道等。我们通过调查分析得出，当代大学生接受性教育的情况总体还是不错的，有一部分学生对性有着合理的认知，并愿意与他人交流这方面的知识。但是性教育力度远远不够，仍然有许多大学生对性话题表示害羞或不愿意谈论，甚至觉得羞耻，性教育普及度仍待提高、力度仍待加强。

3. 接受性教育状况

学校方面，根据调查我们发现当代大学生最早接受性教育的阶段基本集中于小学及初中，但仍有相当一部分学生表示从未在学校接受过性教育。此外，学生在学校接受的性教育基本是通过生物课或心理课，很少有从学校专门设置的性教育课程中接受知识。由此可以看出，学校在性教育课程设置这一方面仍有欠缺且性教育力度远远不够。

家长方面，从家长对孩子的性教育状况来看，数据显示家长对孩子的性教育指导较少，大部分家长持很少指导以及从不指导甚至不允许讨论的态度，孩子在获取性教育渠道上选择家长的也比较少，说明家长对孩子的性教育缺乏重视。

此外，从大学生接受性教育知识的渠道来看，同伴交流、报刊及网络媒体、学校渠道和书籍占据主导地位，家长渠道明显不足，有部分人通过色情杂志、网页及光碟接受性教育知识，可见性教育知识普及的大环境还存在一定问题，正规渠道普及程度还不够。

（二）当代大学生性教育存在的问题

1. 没有形成正确的性观念

在讨论性知识的时候，绝大多数同学感到害羞，甚至拒绝参与讨论，这说明当代大学生仍然有较多人对性没有形成恰当合理的认知，仍然把它当成是一类难为情的、尺度过大的话题。其实这也十分不利于性知识的传播，如果学生在上性教育课程时带着害羞的情绪而没有集中注意力听课，或产生抵触情绪，老师也只简略讲述重要章节或者干脆避而不谈，就会导致性教育普及难度的增加。

2. 地区普及差异性大

根据开放题的答案，我们发现目前性教育普及状况是十分不平衡的，城市和农村、不同城市的普及状况都不一样。较发达的城市开展性教育的时间可能会比较早，在小学、初中阶段就设置了相关课程；而欠发达的城市则比较晚，在高中才开展性教育；在一些农村地区，则有可能无法及时开展性教育。

3. 性教育主体责任感不强

父母是孩子的第一任老师，但调查显示，大部分家长持很少指导以及从不指导甚至不允许讨论的态度，孩子在获得性教育的渠道上选择家长的也比较少，说明家长对孩子的性教育缺乏重视，认为这是学校的责任，且有的家长也没有形成正确的性观念，认为这是淫秽的、羞耻的事情而闭口不谈。我们最常听到的父母说的一句话就是"等你长大了你就明白了"，这就是一种逃避责任的说法。学校，毫无疑问，也是传播性知识、普及性教育的主体，值得欣慰的是很多地区都在小学或初中阶段开设有性教育课程，如健康教育课、生物课等。青少年在成长阶段具有强烈的好奇心，会不断去探索新鲜事物，性知识就是其中一种。如果没有从正确的渠道接受性教育，他们就会转而寻找别的渠道，但网络上的信息良莠不齐,有的同学可能会误入色情网站,这会对青少年还在发育的身心造成严重影响。

二、对大学生性教育的反思与建议

结合调研结果及其分析,性教育理应也必须得到重视。随着时代的发展,"谈性色变"的陈旧观念要用科学知识取代。同时,与性相关的教育活动也要不断创新,以适应学生的成长特性与个性特点。除此之外,健康和谐的社会氛围对于大学生性教育的开展也具有不可取代的作用。

(一) 以科学知识代替陈旧观念

1. 转变陈旧的观念

张北川说过,在我们的性文化里,把生育当作性的目的,把无知当纯洁,把愚昧当德行,把偏见当原则。性教育的不成功,关键是受我国传统思想的影响,陈旧的观念使得人们"谈性色变"。基于此,大学生自小不能接受完整系统的性教育,也就谈不上性教育的成功。所以观念的转变是根本,在这个基础上的后续改进才会有好的收益。

2. 提升教育者的知识水平

不仅仅大学生要改变观念,施教者更应该加强自身教育,对性知识有客观全面的认知,在施教态度上也应该做到客观,将之当成一门学科知识,而非难以启齿的话题。老师和家长对性教育态度的转变,对性教育的成功会有很大的促进作用。一方面,家长需要掌握一定的性知识,正确传播性知识,并且要配合学校的性教育工作,为子女树立榜样,超越经验,用科学的知识体系为子女的性困惑进行解答并及时疏导,促成其健康成长。另一方面,学校也应开展系统的性教育。调查发现,许多大学生并未接受过性教育,有些学校并没有设置系统的独立的性教育课堂,对学生进行的性教育课多半附属于生物课、健康课、讲座等。此外,缺少师资也是普遍存在的问题。所以高校应该从医学院校中引进专门的人才,设立专门的性教育课堂教室,将性教育专门化和科学化。

(二) 根据国民特性创新教学活动

一方面,可以在参考国外性教育课本的基础上,根据我国国民特性,编写性教育教材,可以加入部分性文化和小常识小故事,寓教于乐,使教学内容更有趣,增强学生学习的兴趣,这将有助于提升性教育的水平。另一方面,可以采取多种授课途径,例如讲座、课堂、案例讨论、角色扮演等,改进性教育的方法,增强课堂形式的趣味性,从而提高性教育实效。

（三）营造积极健康的社会氛围

提升性教育成效不仅仅需要自我态度的转变、硬件条件的配合，社会大环境的影响同样十分重要。特别是媒体，尤其是网络，要致力于创造健康、文明的中国性文化，不应该总是报道一些无关紧要的明星事件，或者是传播不正确的观念风气。应利用网络的力量，传播正确的价值观、性知识，应该让网络成为传播知识和学习的环境，而不是舆论发酵场所。这些都需要全民的配合。

关于大学生对抄袭现象看法的调查

随着社会的发展,人们的精神文化生活日益丰富,审美情趣也不断提高。但与此同时,抄袭现象也逐渐成为一种普遍的社会现象,不仅在影视界、电竞游戏界、综艺界存在,甚至在学术界都存在,并在一定程度上败坏了诚实守信的社会风气。大学生作为未来社会的中坚力量,他们对社会上以及自身存在的抄袭现象的认知是一个十分值得关注的问题。基于此,本研究通过调查大学生对抄袭现象看法,分析抄袭事件带来的消极影响,为抄袭问题的解决寻找可能的路径。

一、调查背景与过程

本次调查的对象主体为大学生。我们采取网上问卷与纸质问卷相结合的调查方法,对不同专业的大学生进行问卷调查。共回收 248 份有效问卷,其中纸质问卷 55 份,网上问卷 193 份。问卷从 4 个方面了解大学生对于抄袭现象的认识、看法和对待方式,其中:第 1~4 题了解调查对象的基本信息及其对于抄袭话题的关注度,以提高数据的科学性;第 5~11 题就现实生活中争议颇多的两个例子进行调查;第 12~19 题了解人们对于抄袭现象的看法、态度以及对待方式;第 20~22 题了解大学生对于学生时期抄袭现象的认识。

二、调查结果分析

从被调查人员性别和专业的基本情况调查可知,参与调查的男性占比 56.45%,女性占比 43.55%,而且被调查者的专业以理工科为主,其中工科专业的人数最多,达到被调查人数的 48.39%,而理科专业的学生有 29.03%。本调查的性别比例合理,专业分布较合理,这样能够使问卷的数据具有科学性,更加有说服力。

针对人们对抄袭现象的基本认知情况,调查发现,有 90.32% 的人表示会去关注"抄袭"这个话题,同时也有 9.68% 的人表示完全不会关注"抄袭"这个话题。

2017 年,首届燧石文学奖为抵制抄袭,为年度抄袭作品设立"白莲花奖",当时的

"白莲花奖"得主是秦简的《锦绣未央》。针对入围作品的倾向，调查发现"支持"《锦绣未央》的仅占20.97%，位居最后一名。而唐七的《三生三世十里桃花》以53.23%这一超过半数的票数结果位居第一。《锦绣未央》（小说原名《庶女有毒》）因电视剧而闻名，而《三生三世十里桃花》产业链却更加庞大，不仅有同名电视剧，还有电影及同名手游。据了解，在优酷上，《锦绣未央》的播放量为94.7亿人次，而《三生三世十里桃花》电视剧的播放量高达154.4亿人次，是前者的1.6倍多；在爱奇艺上，《锦绣未央》播放量为88.4亿人次，《三生三世十里桃花》为115.4亿人次，也是远远超过《锦绣未央》。也许从抄袭和影响的角度（据说《锦绣未央》涉嫌抄袭200多部小说），《锦绣未央》确实实至名归；但是从宣传和受众的角度，《三生三世十里桃花》影响的人确实更多，其获得的利益也更大。

在我们调查的人群中，绝大部分人都玩过"王者荣耀"这个游戏，所以对于整个调查来说，被调查者对于这个游戏是接触过甚至非常了解的，调查结果是十分可靠的。同时，就游戏抄袭部分来说，游戏者是最具有发言权的，这为接下来的调查打下了良好的基础。

针对"王者荣耀"和"英雄联盟"的关系，调查发现，大多数人都认为"王者荣耀"抄袭了别的游戏（"英雄联盟"），而且持这观点的人中既有玩过该游戏的也有没有玩过该游戏的；一部分人表示不太清楚，证明他们思考过但却不太确定；极少数人认为不算抄袭。在对被调查者的抽查询问中，我们发现被调查者都有同样的特点，就是对游戏抄袭的定义不太清楚。

关于"王者荣耀"可能抄袭的比例问题，调查发现，多数人都选"超过一半"，这表明，被调查者大都认为"王者荣耀"抄袭的内容是非常多的，而不是仅仅一小部分，甚至有照搬的嫌疑。

调查发现，大多数人即使在认为"王者荣耀"游戏是抄袭的情况下依然选择继续玩下去，一方面证明这个游戏制作是比较成功的，但另外一方面也反映出大多数人反抄袭、抵制抄袭的意识不够。对于他们来说，游戏是否抄袭并不影响他们的使用意愿。这也是如今国内抄袭现象层出不穷的原因。

关于《三生三世十里桃花》，调查结果显示，有54.84%的调查者没有看过《三生三世十里桃花》小说或电视剧或电影，而其余调查者则至少看过其中一种。调查者中既有看过《三生三世十里桃花》的人群也有没看过的人群，且看过的人数接近于没看过的人数，正好也给调查提供了两组可以对比的数据。看过《三生三世十里桃花》的调查者大多是通过网络小说和电视剧，反映出当今人们更倾向于网络等方便快捷的信息来源渠道，多于电影院观影这种价格稍贵且相对麻烦的娱乐方式。

关于《三生三世十里桃花》是否涉嫌抄袭问题，有54.84%的人认为《三生三世十里桃花》是抄袭的，41.94%的人表示并不清楚，只有极少数的调查者表示并不认同这个观点。这表明大多数人是有明辨是非的能力的，能够通过种种证据判断《三生三世十里桃花》是否为抄袭而来的作品。一部分人则是实事求是，不清楚则不跟风，保持中立的态度。

针对《三生三世十里桃花》小说或者电视的宣传，有59.68%的人表示不太清楚，37.1%的人表示了解一部分，3.23%的人表示对这些都很了解。这表明大多数人对其中的一项或几项内容不是很了解，说明大多数人没有深究过这个问题，一部分人虽有所了解但并不全面，没有深入研究。

围绕"你会关注一部涉嫌抄袭的文学作品的系列周边（电视剧、电影、页游等）吗？"的话题，调查者中，有13.31%的人表示坚决抵制，21.77%的人表示会区别对待，虽抵制小说但是好看的周边还是会关注的，60.08%的人表示还是会随便看看的，4.84%的人表示没有想法，不清楚。这个数据反映了大多数人还是会爱屋及乌，喜欢一部文学作品的同时也会去喜欢一些与它有关的事物。

关于涉嫌抄袭作品的后续关注情况，调查发现，58.54%的人选择了"看情况"，有超过一半的人对于是否会看抄袭作品持无所谓的态度，而只有24.39%的人选择了坚决抵制抄袭作品，剩下的17.07%的人选择了接受抄袭作品。从中我们可以明确看出有很大一部分人并不关心他们所看的作品是否是抄袭作品，只有少部分人对抄袭作品表达了不满与抵制。这大概是因为大多数人认为作品抄袭这件事情与大家并没有多大关系，所以不必过于关心。

对是否会关注涉嫌抄袭作品作者的其他作品问题，调查发现，36.69%的人选择了"会"，21.77%的人选择了"不会"，剩余41.53%的人则是对该问题不确定。与上题选择的情况大致相同，约有一半的人对该问题不是很关心，而抵制抄袭小说与观看原作者小说的人大致相同，继续观看抄袭作品和不看原作品的人数也相差不大。

针对当代大学生对涉嫌抄袭作品的了解程度，调查发现，对于所列的7个涉嫌抄袭的作品，有29.03%的人选择了"都不清楚"这一选项，接近总人数的三分之一，这说明有将近三分之一的人对于抄袭现象漠不关心。7个作品中选择人数最多的是《锦绣未央》，占总人数的53.23%，将近一半的人都知道这一作品是抄袭作品，这可能与该作品获得了2017年度专门为抄袭作品新增设的"白莲花奖"有关；第二位的是占比32.26%的《爱情公寓》，该剧被指抄袭美国的情景喜剧《六人行》，该选项获得这么高的票数很有可能是由于原作的知名度较高；排第三的是《甄嬛传》与《楚乔传》，这两部作品均有25.81%的人选择，人数比《爱情公寓》少了一些，但关注人数依旧很多，其原因可能是知道这两部作品的影视剧的人数比较多。其余作品选择的人数占比也在20%左右。

关于当代大学生对于"抄袭"的理解，在"你认为玄色作品《哑舍》'抄袭'百度百科是否构成了抄袭？"这一题中，有43.95%的人认为抄袭百度百科这一行为构成了抄袭，而有 56.05% 的同学持反对态度。可以看出，对于这一问题，持正反观点的两方人数是差不多的。有很大一部分学生认为抄袭百度百科不是抄袭，可见大家对抄袭的理解并不是很深刻。

关于"你认为抵制抄袭难的主要原因"，从该题的调查结果来看，大部分人认为该题中的四个选项都为抄袭现象提供了生长的土壤。而"被抄袭者上诉成本大，效益低；抄袭者惩罚力度小，获利大"这个法律方面的原因被认为是最主要的原因。"投资方和流量明星等以蹭热度、抄袭作品来获利"这种对曝光率的"非正常"的追求，也是大家心中认为的滋生抄袭的一大原因。"界定抄袭难"是第三大原因，在之前的题目中也反映出大家对抄袭的概念心存疑惑。

在如何反抄袭的问题上，大部分人都选择了要"建立健全相关的法律法规，严厉打击抄袭剽窃"，可见大家都认识到了法律法规在反抄袭方面的不足，以及在反剽窃上的重要意义。然而在"打击写作软件，支持鼓励反剽窃软件"选项上，选择的人却不是很多，可能的原因在于写作软件并不为大众所知。

关于"你是否认为国内很多的综艺节目都是照搬照抄国外热门综艺的呢？"这一问题，调查发现，有 50% 的人认为"大部分是"，有将近 22.58% 的人认为"基本都是"，另有大概 20% 的人认为"小部分是或基本不是"。这也表明超过 75% 的学生认为国内综艺节目的抄袭现象很明显、很严重。仅有 6.45% 的同学认为"基本不是"，这也从侧面反映了国内综艺节目抄袭之风的严重性。

针对"你认为大学生的作业中存在的抄袭现象多吗？"这一问题，有 58.06% 的大学生选择"多，作业随便抄抄，考试好好考就行"，认为抄袭作业无伤大雅；选择"不太多，大部分都是自己做的"的大学生占统计总人数的 27.42%；有 9.68% 的大学生觉得"抄袭作业的现象很少，应该注重平时"；有 4.84% 的大学生认为"抄袭作业的现象基本没有，大学是认真学习努力拼搏的"。

针对"你觉得大学生论文中是否存在较多抄袭？"这一问题，72 位大学生都认为大学生论文中存在抄袭和剽窃的现象，占到样本总数的 29.03%；认为"大学生论文中没有抄袭现象，那只是合适的参考与借鉴"的大学生共有 80 人，占比为 32.26%；另一个答案似乎与第二个有所联系，即认为"大学生论文中没有抄袭现象，那只是收集资料"，选择这一选项的大学生共有 88 人，占比为 35.48%；此外，还有 8 名大学生认为"大学生论文中完全不存在抄袭现象，都是独立自主完成的"，占比仅 3.23%。

针对"你认为抄袭作品和学生时代抄作业是否存在关系？"这一问题，选择"抄袭是抄作业的衍生和恶化"的大学生占比为 48.39%，即近半数大学生认为社会上的抄袭作品与学生时代抄作业之间有较强的相关性；选择"抄作业也是抄袭，是一样严重的"的大学生占比为 16.13%，他们将学生抄作业与社会上的抄袭放到了同等严重的地位；选择"两者并没有太大关系"的学生占比为 35.48%。

三、对当前社会部分行业中抄袭现象的分类分析

当前社会中抄袭现象多集中在影视小说、游戏、综艺等方面，而在这些领域中关于是否是抄袭行为的定夺、被抄袭者的维权等都是热议话题，其背后的原因值得我们深思。

(一) 部分行业中抄袭现象概述

1. 影视小说界的抄袭现象

随着娱乐产业的不断发展，出现了许多大热的电视剧，特别是近年来，由小说改编的电视剧可谓是层出不穷。随着各种热门 IP 的改编与翻拍，影视小说界的抄袭问题也渐渐浮出水面。

近几年影视小说界抄袭现象愈演愈烈。例如，获得"白莲花奖"的热播古装剧《锦绣未央》的原著小说被曝出涉嫌抄袭 200 余部网络小说作品，令舆论一片哗然。当年大火的《甄嬛传》被指抄袭作家匿我思存的作品，《花千骨》这一当时极受大众喜爱的电视剧的原著被指抄袭包括《花开不记年》在内的多部小说，唐七的《三生三世十里桃花》被怀疑抄袭《桃花债》等。实际上，这些只是大家所知道的比较出名的小说抄袭，实际上，抄袭作品远远不止这些。

由此可见，国内影视小说界的抄袭现象已经不是一天两天了。尽管影视小说领域中的抄袭现象一直存在，但关注这个现象的人不多，而且是否构成抄袭比较难以鉴定，导致相关作者维权困难，不光耗时耗力，而且付出与回报往往不成正比，有时还不一定能成功，所以许多被抄袭作品的作者往往无能为力。更令人无奈的是，许多涉嫌抄袭的影视小说往往比被抄袭作品更加出名。在这种情况下，影视小说的抄袭之风愈演愈烈。当然也不是没有维权成功的案例。2006 年 5 月 22 日，北京市高级人民法院作出终审判决，认定郭敬明所著《梦里花落知多少》对庄羽的《圈里圈外》整体上构成抄袭，但这桩抄袭事件的官司整整持续了两年才画上句号，最终的判决却只是赔偿了两万元，可见小说抄袭维权确实是十分困难的。

"问渠那得清如许，为有源头活水来"，复制粘贴显然难以为继，唯有原创才是优秀作品的源头活水。然而抵制抄袭、拒绝雷同谈何容易。时下最令人担忧的是，小说以及影视剧的抄袭已超越了大段摘录、整篇复制的传统模式，在互联网、大数据的技术支持下变得更加隐蔽，甚至巧妙规避了知识产权法律的禁止性规定。

上述案例足以说明如今的影视小说界创作风气不正，抄袭现象较为普遍，维权十分困难。实际上这也反映出影视及小说行业的发展存在一定的问题。抄袭为不法者带来短期利

益,却对网络文学的长期发展产生消极影响。如果抄袭就能赚钱,谁还会认认真真伏案写作?如果雷同也能赢得声誉,谁还会苦心孤诣构思情节?长此以往,这种现象会影响年轻作者的成长环境,消耗的将是整个行业的未来前景。

2. 游戏界的抄袭现象

其实从近几年游戏抄袭的情况来看,"王者荣耀"只是少部分有抄袭之嫌的案例,大多数抄袭的游戏都以失败告终。但即使只存在这一小部分,我们仍需要杜绝抄袭行为。

在游戏界,对于如何区分抄袭、借鉴和致敬这三种情形一直是热议的话题。抄袭实际上就是换汤不换药,只做收费机制和画面、UI这种mod(游戏模组)级别的无关游戏核心价值的改动。而在真正的致敬中,作者应当与致敬对象有联系和沟通,而且这些致敬往往不能全盘搬过来。值得注意的是,在不同的领域有着不同的致敬惯例。在影视小说领域,作者可以不需要与原作者有联系,但前提是作者所致敬的作品必须是大众熟知的。而在游戏界,致敬较好的表现形式应该是以彩蛋的方式呈现出来,并且作者最好说明致敬的出处,表现出向原作者致敬的良好态度。另外,抄袭和借鉴的争议可能是最大的。我们认为,抄袭和借鉴的差距在于新作品能否在原作品基础上走出自己的风格,创造新的游戏玩法,或者针对不同需求的玩家。借鉴必须与原作品在游戏核心价值上有区别,不止于表面的变化,更有游戏机制、叙事手法上的核心游戏价值的创新。如果某些游戏在原游戏的基础上,只是添加了更多的收费项目,或者只是进行改变画风、改善画质等外表的换皮,那还不如去为原游戏制作画质、画面等。如果将之作为一个新作品,就算是抄袭。

在法理层面,也有律师对于游戏领域抄袭的判定给出了较为专业的回答:"第一,必须是具有独创性的作品才属于著作权保护的对象,不属于著作权法认定的作品不存在著作权侵权问题。比如游戏人物、游戏界面、动画、游戏软件等,这些都属于著作权法所保护的作品。第二,侵权人是否曾接触过被侵权人享有著作权的作品。'接触'往往较容易判定,提供证据说明游戏已经公开发行销售即可。第三,请求保护作品与被控侵权作品之间是否构成实质性相似,需要对比作品中的元素来具体判定相似性,这是法院裁判的关键点。第四,排除合理解释。这方面主要是排除侵权人提出的一些合理解释,比如侵权人提供证据证明自己创作作品的时间早于受保护作品创作的时间。只有完全符合以上四个条件,才能认定为著作权侵权。若法院认定侵权的,侵权人应根据具体情况承担停止侵权、消除影响、赔礼道歉、赔偿损失的法律责任。"[1] 了解了这些内容以后,我们才能辨别哪些游戏是确确实实抄袭了的。然而,大众对于游戏领域抄袭的抵制是近几年才重视起来的,相关官司少之又少,相关法律条文亦是屈指可数,相关举措也在慢慢探索和完善中。就目

---

[1] 王佳伦. 律师从《超级MT》是否侵权解析著作权侵权和不正当竞争问题[EB/OL]. (2015-09-16)[2023-03-16]. https://zhuanlan.zhihu.com/p/20220150.htm.

前来说，各个游戏想要受到保护也是具有一定难度的，可谓道阻且长。

3. 综艺界的抄袭现象

近几年，国内的综艺节目数量呈爆炸式增长，各种各样层出不穷的节目样式让人应接不暇。很多演艺人员花费几个月甚至几年拍一部电影或电视剧还不如上一次综艺节目能更快被观众记住，在短短几十分钟的综艺节目中，往往一个举动就能迅速登上热搜话题。伴随着综艺节目炙手可热的关注度和收视率，一个词越来越频繁地出现，那就是"抄袭"。可能由于播出的节目都太火了，湖南卫视一系列综艺都被质疑是抄袭了韩国的综艺节目。《花儿与少年》拍摄一群演艺人员出国旅行疑似抄袭韩版的《花样旅行》系列。《向往的生活》中演艺人员在乡村小院生活，每期邀请一些嘉宾，然后通过劳动获取食材自己做饭，为观众们呈现一幅"自力更生，自给自足，反映待客之道"的生活画面，又与跟韩国的《三时三餐》雷同，从人物到内容都几乎是一模一样，还有眼尖的网友指出连一只狗的设置都一样。

热播的《中餐厅》第一季中，演艺人员前往泰国的象岛并开了一家中餐厅，自己经营。此前，韩国一档叫《尹食堂》的节目讲的就是几位明星在印度尼西亚巴厘岛附近的岛上开一家小饭店，并着手经营的故事。

就在一些网友们高呼不要再模仿，能不能有一些原创的节目时，湖南卫视又推出了一档新综艺，名字叫作《亲爱的·客栈》。要知道韩版的《孝利家民宿》正在热播，很多正在追《孝利家民宿》的网友们还不知道《亲爱的·客栈》的节目内容，光看节目名称就直呼这"借鉴"的速度是越来越快了！

《亲爱的·客栈》VS《孝利家民宿》：经营民宿如出一辙

《亲爱的·客栈》邀请了多位演艺人员参与其中。在节目中，艺人们要经营一间民宿，所有的房间和配套服务由老板定价，四位艺人先自主分工，准备民宿，随后等待飞行嘉宾的到来，在解锁民宿有趣的生活内容之后，举行民宿大联欢。《亲爱的·客栈》一播出就有不少网友指出和韩国综艺《孝利家民宿》十分相似，甚至连节目海报，都与《孝利家民宿》的海报要素一样。《孝利家民宿》是韩国艺人把自己在济州岛的家改成民宿，并在数千名志愿者中挑选了几十人作为客人分批入住的节目。难怪有网友称："掌柜们做的都是复制粘贴。"

无独有偶，《青春旅社》与《亲爱的·客栈》也如出一辙，节目邀请了多位艺人组团来经营民宿，招待不同的真实旅客。除了借鉴韩综《孝利家民宿》的创意，《青春旅社》还被指有抄袭韩国综艺节目 *Roommate* 的味道。

《中餐厅》VS《尹食堂》：移植国外开餐馆

对《中餐厅》抄袭的质疑也一直不断，节目一经播出，就被眼尖的网友发现与韩国综艺《尹食堂》的内容和细节设计非常相像。《尹食堂》记录了几位明星在印度尼西亚经营一家韩餐厅的过程，播出时取得了有线台同时段节目收视第一的好成绩。

2017年3月《尹食堂》刚在韩国播出，仅4个月后，其创意就被移植到了《中餐厅》里，如果说是如有雷同纯属巧合，估计没有人会相信。而《中餐厅》的导演则称："《尹食堂》也是借鉴日本的《海鸥食堂》，这种在国外开餐厅的创意其实大家都会有。"

《向往的生活》VS《三时三餐》：回归田园，配套复制

2017年初播出的《向往的生活》，节目的定位是"三人一起守拙归田园，为观众们呈现一幅自力更生、自给自足、反映待客之道的生活画面"。节目一播出，就被观众指出抄袭韩国综艺《三时三餐》。

有细心的网友发现，两档节目的基本格局一模一样，甚至连水池的位置都差不多。《三时三餐》中养了狗、羊、鸡，《向往的生活》也配套复制。两档节目的常驻嘉宾都会让客人帮忙还清"债务"，《三时三餐》是砍高粱，而《向往的生活》则是砍玉米。看完了节目，不少网友发文称："抄主持配置、节目模式就算了，连狗都抄来了是几个意思啊！"

对此，《向往的生活》导演回应道："我们没有买版权，因为不是中国版本的《三时三餐》，只是创意相似，人物个性、节目内容天差地别。"

《中国有嘻哈》VS *Show Me the Money*：高口碑掩盖不了抄袭质疑

2017年大火的《中国有嘻哈》虽然人气高涨，口碑也不错，但还是难逃网友对其抄袭韩国综艺 *Show Me the Money* 的质疑。从节目的logo、制作人出场方式、晋级颁发链子、选手采访，到抽签、制作人公演、话筒、淘汰扔链子，无一不和韩综 *Show Me the Money* 一样。

当时不少人以为是制作方爱奇艺买了版权，但是韩方发出声明称中国并没有购买版权。这档据称斥资两个亿、号称要打造华语嘻哈偶像的节目竟也是个山寨货，让不少国内网友感到气愤。

爱奇艺策划的新综艺《偶像进化论》也涉嫌抄袭韩综 *PRODUCE* 101。《偶像进化论》将有111名练习生出演，最终选出11名偶像出道。从这档节目公开的企划文件可看出，其赛制、宣传海报以及策划方案等与 *PRODUCE* 101几乎如出一辙，就连节目标志的蓝色底色及三角形都非常相似，一度让人觉得是购买了版权的，但 *PRODUCE* 101制作方表示："《偶像进化论》是在未经过正式购买流程的情况下推出的类似节目，我们表示相当遗憾。"

国内综艺这种"复制粘贴"行为被网友抵制，有人发出疑问：山寨综艺何时能终结？

（二）上述行业抄袭现象的原因分析

1. 科技手段的滥用

随着互联网时代的不断发展，抄袭现象特别是网络小说抄袭现象可谓是日益严重。这

种现象发生的原因一方面是网络在人们的生活中变得触手可及，人们只要在网络上进行搜索，就可以得到想要的各种资料；另一方面是抄袭软件的出现，因抄袭软件中导入了大量小说作品，只需要在软件上进行关键词的搜索，就会出现许许多多的他人小说中关于该关键词的相关描写，可以说为小说的抄袭提供了极大的便利。

2. 门槛低却收益高

近几年由于小说改编影视剧的形势过于迅猛，网络小说不断发展。网络小说逐渐由个人化转向职业化、产业化，出现了许多拥有大量粉丝、受人追捧的小说。这种门槛低但收益高的行业吸引了许多人纷纷投入网络小说的写作大潮。网络小说的门槛相对较低，有人抱着不劳而获的侥幸心理，特别是当这批不劳而获的人中有人成功了的时候，就更加刺激了大量小说抄袭者的产生。

3. 法律规范不健全

大多数律师都不愿意接有关抄袭的案子，因为界定抄袭难，官司难打，获利也少。一些愿意接这类案子的律师也只是从公益性的角度，免费或者象征性地收取少量费用，但往往耗费了很多精力却不一定能胜诉。加之大多数被抄袭或者抄袭的作品都是在网络中发生的，取证难度大、诉讼成本高、惩罚力度小，许多作者也不愿意耗费大量金钱、时间、精力去违权，而只能选择息事宁人。但毕竟作品都是他们自己一笔一画创作出来的，是他们自己的心头肉，是自己的孩子，当自己的孩子被别人偷走，他们是十分心痛的。而无法有效惩治这些偷盗者，不光会令原作者丧失继续创作的欲望，也从另一个侧面助长了抄袭之风。

4. 受众漠视的态度

对于抄袭现象，受众在某种程度上表现出漠不关心的态度，这在一定程度上也助长了抄袭的不正风气。对于很多受众来说，影视剧、小说、综艺和游戏等抄不抄袭并不重要，只要好看好玩就行。受众代表作品的市场，而受众漠视的态度无疑给抄袭者吃了"定心丸"，有市场且市场不抵触又何惧抄袭后果呢？

5. 后果的无害性

对于抄袭的认定标准，国家版权局版权管理司做出相关界定："从抄袭的形式看，有原封不动或者基本原封不动地复制他人作品的行为，也有经改头换面后将他人受著作权保护的独创成分窃为己有的行为，前者在著作权执法领域被称为低级抄袭，后者被称为高级抄袭。"一般的抄袭以高级抄袭为多，真正连标点符号都没有改动的情况还是较少的，这无疑给抄袭的界定带来一定难度，说是抄袭好像也是，说是借鉴好像也说得过去。总之，界定是否抄袭之难，也让反抄袭难度更大。

6. 对曝光度的非正常追求

对于市场来说，消费者喜欢，产品就卖得好，消费者并不知道作品背后的"喧嚣"。

当一部作品东拼西凑，对其他作品取其精华去其糟粕，自己成了一部"佳作"时，就更容易被不知其内幕的消费者追捧。而当一部作品被爆出抄袭后，曝光度一下子就上去了。这时候只要投资方找一些流量明星拍相关的影视作品，其"宣传效果"完全不用担心。对于他们而言，曝光率就是利益，网友、媒体的谴责就是"宣传"和"科普"，流量明星的粉丝也会在无形中起到影响舆论导向的作用。于是，从文学作品到影视作品、手游等周边，一条清晰的产业链就形成了。

而对于抄袭者本人，热度使他获利，也成就了他的知名度。抄袭事件不仅没有使他遭到封杀，反而让大家记住了他的名字——对于大多数的消费者来说，他们关注的只是"好的"作品，即使是抄袭作品，它也好，值得看。曝光度等于知名度，等于利益，这使得一些不正常的行为有了生存的土壤。无论什么时候发生什么事件，他们只要稍微引导一下舆论，该事件就能为他们所用，为作品宣传。

（三）抄袭问题的解决路径

1. 健全相关法律法规，大力打击抄袭

法律对待抄袭是什么态度，抄袭者会不会受到严厉的惩罚，能不能保护原创作品，是特别重要的。很多刚入门的作家，因为作品被严重抄袭而无人问津，无力维权，最终放弃了写作。如果法律不能保护原创者，那么文学领域，甚至其他领域，只会出现越来越多的浮躁之气。如果没有大量的优秀的原创作品，我们的文化强国梦又该如何实现？

2. 增大教育宣传力度，增强版权意识

目前，很多人的版权意识还比较淡薄，没有意识到抄袭的真正危害，对抄袭的包容度也比较高。我们需要创造风清气正的环境，让更多人认识到抄袭的危害。只有消费者真正做到对抄袭作品不屑一顾，抄袭行为才会越来越少。

3. 健全抄袭判定标准，完善监督机制

目前的文学界，有两种人。一部分人因为抄袭会危害到自身利益而强烈地反抄袭；另一部分人则在赚抄袭的钱，明知道是抄袭，但是有利可图，何乐而不为呢？当然还有袖手旁观派。后两种人对文学界是有害的。因此文学界应团结起来，坚决反抄袭剽窃。具体做法可包括：对有效举报进行奖励，鼓励原创；编辑严把最后一关，对抄袭作品严厉打击。

4. 打击非法写作软件，鼓励研发反剽窃软件

目前已有"反大学生论文抄袭"的软件，其他领域的反剽窃软件也应尽快研发，以便于人们利用科技快速便捷地搜索是否抄袭，判断相似度是否过高。要积极推动科技的发展，鼓励研发相关反剽窃软件。

四、对大学生中抄袭现象的分析

当今的大学生对待学习的态度有着明显的分化，一部分大学生群体中抄袭成风，这并不利于教育的发展、人才的培养、道德的提升等。根据对相关调研数据的分析以及文献资料的查询，下文将浅议大学生抄袭的主要表现、分析抄袭原因和后果、探究应对抄袭现象的对策。

(一) 大学生抄袭的主要表现

大学生抄袭现象十分严重，而涉及的范围也是十分宽泛的，包括专利成果、论文、考试，甚至平时的作业。根据我们平时的观察以及这次问卷的结果来看，大学生群体中，抄袭作业的现象是存在的，而且抄袭现象比想象中的更加严重。此次调查中，九成以上的同学都承认在平时会抄袭作业，并且大多数人也认为这并不是很严重的事情。可见轻视抄作业的危害已经成为一个较普遍的问题。此外，问卷中也涉及论文抄袭，近三成同学认为大学生论文写作中存在抄袭、剽窃现象。在论文写作过程中，合理的参考与借鉴是正常的，但是抄袭、剽窃不可取，这不仅仅是违法行为，而且会对国家的学术生态造成不可逆的伤害。

(二) 大学生抄袭的原因分析

大学生抄袭现象也许由来已久，并不是近几年才发生的。然而，这一现象却在近几年愈演愈烈，每次课上老师都会点名批评几位抄袭作业的学生，每次期中、期末考试都有几位学生因为抄袭而被记过。那么为什么老师、学校几乎每天都在提醒大学生不要抄袭作业、考试的时候不能抄袭其他同学的，可还是有那么多不顾警告、抄袭他人的学生呢？分析起来，主要有以下原因。

1. 版权意识薄弱

从问卷结果来看，超过半数受调查者认为抄作业这一行为的危害性远不及其他抄袭行为，甚至有接近40%的学生认为二者毫不相关，只有极少数学生认为二者相关性较强。以样本估计总体，在一定误差范围内，我们可以得出结论，大多数大学生对于抄作业这一抄袭现象的重视程度较低，这也许是抄作业现象发生的原因之一。

2. 不良习惯的养成

有的学生在中小学时期就已经因为某些原因开始抄作业，又因为抄作业的低投入高产出，他们慢慢形成了路径依赖，即只需要抄作业就能超过大多数人，何乐而不为呢？

3. 重结果轻过程

作业是老师检视学生学习成果的重要方式之一，考试是检验自己学习能力、学习方法和学习成果的重要方式。但是许多学生因为虚荣心，十分在意得到的结果而忽视了过程的重要性，这是本末倒置的。同时，很多大学生在平时的学习中很不认真，以至于无法解决作业和考试中的难题，所以抄袭这一低成本"工具"成为他们及格的唯一"希望"了。

（三）大学生抄袭的后果分析

首先是对大学生自身的伤害。比如抄作业会阻碍大学生创新能力的发展，让他们依赖于抄袭，在面对需要发挥自主能力的课题时，他们无力应付而只会等待别人的成果，抄袭之后匆匆结题，这样的课题对于提升自己毫无用处！又比如抄袭他人的专利成果，这种行为本身就是违法的，必定会损害自己的信誉并受到法律惩处。

其次，抄袭会对他人造成影响。比如抄袭他人的论文，别人辛辛苦苦取得的成果，却被那些没有做过相关实验的人抄袭，可能会使原作者受到名誉和利益上的损害。此外，一个人的抄袭可能会带动一群人抄袭，这样的后果是难以想象的。

再次，抄袭对整个学术圈有消极影响。抄袭是一种投入极小而产出可观的行为，一旦有人不断抄袭，就势必会扰乱该专业的研究进度，并引起效仿，而学术圈又是相互联系的，抄袭成风会污染学术氛围、破坏学术生态。

最后，抄袭会对国家的国际形象产生不利影响。专利意识的高低一度被认为是一个国家文明程度的标志，一个惯于抄袭的国家一定会成为众矢之的，而在重视专利的国家内部，必定会有一个成熟可信的学术圈。

（四）解决大学生抄袭问题的对策

由问卷结果和以上分析可以看出，大学生抄袭现象已经到了必须解决的地步，本小组提出以下解决对策：

第一，加强专利意识、版权意识教育。每个人的脑力劳动成果都应该得到应有的尊重，而抄袭则是对他人的不尊重，因此我们应该杜绝抄袭行为。

第二，大学生自身应该自律。抄袭影响之大是难以想象的，而从小事做起，大学生才不会在大事上跌跟头。平时不抄作业，考试不抄袭他人，养成独立思考的习惯，能让人终身受益。

第三，全社会应该进行频繁的反抄袭宣传。抄袭必定会对社会风气产生不利影响，只有整个社会都反抄袭，才会让抄袭行为无处生根。

理工科大学生文学素养现状调研

——以河海大学等高校为例

文学素养,主要是指"一个人在文学创作、交流、学习等行为即语言思想上的水平,具体来说是指在文学领域,如诗歌、小说、评论等方面的综合能力"。大学生在文学领域的能力既包括对文学的感悟能力和审美能力,也包括输出能力。[①] 如今的时代,社会发展日新月异,其中一个重大特征是学科交叉、知识融合,因此需要大量的复合型技术人才。就理工科大学生来说,他们需要的复合知识与能力固然多种多样,但是最需要补充融合的则是人文学科素养,而文学素养就是其中极其重要的一个方面。

但近年来,受我国教育体系和社会需求的影响,当代大学生普遍存在着人文方面的精神危机,尤其是在文学素养方面,不少人表现出文化底蕴不足、文学视野狭窄的特点。尤其是一些理工科学生,在初高中时期就不甚重视文学素养的提升,在大学时期更是缺乏提高文学素养的动力和决心。尽管他们接受了高等教育,但文学知识匮乏、文学素养缺失者不在少数。对于这种现状,加强文学教育,提高大学生文学素养,乃是当今亟须解决的问题,为此提高关注度、深入调研了解当下真实情况显得尤为重要。在此背景下,我们展开了此次调查。

一、调研概况

调查于 2019 年 11 月进行,调查人员由 6 名 2017 级河海大学环境学院的学生组成。调查形式为通过网络平台发放问卷与实地问卷发放相结合,并对相关典型人物进行访谈调查。调查对象为河海大学、南京理工大学和南京航空航天大学的学生,问卷填写共 300 份,其中男生 194 人,女生 106 人,男女比大致为 2∶1,三所高校被调查男女比也大致为 2∶1,与理工类高校实际男女比相符,表明数据客观真实,切合实际,可靠性强。本次调研分为文学知识积累、文学创作、文学交流、文学传播、文学语言思想水平五部分。问卷

[①] 周寻. 加强文学教育 提高大学生文学素养[J]. 中国大学教学,2015(12):86-88.

由 17 道客观题组成，包括 15 道单选题和 2 道多选题。此外，我们还对文科类学生发放了 50 份问卷以进行对比，并对学校文学类社团的指导老师及已毕业的学生进行了访谈。

(一) 调研的目的及意义

调研的目的是通过对问卷反馈结果进行整理、分析，了解理工科大学生的文学素养水平以及学校文学素养培养的现状，以增强对当下文学素养缺乏问题的认知与警醒。同时了解当代理工科大学生对文学素养的看法和建议，阐述在大学生群体中宣传提升文学素养的重要性和意义，从而鼓励更多人着手提升自身的文学素养，一方面可以完善自我人格，另一方面也可以为社会的发展提供复合型、创新型人才。

(二) 调研对象说明

通过网络发放问卷的方式，不受场地及交通的限制，大大降低了成本，扩大了调研对象范围。调查对象为河海大学、南京理工大学和南京航空航天大学的学生。在团队的能力范围内，调查中一方面避免学生专业变量对调查结果的影响，提高了调查结果的科学性、准确性；另一方面在合理范围内扩大了样本容量，使调查结果更具代表性，有效避免了偶然因素的影响。

(三) 调查研究方法

1. 问卷调查法

组内成员共同设计出最具有代表性的问题，制作成问卷，以线上、线下并行的方式来发放问卷。这种方式，能有效扩大问卷的流通范围，使问卷的被访对象更广泛，得到的有效问卷数量更多。同时，网络调查问卷的高传播性与实地问卷调查的问卷高回收率，使我们的调查更有效率。问卷调查的主要对象是河海大学、南京理工大学和南京航空航天大学学生，线上、线下共回收问卷 300 份，并对文科学生发放 50 份问卷以进行对比。网络问卷通过免费网络问卷发布平台进行发布，同时，电子版可以通过链接、二维码等方式发放到更大范围。线下问卷的发放由小组成员完成，在明确问卷填写的要领及调查目的后，在选定学校展开调查。

2. 文献研究法

我们利用图书馆纸质资料及网上文献，寻找相关的调查资料，综合各家观点，并应用于对结论的分析与比较，不仅丰富了我们的知识，还提高了课题研究的成果水平。

3. 实地走访调查

我们访问了河海大学文学社团的指导老师，询问他关于理工类学校学生文学素养培养的现状和存在的困难，以及对此有什么建议，并进行记录。我们还询问了已经毕业工作的学生，了解文学素养在他现如今生活工作中的作用和意义，是否对他的生活事业有所帮助。

(四) 调查的创新性和局限性

1. 调查的创新性

(1) 主题的创新

如今的时代，科学技术日新月异、经济全球化趋势加剧，人才成为当今社会发展的重要资源，因而加快人才的培养也就成为在激烈的国际竞争中赢得主动的重大战略选择。当今社会发展的一个重大特征是学科交叉、知识融合，因此需要大量的复合型技术人才。复合型的实质是打破学科或专业之间壁垒森严的界限，把握不同专业领域的知识及思维方法，而这种融合能产生巨大的创新性。因此对于理工科大学生来说，文学素养也是展现自身复合型优势的一部分。调研主题就集中于这一重要却又总是被理工科大学生忽视的问题上。

(2) 数据收集与处理方式的创新

数据收集方法不限于传统单一的问卷发放，而是分为线上线下两种方式，线上方式为直接在各个大学生群中分享网址链接和二维码，十分方便迅速，给填卷人带来极大的便利，也能使调研获得更多的支持。数据处理运用了描述性统计的方法，利用条形图等进行分析，学以致用，力求得到更加准确、新颖的认知。

2. 调查的局限性

(1) 调查对象的局限性

由于人力、物力、财力等因素的影响，我们无法大范围、大规模地进行调研，只能选取河海大学、南京理工大学和南京航空航天大学三所典型理工类大学（以下简称河海、南理、南航）学生为样本，普遍性有限，因此最终结果和研究分析可能和实际有一定的出入，无法保证结论的全面性。

(2) 调查人员的局限性

调研小组成员人数有限，又因为学业繁忙，投入的精力和调查的时间有限；成员都为环境学院的学生，可能缺乏较为专业的知识，因而调查无法得到更全面的分析结果。

二、理工科大学生文学素养调查分析

通过分析，我们发现理工科大学生文学素养呈现以下特征。

(1) 课外文学类书籍阅读量分布较为均匀且呈微量上升趋势。调查发现，河海学生课外文学类书籍阅读量分布较为均匀且呈微量上升趋势；而南航学生阅读量绝大多数在 2 本以上，以 2~5 本居多；南理学生阅读量也以 2~5 本居多，但 0~1 本的比其余两所高校多，5本以上却比其余两所高校少。所以单从阅读书籍本数来看，南航学生阅读量最多，其次是河海，南理学生阅读量较少，但这三所理工类高校学生自身的课外阅读量都还是可观的，可看出有一定阅读积累。

（2）文学类选修课的参与度差别较大。由调查数据可知：河海学生半数以上未参与过文学类选修课；南航大部分学生参与过文学类选修课；南理学生参与过与未参与过大致形成1∶1的比例。所以单从是否参加文学类选修课来看，南航最多，其次是南理，河海相对较少。文学类选修课的参与度，既与学生自身的积极性有关，也与学校文学类选修课的开课情况有关。

（3）写随笔的情况相对较少。调查发现：河海学生有写随笔的想法，且付诸行动的居多；南航学生大多数对随笔只停留在想法阶段，并没有付诸行动；而南理有想法并有行动的学生较少，毫无想法的较多。所以单从是否写随笔来看，河海最多，南理次之，南航最少。在现实层面，三所高校的学生大多数都有写随笔的想法，但付诸行动的并不多。生活中的随笔、日记是很好的能提高学生文学素养中写作能力的方式，既然有想法就要适当地付诸行动，不然想法终究只是空想而已，没想法的也应该积极去探求其他自己感兴趣的提高文学素养的方式。

（4）将自身经历写成小说或其他题材的情况也较少。调查发现：河海绝大多数学生没有将自身经历写成小说或其他题材的想法，少部分学生有想法并付诸行动；南航极少数有想法并有行动，绝大部分没想法或是有想法没行动；南理有想法却没行动的居多，但也只是少部分既有想法，也付诸行动。所以单从是否有过将自身经历写成小说或其他题材的想法来看，南理最好，河海次之，南航最少。但三所高校的学生都只有极少数人会有想法并付诸行动，绝大部分没有想法。由此来看，理工类院校学生的文学素养均需要提升。

（5）关于是否有模仿创作问题。关于是否模仿某个诗人、作家、词作者等进行创作的问题，三所高校中的绝大多数学生并没有想法，河海学生既有想法又有行动的相对较多，南航次之，南理最少。

（6）参加读书交流会的情况比较少。河海半数学生参与过读书交流会，极少一部分人未找到参与途径。南航三分之一的学生无兴趣、未参加过读书交流会，三分之一以下的学生参加过读书交流会，三分之一以上的学生未找到参与途径。南理大部分学生未参加、没兴趣参加读书交流会，少部分人参加过读书交流会，三分之一的学生未找到参与途径。所以单从读书交流会参与程度来看，河海较好，南航次之，南理排最后。读书交流会的参与度不仅与学生自身积极性有关，也与学校对读书交流会的支持程度有关：河海对于读书交流会的支持程度较高，但学生积极性较差；南航和南理对于读书交流会的支持程度较低，导致许多学生找不到读书交流会的参与途径，从侧面也反映了理工类院校对文学活动的支持程度。

（7）近距离接触喜欢的作家、诗人活动的参与度也较低。关于"如果你有机会近距离接触你喜欢的作家、诗人是否去"的问题，河海四分之一的学生会去参加，绝大多数人会犹豫或可能会去，极少部分人不会去；南航五分之一的学生会去参加，五分之四的学生可能会去；南理三分之一的学生一定会去，大部分人可能会去，少部分不会去。所以单从近距离接触喜欢的作家、诗人活动的参与度来看，三所学校学生的积极性都不高。

（8）参与学校文学社团的宣传活动情况也不容乐观。河海有二分之一的学生不了解或是不知道参与途径，即使能够参与，大多数人参与度也较低，只有少部分人有较高参与度；南航有近三分之二的学生无了解或是不知参与途径，学生的参与度也较低，少部分有较高参与度；南理近五分之三的学生无了解或是不知参与途径，五分之二的学生有较低参与度，没有学生有较高参与度。所以，单从对学校文学社团的了解程度及参与程度来看，三所学校均不容乐观，反映了理工科大学生对于学校文学社团较低的重视程度。理工类院校也应当加强对于文学社团的宣传力度，让更多的学生在专业学习之余参与到文学社团活动之中，从而提升其文学素养。

（9）推介自己作品的积极性不高。关于以开通个人公众号等方式推荐自己喜欢的作品或公开自己的书评，河海近二分之一的学生没有想法，少数学生有想法并付诸行动，但比另两所高校多；南航近四分之三的学生无想法，极少一部分学生有想法、有行动；南理近三分之二的学生无想法，少部分学生有想法、有行动。所以，单从是否有以开通个人公众号等方式推荐自己喜欢的作品或公开自己的书评的想法来看，河海较好，南理次之，南航排最后。绝大多数学生没有这种想法，反映了在生活中，三所院校学生的文学积极性、自主性并不高。

（10）三所高校的学生是否尝试过向报社、电子刊等媒体投稿的问题。南理有过投稿经历的学生比例最高，其次是河海，南航最低，而能够成功刊登自己作品的学生更是少之又少。不论有无成功刊登，能够投稿就是对自己作品的自信。但从极少数成功刊登自己作品的学生数可以看出，理工科大学生的文学素养还是有待提高的。

（11）关于在表达观点时是否有意识注意自己的逻辑的问题。河海近二分之一的学生会刻意注意，另二分之一的学生没注意或是不会注意；南航绝大多数学生会注意自己的逻辑，少部分没注意；南理近五分之三的学生注意过，五分之二的学生没注意或不会注意。所以，单看在表达观点时是否有意识注意自己的逻辑，南航学生做得更好，其次是南理，最后是河海。说话时逻辑的好坏是自身文学素养高低最直观的体现，良好的文学素养可以从一个人说话逻辑的严谨性看出，培养文学素养对于生活中个人的交流表达也有帮助。

（12）文学积累与表达情况。对于当面对美景，是否会想到一些著名诗句或名家笔下的相似描述的问题，三所院校绝大多数学生会联想到相似的描述，只有少部分不会联想到，其中南理学生做得最好，其次是南航，最后是河海。当面对美景，是否会想到一些著名诗句或名家笔下的相似描述，是个人文学积累多少的反映，文学积累也是文学素养的一部分。个人生活中文学的积累对于个人文学素养的提升有促进作用。

（13）关于本校学生的文学素养自评。河海二分之一的学生认为本校学生的文学素养相对匮乏，较多学生认为还可以，极少数认为本校学生文学素养很好或很差；南航绝大部分学生认为本校学生文学素养还可以，较多学生认为很好，少数认为相对匮乏或很差；南理大部分学生认为本校学生文学素养还可以，少数认为相对匮乏，极少数认为很好，没有认为很差的。所以，在本校学生文学素养自评方面，南航学生最好，南理学生次之，河海学生有些匮乏。学校学生的文学素养高低会直接影响学校的文学教育氛围，不光学生要引起重视，学校也应加强对于本校学生文学素养的提升。

（14）关于提升自己文学素养的目的。河海大多数学生认为是为了提高语言表达能力、提升文学气质、陶冶情操缓解压力，少部分为了提升写作水平、增加未来就业砝码，没有不想提高的；南航大多数学生是为了提高语言表达能力、陶冶情操缓解压力、增加就业砝码，少部分学生为了提升写作水平、提升文学气质，有不想提高的；南理大多数学生是为了提高语言表达能力、提升文学气质、陶冶情操缓解压力，少数学生为了提升写作水平、增加就业砝码，没有不想提高的。所以，关于提高文学素养的目的，不管是提高写作水平和语言表达能力等直接目的，还是陶冶情操缓解压力、提升文学气质、增加就业砝码等间接目的，都是为了个人自身未来的发展，而那些不想提升自己文学素养的学生，应当深刻认识文学素养对于个人将来发展的重要性。

调查发现，河海大多数学生认为是学校和自身的原因限制了其文学素养的提升，少数学生认为有家庭和社会的影响；南航大多数学生认为是自己和社会的原因限制了自身文学素养的提升，少部分学生认为有学校的影响，但没有人认为是家庭的原因；南理大多数学生认为是自己、社会、学校的原因限制了自身文学素养的提升，极少数会怪罪于家庭。所以，提升文学素养首先需要自身有兴趣和动力，其次才是家庭、学校、社会氛围的影响。不管是自身内部原因还是外部氛围的影响，作为学生的我们，应当深刻认识到文学素养不足极有可能影响到个人自身未来的发展，应寻找原因，及时纠正，为提高自身文学素养不懈努力。

三、理工科与非理工科大学生文学素养对比分析

本次调查主要以河海大学、南京航空航天大学、南京理工大学为调查对象，在被调查对象中，理工科专业男女人数比例接近1∶1，非理工科专业男女人数比例约为1∶4，较为符合当下理工科专业和非理工科专业的男女比例，使得平行分析时，结果较为客观可靠。

被调查的学校中，理工科与非理工科专业的调查对象都以大三学生为主，大二学生其次，大一、大四学生较少，可能与各学校的校区分布有关，其对结果的可靠性造成或多或少的影响。调查发现，理工科学生选择读过2~5本课外文学类书籍的人数最多，选择0~1本的人最少，但总体上关于阅读书籍本数的四个选项的人数相仿；非理工科学生选择读过5~10本的人数最多，选择0~1本的人最少。相比之下，非理工科学生的文学类书籍阅读量大于理工科学生。

调查发现，理工科学生和非理工科学生都有超过半数没有参加过文学类选修课，可以看出同学们对文学类选修课虽然有一定兴趣，但并不十分高涨。另外，大部分学生都有过写随笔的想法，付诸行动的人数比没有行动的人数略多，可以看出大部分学生都具备良好的文学创作意识与行为。相比较而言，非理工科学生有想法并行动的人数超过半数，多于理工科学生。超过半数的理工科学生没有将自身经历写成小说或其他题材的想法，仅有少部分学生有想法并有行动；而非理工科超过半数的学生是有想法而无行动，无想法人数少于理工科。可以看出非理工科学生对文学创作有更大的热情。

调查发现，理工科和非理工科学生对模仿创作认知的差异不大。近半数的学生都从未有过模仿某个诗人、作家、词作者等进行创作的经历或想法，有想法有行动和有想法无行动的人数相仿。调查发现，理工科和非理工科的学生都只有小部分人参加过读书交流会，但非理工科学生多于理工科学生。而在没有参加过的学生中，理工科学生选择没有兴趣的人数远大于非理工科学生。可以看出，非理工科学生对读书交流会的兴趣更大。此外，理工科学生绝大多数在有机会近距离接触喜欢的作家、诗人时，选择了"可能会去"的选项，而非理工科学生则大多数选择了"一定会去"，可以看出理工科学生对文学作者的兴趣没有非理工科学生大。

调查发现，近三分之一的学生对学校文学社团的活动不了解，只有部分学生参与过，其中理工科学生有较高参与度的人数更多，非理工科学生有较低参与度的人数更多。可以推测理工科学生可能对文学社团更有兴趣一些。调查发现，无论理工科学生，还是非理工科学生，绝大多数都没有以开通个人公众号等方式推荐自己喜欢的作品或公开自己的书评的想法，只有少数人有过此类想法，但真正付诸行动的人寥寥无几。调查发现，绝大多数学生从未向报社、电子刊等媒体投稿，而在少数有过投稿经历的人中，没有成功的人数大于投稿成功的。非理工科学生有想法和刊登成功的人数比理工科学生更多，可以看出，非理工科学生更有投稿的意识。

调查发现，在表达观点时，绝大多数人都有意识注意自己的逻辑，理工科和非理工科学生选项分布十分类似，可以看出大家对自己的表达逻辑都比较关注。此外，在面对美景时，有超过半数的学生能联想到与之相关的诗句或描述，只有极少数人无法联想到，可以看出绝大多数人都受到文学作品潜移默化的影响。其中，非理工科学生能联想到的人数比理工科更多。调查发现，非理工科超过半数的学生都认为自己所在学校学生的文学素养处于"还可以"的水平，但理工科学生更多人认为是"相对匮乏"。可以看出，大家普遍认同自己所在学校学生的文学素养处在中游水平，但非理工科学生认为自己学校学生的文学素质更高。调查发现，绝大多数人认为自己文学素养的提升受到限制的主要原因是"自身缺乏兴趣和动力"，其次是"学校缺乏相应氛围"和"社会风气浮躁"，极少部分人认为是"家庭没有给予引导"，理工科和非理工科学生的选项分布基本一致，情况相仿。

四、探究理工科大学生文学素养较低的原因及改善问题的建议

理工科大学生的文学素养总体看来一直相对较低，其原因有很多，最主要的是文理分科教育，但也与当前社会发展中个别问题和风气相关。

(一) 原因

根据问卷统计数据我们不难发现，学校缺乏相应氛围、社会风气浮躁以及自身缺乏相应动力是理工科学生文学素养较低的原因所在，而家庭引导较少这个原因则占据很小的比例。在快节奏文化盛行的当下，急功近利者比比皆是，整体文学素养水平下降，文学专业也在萎缩。越来越少的人试图去钻研晦涩难懂的书籍，写作逐渐走向浅显模式，门槛低意味着参与者众，同时质量也更良莠不齐。功利化的学习与教学模式早在几十年前就初现端倪，文学教育式微，理工科教育蓬勃发展。诚然，科技进步是国家科技发展战略的重中之重，但文学也该是文化自信建设的关键一环。

当前，拜金主义、享乐主义等错误思潮不时出现，影响了大学生正确价值观的形成。严峻的就业形势也促使大家转向易就业的专业，中文、历史这类需潜心研习、偏学术的专业难以吸引人才。象牙塔式的人文精神逐渐被认为是脱离社会实际、天真，而少了其纯粹的内涵。大学生热衷于网络泛文化，少了对于诗歌、散文等经典作品的阅读，以及对于社会热点的剖析，信息爆炸在一定程度上造成的便是人们文学素养的下滑。

针对以上原因，我们提出以下建议。

(二) 建议

要改变理工科学生文学素养较低的现状，需要从学校、家庭和社会等方面创造条件。

1. 学校加强文学教育，提升社会主义核心价值观认同度

(1) 管理层更新教育观念，积极进行课程改革

高校管理层需要真正认识到"文学树人"的重要性，充分意识到文学教育在理工类高

校教育中的必要性和不可替代性,将提高大学生的文学素养作为重点办学任务之一。应改变文科专业和课程的边缘化现状,以文史哲教育为基础,进一步完善课程体系,深入探索文学类课程在模式上的更多可能。许多理工类高校对于学生的文学教育仅停留在"大学语文"这一门公共课上,且仍有相当数量的大学并没有开设这一课程。而对于"大学英语"这门与外国文学沾边的必修课,教学双方更是大多将全部精力都放在了语言教学和相关考试的通过上。这种课程设置很容易使大学生产生没必要培养文学素养的心理,对大学生文学素养的提高产生不良影响。理工类大学迫切需要加强文学类课程的优化设置,积极进行课程改革,着力把培养大学生文学素养作为校园文化建设的重点,充分发挥出文学类课堂的主渠道作用。

(2) 提升文学在校园文化建设中的分量,优化相关软硬件设施

校园环境建设是校园文化建设的基础和前提,建设典雅且富有诗意的校园环境,营造浓郁的文学氛围,实现人文与自然环境的有机统一,方可更好地发挥环境熏陶功能[①]。

在建设好校园环境的基础上,推进以文学为主题的校园文化建设,挖掘校园文化中的文学资源对于育人的宣传促进作用。例如,鼓励多多开办文学类的社团或读书小组,在校园内开展文化节、文学知识竞赛等活动,定期向全校师生提供推荐阅读的优秀文学作品书目,依靠多种手段吸引学生主动接受文学教育、自愿参与文学活动。文学社团和丰富多彩的文学活动,有助于激发学生对文学的兴趣,营造出浓厚的校园人文氛围,提升大学生文化品位,让学生在和谐的环境中汲取人文营养,提高自身的文学素养。

与此同时,优化校内与文学建设有关的硬件设施,如完善图书馆等相关阅读场所。大学图书馆,是学生课外阅读书籍的主要来源之一,它承担着提供知识沃土,帮助大学生陶冶品格情操、提升文学素养的重任。因此,学校应该加强图书馆建设,为大学生的文学阅读提供必要的场地和条件。

(3) 强化师资力量储备,提升教师文学修养

在学校教育中,教师扮演着至关重要的角色。教师是课程的组织者、引导者、研究者,教师的素质和能力将直接影响课程教学效果。大学生文学教育的加强,离不开教师的帮助。

教师自身首先需要具备较高的文学素养,才能对学生加以正确的引导。就如一个大学语文教师自己必须拥有正确的人生观、价值观、世界观,才能更好地带领学生领会文学作品,引导学生通过与文学的对话及交流、感悟和体验,来构建健全的人格,塑造有品质的灵魂。

想要加强高校文学教育,提高大学生文学素养,并不只是文学课教师这一个小群体的任务,师资队伍的整体人文素质都需要得到提高,才能在更长的时间和更广的空间上对学

---

① 孙绪敏,薛来彩. 加强校园文化建设 促进大学生文学素养的提升[J]. 文教资料,2014 (30): 9-10.

生产生更大的影响。具体到与文学相关的课堂上，教师可以将学生作为课堂的主体，让学生自主地阅读、赏析和评论文学作品，并带着自己的想象力去理解和体会文学作品。同时，教师还可采用丰富灵活的现代化教学手段激发学生对文学的兴趣，适当借助多媒体技术，利用影视资料吸引学生进行文学阅读和文学思考，利用网络平台鼓励学生接触最新的文学成果并进行交流。

2. 社会树立正确的舆论导向，引导大学生树立正确的文学学习观

这是提高大学生文学素养的基础。当今社会，功利主义风气影响了一些学子，他们持"文学无用论"，认为文学素养的高低无关紧要，更有甚者，有些文学专业的大学生在被他人问及专业时，面露羞愧，似乎比理工科学生矮了一头。那么，文学到底有什么用？文学是传播真知的媒介，能满足个人的精神需求。文学对人的影响是潜移默化的，润物细无声，提高文学素养有助于个人的可持续发展。此外，因为大学生是祖国未来建设的生力军，因而提高大学生文学素养尤为重要。

良好的文学素养有助于丰富大学生的日常生活。随着现代科学技术的发展，专业分工越来越精细，导致学科的专业化与技术化。理工类大学的大部分学生很少阅读文学书籍，有些学生认为学好自己的专业就够了，为了以后的就业，应将更多时间用在专业学习上，但这会导致他们的知识面仅局限在自身专业，生活越来越乏味，精神空间也可能越变越小。相反，如果大学生将课余时间用来阅读优秀的文学书籍，提高自己的文学素养，那么结果则会全然不同：文学能带来灵动的思维，这刚好与理工科的逻辑思维和数字化思维形成互补，有利于激发大学生的审美感悟，使他们更容易拥有"发现美的眼睛"。

阅读优秀的文学作品，与古往今来优秀的文学家进行心灵的沟通与交流，还有助于提高大学生对人生的理解和感受能力，同时有助于大学生陶冶情操，提高人文素质，这于人于己都很重要。"腹有诗书气自华"，良好的文学素养有助于大学生就业和事业发展。一般来说，文学素养较高的人，会具有良好的气质、形象思维、语言表达能力，这能帮助大学生获得用人单位的青睐。大学生只有明确了提高自身文学素养的重要性，充分发挥主观能动性，才能从根本上解决文学素养较低的问题。

3. 当代大学生充分发挥主观能动性，主动探寻提升文学素养的途径

大学生已经具有非常独立的人格和相对成熟的心理，高校学生人文与思想政治教育工作如果采取传统的灌输教育法，很容易激起学生的逆反和排斥心理，不利于学生人文水平的提高与正确价值观的树立，而且缺乏特点和吸引力的教育方式很难确保教育效果。因此，高校人文与思想政治教育应当充分发挥大学生的主体性和能动性，在尊重大学生的人格和心理特征基础上，结合我国优秀文学作品，从文化视角指导学生认同并践行社会主义核心价值观。学生也需要发挥主观能动性，真正在学习中占据主体地位，将被动接受教育培养转化为主动寻求素质的提高。

　　要想文学教育收效良好、大学生的文学素养切实得以提高，大学生必须意识到文学教育和提高文学素养对自身发展的重要性，摒弃量化主义思想和急功近利的学习态度，主动进行文学作品的阅读和学习，积极配合教师的教学与引导，主动地品味文学之美。在完成教学要求的基础上，大学生还可以请老师帮忙推荐相关联的文学作品作为扩展阅读，使自己有机会接触更多作家、更多体裁、更多风格、更多语言特点，深入理解某一文学主题；遇到自己无法理解的地方多多与老师沟通交流，将接受文学教育、提高个人文学素养长期坚持下去。大学生应大量阅读文学作品，重视名著阅读，在阅读中潜心感知作品中的言外之意，体会作者的精神世界；在课余时间参加社会、院校、社团等各级机构组织的形式多样的文学活动，包括讲座、征文比赛、读书小组等。

　　我们需要意识到，任何素质的提高都是一项艰巨的任务，需要漫长的时间、巨大的投入和坚定的决心，人文素质的提高当然也不例外。加强文学教育、提高大学生的文学素养于全民人文素质的进步而言，范围虽然有限，作用却不可小觑。身为大学生的我们要对此有着清晰认识，同时主动去寻求文学素养的提升。

　　作为当代大学生，综合发展不仅是社会对我们的要求，同样也是国家对提高文化软实力、建设文化强国的要求。因此，在国家大力推进文化建设的今天，我们该怎样为完善自身、塑造综合发展的个体而奋斗已成为一个必须关注的话题。文学素养作为综合素质的一方面，涵盖面广，综合表现在一个人的谈吐气质、语言表达上，是一个长期积累的过程。通过这次调查，我们对河海大学、南京理工大学、南京航空航天大学的理工科学生的文学素养现状有了一定的认知，并提出了切实可行的建议。希望通过这次调查，我们能够反思自身，学校能够尽到全方面培养学生的责任，社会也能营造一种文学氛围，家庭尽可能地给予适当的引导。各个层面都应行动起来，为培养复合型人才做贡献，为提升国家文化软实力尽一份力！

第三篇 生活

党的十九大报告指出："中国特色社会主义进入新时代，我国社会主要矛盾已经转化为人民日益增长的美好生活需要和不平衡不充分的发展之间的矛盾。"大学生既是美好生活的追求者，又是未来社会美好生活的建设者。随着经济和社会的快速发展，大学生对高校校园生活的需求也不断提高，包括营造健康文明的校园文化，倡导理性的消费观念，及时全覆盖普法教育，完善学生管理制度和创新素质拓展方式，以及提升校园治理能力，等等。

本篇主要围绕校园借贷现象、大学生就业意识与能力、大学学生管理制度、大学生参与创新创业项目情况以及大学生超前消费行为等问题展开调研。通过调查研究，探究高校校园治理存在的问题及其原因，尝试寻求提升高校校园治理能力的有效途径，进一步完善我国高校校园治理体系。基于此，高校也可以通过加强思想政治教育等手段，为提高大学生创新创业能力、维护校园的和谐稳定和创造学生良好的生活环境服务。

大学生借贷状况研究

——基于H大学在校大学生的问卷调查

随着网络信息技术的不断发展，互联网金融日益兴起的同时，也衍生出了许多网络借贷平台。网络借贷平台在提供便利的同时，也带来了诸多隐患，特别是以大学生为目标群体的网络借贷平台，其借贷问题与纠纷频发。鉴于此，大学生借贷现象成为社会关注的焦点之一，本文立足大学生实际生活和消费需求探究大学生借贷现状，分析大学生借贷行为的危害，并对此提出相关建议。

一、导论

本文以当下网络借贷平台的运行模式以及大学生群体的消费观、价值观为背景，通过案例分析法与回归分析法等研究方法，探究大学生群体的网络借贷现状，从而理清大学生借贷的动机以及借贷纠纷频发的原因，对大学生的消费与理财提出合理建议，同时也希望能够为社会相关部门加强对借贷平台的监管提供参考或借鉴。

（一）研究背景

近年来，随着互联网和金融业的快速发展，各种校园借贷平台应运而生，它们在满足大学生日益增长的消费需求的同时，也带来了许多不良影响，如诈骗频发、暴力催款等问题愈发突出。同时，大学生群体使用校园借贷进行生活消费的现象越来越普遍，这比较真实地反映了大学生群体的消费态度和价值观。校园借贷存在的问题是多方面的，不仅仅是因为不良校园借贷平台的虚假宣传和不正规、不道德的手段，还与大学生的消费观念、理财方式有直接关系。如果不对校园借贷进行控制，不对不良后果进行预防，校园借贷可能会往隐蔽化、难以监管的方向发展。因此，我们应及时关注大学生校园借贷行为，引导大学生树立正确的理财观念，对校园借贷进行监管，这对维护高校的和谐稳定、为学生创造良好的生活环境具有重要意义。

（二）研究意义

本研究采用问卷研究的方式从经济学的角度去研究大学生借"校园贷"的动机及其特点，并分析影响大学生借校园贷的各类动机因素的影响力与相互关系，针对目前校园贷现状提出有助于大学生理财行为的建议，并结合法律法规提出有利于合理管控校园贷市场主体行为的措施，这不仅有利于大学生校园贷的规范化，并且能为深化保护大学生合法权益的研究提供一点参考。

校园贷问题是当今大学校园普遍存在的热点问题，也是涉及我国高校学生切身经济利益的实际问题。随着校园贷影响和范围的不断扩大，越来越多的大学生已经使用或正打算使用校园网贷。但目前我国对校园贷的相关研究尚处于初级阶段，尤其是就大学生这一特殊群体而言，校园贷会导致许多不良现象的发生。本研究从大学生超前消费及财务现状出发，综合地了解大学生借校园贷行为的动机，并对影响因素进行研究，这对规范、监管校园贷的市场主体行为，全面把控校园贷风险，促进校园内生活氛围健康发展具有重要的意义。

（三）研究方法

研究方法主要有案例分析法和回归分析法。通过多种研究方法的结合运用，我们获取了真实、有效、科学的问卷资料和数据资料，并对所得资料进行归纳、整理和分析，从而深入了解大学生目前的财务状况，并针对校园贷中存在的典型陷阱进行分析，对大学生借贷及理财方式提出建议，对预防校园贷所带来的不良后果提出对策。

1. 案例分析法

本研究通过新闻报道及访谈等途径获取案例，查询获取资料并进行深层次的解析，找出大学生校园贷权益受损的背后原因，并对大量的案例进行汇总分析、比较归纳，结合论文等资料对国内大学生校园贷状况进行分析研究。

2. 回归分析法

回归分析法是计量经济学研究的一种方法。计量经济学是以一定的经济理论和实际统计资料为依据，运用数学方法，定量分析经济变量之间的随机因果关系的一门学科，包括回归分析法、投入产出分析方法等内容。

本研究将计量经济学的回归分析法与问卷调查结果相结合，分析大学生借贷状况与各种影响因素的关系。

二、大学生借贷现状

本研究通过梳理校园贷以及校园借贷市场两者的发展及其关系来探究大学生群体的借

贷现状，从而进一步分析得出大学生借贷问题与纠纷频发的关键原因在于不良校园贷，并对不良校园贷的现状及其危害作了详细分析。

(一)"校园贷"的定义及类型

"校园贷"主要是指由有关贷款机构、放贷人出资，针对大学生日常的学习生活、相关的技能培训等的信用贷款。自2013年校园贷兴起以来，其主要表现为5种类型：

(1) 电商背景的电商平台——淘宝、京东等传统电商平台提供的信贷服务，如蚂蚁花呗、借呗，京东校园白条等。

(2) 消费金融公司——如趣分期、任分期等，部分公司还提供较低额度的现金提现。

(3) P2P贷款平台（网贷平台）——用于大学生助学和创业，如名校贷等。因国家监管要求，包括名校贷在内的大多数正规网贷平台均已暂停校园贷业务。

(4) 线下私贷——主体为民间放贷机构和放贷人，俗称高利贷。高利贷通常会进行虚假宣传、线下签约、做非法中介、收取超高费率，同时存在暴力催收等问题，受害者通常会遭受巨大财产损失，甚至人身安全受到威胁。

(5) 银行机构——银行面向大学生提供校园产品，如招商银行的"大学生闪电贷"、中国建设银行的"金蜜蜂校园快贷"、青岛银行的"学e贷"等。

(二) 校园借贷市场发展现状

随着国家经济和社会发展，人们对物质和文化生活的需求自然提高，大学生群体也不例外。在信息化时代，互联网金融多元存在，这为校园借贷市场提供了很好的平台，也带来了一系列问题。

1. 大学生信用消费市场庞大

随着互联网和金融业的发展，校园借贷平台应运而生。根据《中国统计年鉴》数据，2010年以来，中国在校生每年增长100万人。2010年在校生超过3 000万人。按照人均信用消费3 000～4 000元估算，大学生信用消费市场规模超过1 000亿元，这是一个非常庞大的数字。

2. 互联网校园借贷发展较快

大学生作为没有稳定的收入、具有借钱消费潜力、容易被新鲜事物吸引的群体，容易被网贷平台盯上。2014年以来，P2P平台、分期网贷公司等都对校园网贷市场加大挖掘力度，推出系列校园贷款软件。2015年至2017年，校园借贷的发展较快。据不完全统计，截至2017年6月，全国共有62家互联网金融平台开展校园贷业务，其中专注于校园贷业务的平台有31家。

3. 政府明确整治校园借贷

随着校园网贷的快速发展，缺乏明确的监管主体、市场体系不完善等原因导致大学生信贷出现"坏账"的情况屡屡出现，从而引发一系列暴力逼债、极少数大学生甚至被迫自杀等与社会和谐相悖的问题。银监会等十五部委在 2016 年 10 月发布的《P2P 网络借贷风险专项整治工作实施方案》中，明确将校园网贷的整治作为重点，加大对校园网贷利害的宣讲和对违法校园网贷现象的整治。

2019 年，继湖南、山东、重庆、四川后，河北宣布将全部取缔 P2P 网贷业务。12 月 13 日，河北发布《关于对河北省内开展 P2P 网贷业务机构行政核查结果的公告》称，全省未有一家开展 P2P 网贷业务的机构完全符合"一个办法三个指引"有关规定，行政核查不完全合规以及未纳入行政核查的所有开展 P2P 网贷业务的机构均属违规经营，对这些违规经营的机构全部依法依规予以取缔。

（三）不良校园贷的现状及危害

校园贷为满足大学生物质和文化生活的需要提供了便利，但也出现很多乱象，对当代大学生的身心健康发展产生严重的不良影响，给校园文化建设造成一系列问题。

1. 不良校园贷乱象的表现

"校园贷"的方便和快捷确实满足了一小部分大学生的消费需求，缓解了部分贫困大学生及其家庭的经济压力，但是一些无良商家的不当操作也使得"校园贷"在发展过程中出现了一些不良现象，具体表现为以下三个方面。

（1）诈骗现象频发。网络金融公司不仅贷款程序简便，申请门槛也比较低。一些不良"校园贷"商家在推销业务时，往往打着"0 首付""免费礼品"等旗号进行诱导宣传，致使某些社会经验不足且不能合理控制自己强烈消费欲望的大学生接连陷入"校园贷"骗局，如广州某大专院校 7 名学生遭遇"刷贷款业绩单"的诈骗案件让人触目惊心。

（2）息费标准不明。"零首付、无利息"是"校园贷"最吸引大学生之处，但其实除了不低的贷款利率，许多"校园贷"平台还会额外收取大大超过正常范围的息费。一些无良商家采用的是日息率而不是年化率，让初次接触贷款利率的大学生误以为自己可以负担利息，无良商家在计算还款金额时特意采用等额本息的计息方法，导致借贷的实际利率非常高。

（3）催款手段暴力。一旦大学生在规定期限未还清钱款，借贷平台就会使用各种手段催收欠款。"学生贷款，父母还款"是常见模式。催收人员会先与借款人通过短信联系，再不间断地进行电话言语攻击。2017 年开始逐渐出现用"裸照"威胁等手段催款，如在读大学女生周同学凭"裸条"向一家网贷平台借了 5 000 元钱，并不断向其他网贷平台借钱还债，六个月就滚成 26 万余元，由于没有按时还款，平台便向她周围同学发送其照片来催债。

2. 不良校园贷的运作模式

(1) 校园贷推广模式

第一步，不良贷款机构招聘学生干部助推校园贷款平台。不良贷款机构会在大学校园招聘学生干部，让学生干部利用自己的人际关系，骗取更多的学生加入校园贷款的队伍。这样，校园贷款平台就很容易被在校的学生接受，这也是校园贷款在学校能盛行的关键因素。一些大学生为了自己的利益，不惜欺骗同班、同寝的同学，让更多受害者加入了校园贷款队伍。

第二步，不用视频网签，部分网贷只需学生证即可办理。有些技术不过关、实力不强的公司，不需要视频网签，也没有人脸识别技术，这很容易导致审核问题，客户的身份信息被他人冒用。在贷款资质填写时，除了线上填写包括个人学籍、家庭、朋友联系电话、身份证和学生证等信息之外，平台无须线下跟本人面对面或视频审核便可走完放款流程。也有的贷款平台主要依靠线上途径完成授信，在填写多项个人信息资料后，主要通过远程视频等途径确认信息。即使如此，也曾出现过平台审核人员与借款人冒用他人信息骗取贷款的情况。

第三步，鼓励大学生借款超前消费。在申请贷款时，系统自动显示借款用途选项：消费购物、应急周转、培训助学、旅行、微创业、就业准备等。大多数学生借贷是用作娱乐消费，比如旅游，购买大件商品、化妆品、衣服等。

(2) 校园贷资金流入方式

第一步，与其他 P2P 网贷平台进行资金端合作。校园借贷发展初期，创业者的自有资金并不能满足学生的借贷需求，许多公司都需要向其他 P2P 网贷平台借款。部分公司即便吸引风投之后，资金缺口依旧很大。而且对于互联网公司来说，抢占用户始终是其第一目标，股权融资得到的钱都被投入市场推广和用户补贴，产品分期垫付的钱依旧需要向其他 P2P 网贷平台发布借款标。此外，初期的校园借贷以产品分期为主，开展现金借贷业务的平台很少。大学生只能在网购的时候发生借贷行为，且购买产品主要是 3C 数码和时尚潮物。这种模式的资金链条比较长，大学生借贷的利率普遍较高，这期间获得较大融资额的公司会通过烧钱的方式补贴利息，圈占市场。

第二步，自建独立的资金入口匹配资产。从 2014 年下半年开始，一部分校园分期平台开始自建资金端，直接向投资人募集资金，从而进入 P2P 网贷队列。另有一部分 P2P 网贷平台入场参与校园借贷，开发针对大学生的借贷产品。还有一些平台作为大学生和投资人之间的纯信息中介平台介入校园借贷，它们使校园借贷的资金链条大大缩短，利率优势明显，这些平台现已占据了 90% 以上的市场份额。

3. 不良校园贷出现的原因

高校之所以出现不良校园贷现象，其主要原因如下。

(1) P2P 网贷平台自身存在问题

P2P 网贷平台作为新生产品，由于自身监管主体不明确、社会有关部门监管力度不够，平台鱼龙混杂、良莠不齐。主要有以下几类不良现象：

① 部分平台利用大学生希望在网贷平台投资赚取额外费用的想法非法集资，携款潜逃；

② 贷款人提供虚假信息，恶意诈骗；

③ 部分网贷平台恶意放贷，以"服务费""逾期费"等为由催收本金利息，谋取暴利，以至于很多学生陷入网贷泥沼。

P2P 网络借贷平台往往具有准入门槛低的特点。这类网络借贷平台在发放贷款时，对借贷人的信用资质、偿还能力等方面不加以严格审查，因此出现借贷人到期无法偿还贷款的现象也不足为奇。校园贷平台往往以发放金额为 3 000~15 000 元的贷款为主，同时贷款利率普遍在 20% 以上，远高于银行贷款利率。与此同时，平台还会收取中介费用以及服务费，具有高利贷性质。大学生没有按时还款时，某些不良平台便会采取暴力催收、违法催收等手段，如"盯梢"、派人对借贷人进行监视甚至威胁软禁等行为，这对大学生的人身自由和安全造成了极大的威胁。

(2) 学校教育管理的缺失

大学生普遍对校园贷的危害、种类、性质等内容并不了解，这表明学校在这方面的教育流于表面，缺乏对校园贷的危害、种类及性质问题的深入教育，这在一定程度上会导致部分大学生因为无法辨别校园贷而误入歧途。

(3) 学生自身存在的问题

第一，由于攀比消费心理而使用网贷。不少大学生存在攀比心理和从众心理，同时由于消费较为超前，常常产生自己无法支付的高额消费。大学生经济来源单一、没有稳定收入，除了向家人索要之外，使用网贷来维持其支出也就成了十分平常的途径。第二，出于对网络贷款这种新兴事物的好奇心理而使用网贷。大学生对于网络借贷这种以网络为媒介的新兴事物好奇心强，从网贷平台中借款也被一部分人尝试并接受，这在一定程度上导致了大学生在网络借贷者中的占比较高。第三，大学生缺乏必要的金融知识以及防范风险的意识。大学生缺乏自制力和相应的金融知识，在看到网贷平台的广告时，无法认清正规借贷平台、非法借贷平台及披着网贷外衣的高利贷之间的区别。同时，大学生对于网贷平台提供的借贷利率以及借贷条款无法进行有效认知，更不用提用法律知识进行风险防范了。

(4) 金融类服务缺失导致校园贷横行

我国缺少校园类金融服务，无法满足大学生的金融需要，大学生信用卡不良率在 4% 左右，远超普通信用卡的不良率。2009 年银监会发文规定了银行业金融机构应遵循审慎原则向学生发放信用卡，禁止向 18 岁及以下的学生发放信用卡。而由于网络贷款具备门槛低、零首付、额度大和快捷方便等特点，当大学生无法通过银行等正规渠道获得资金以满足消费需求时，他们便会通过向网贷平台借款的方式满足自己的消费需求。

4. 不良校园贷的危害

不良校园贷容易扭曲大学生的消费理念，对其身心健康发展极为不利，也会影响其正常的校园生活。

（1）助长大学生不良消费观念。进入大学后，学生们很大程度上脱离了父母的直接管理，消费欲望也随之得到了释放。年轻大学生在生活中很容易出现攀比消费、盲目消费等非理性消费行为。"校园贷"门槛低，下款快，让大学生觉得"钱来得轻松"，使他们更加无节制地消费。

（2）危害大学生的身心健康。少数借款的大学生在贷款到期之后无法及时还款，导致欠款金额的"雪球"越滚越大。对于不能及时还款的同学，放贷人先对其电话连环骚扰，若无效果就继续骚扰其父母，甚至进行暴力讨债。大多数的"校园贷"贷款平台为了迫使大学生尽早还钱，经常会采取一些非常激烈的追讨行为，一些借款的大学生因承受不了贷款平台的逼迫而精神受损。

（3）直接影响了大学生正常的学习生活。一些大学生为了还贷而逃课去兼职，不仅身心疲惫更无心学习，甚至因个人借贷影响整个班级的学习氛围。如武汉某高校的赵同学向同班同学借钱偿还借贷的利息，金额小到几十元，大到几千元不等。数月之后几乎借遍了同班的所有同学，大家每天只关心自己什么时候能拿回钱款，整个班级的学习氛围遭到破坏。

三、H 大学在校大学生借贷情况调查分析

本课题选取 H 大学在校大学生为研究对象，通过设置相关问题以及对调查数据的系统分析，在把握 H 大学在校大学生的实际生活与消费情况、校园贷发生的影响因素等基础上，探究解决大学生借贷乱象的途径，从社会监管、学校教育以及大学生个人等角度提出了较为客观合理的建议。

（一）调查概况

本课题通过网络问卷对 H 大学的大学生开展随机问卷调查，共发放问卷 362 份，其中有效问卷 334 份，有效问卷率 92.27%。调查内容包括大学生个人基本情况、消费情况、对网贷的了解与态度、周边同学与朋友的网贷情况。

调查对象中，女性群体占比相对较高。大一、大二、大三、大四及研究生人数占比分别为 8.08%、19.76%、63.17%、6.89%、2.10%。96.71% 的大学生从家庭获取生活费。

大学生的月生活费集中在1501~2000元，占比35.33%，学生间生活费差异较大。问卷调查显示，有53.59%的大学生对校园贷持不同程度的不赞成态度，但也有18.26%的大学生对校园贷表示赞成，且已有36.23%的大学生进行了校园贷款。若把这个数据放到全国范围内，将是一个较为庞大的数据，需要引起社会的充分重视，高校也应当加以正确引导。

（二）调查数据分析

1. 大学生日常消费能力及其合理性、校园贷行为的影响因素

（1）大学生日常消费能力分析

本课题通过资料收集，搭建月生活费与性别、年级之间的分布关系模型，探究大学生群体的日常消费能力。

调查发现，除研究生外，月生活费与年级基本呈现倒U形分布，在1501~2000元区间达到顶峰，即1501~2000元基本能满足大学生日常生活需求，为大部分学生的消费上限，这表明大学生群体整体上消费能力较低。此外，大四学生月生活费为2001~2500元、2500元以上的比例分别达到39.13%、8.70%，研究生月生活费为2500元以上的占57.14%，属于消费能力较高的群体。原因可能是前者有额外实习工资且求职所需消费及生活成本较高，后者有国家补贴、课题与项目津贴。

（2）大学生日常消费合理性分析

考虑到大学生是网购的主力军，网购是大学生消费的主要形式[①]，因此本课题将月生活费与月网购金额进行交叉分析，并输出百分比，以研究大学生消费的合理性。

总体来看，随着月生活费的提高，月网购金额逐渐向高处转移。观察月生活费较低的群体数据可以发现，月生活费在1000元以下的同学中，72.72%的人可以将网购金额控制在月生活费的一半以下，较为合理；而18.8%的同学月网购金额在800元以上，几乎达到生活费的总额，可能存在超前消费行为。

（3）校园贷行为的影响因素分析

为探究H大学学生校园贷行为的影响因素，本课题将"校园贷发生率"作为衡量指标。校园贷发生率是指参与校园贷的人数与相应样本数的比值。本课题通过SPSS软件对各类数据进行交叉分析，探索校园贷行为影响因素。

第一，人口统计因素对校园贷行为的影响分析。数据显示：男性学生的校园贷发生率高出女性13个百分点。腾讯发布的《移动支付网络黑色产业链研究报告》显示，在移动支付方面，受骗人群中男性占71%，而女性仅占29%，年龄集中在19~35岁，这表明男性学生安全意识与控制力较女性学生薄弱，容易受外在诱惑与欺骗而陷入困境。从年级来看，

---

① 冯亮. 大学生网购特征与网购满意度影响因素研究[J]. 中国青年研究，2017 (1)：73-79, 22.

大四及研究生阶段的校园贷发生率高于其他年级，可能是因为大四、研究生阶段的学生即将步入社会，花费较高，且对校园贷了解更加充分，会大胆进行借贷。从月生活费来看，月生活费对校园贷发生率的影响大致呈 U 形，生活费较低和较高的群体校园借贷率更高，前者可能是因为其生活费无法满足日常生活需求，后者可能更多的是借校园贷进行高消费或投资。

第二，主观因素对校园贷行为的影响分析。调查发现以下几点：首先，对生活费表示不满意的大学生校园贷发生率高达 66.67%，说明对生活费的满意度对校园贷行为具有影响。其次，表示支持校园贷的学生群体校园贷发生率高达 81.82%，非常支持校园贷的学生群体校园贷发生率更是达到 100%，而对校园贷表示反对的群体校园贷发生率仅为 6.14%，表明大学生对校园贷的认可程度对校园贷行为具有重大影响。再次，借贷时不考虑和不太考虑自身还款能力的学生群体，校园贷发生率分别为 42.86% 和 50%，而认为必须考虑自身还款能力的学生群体校园贷发生率仅为 27%，体现了正确理性的理财观念与金融风险意识对大学生的重要性。最后，对校园贷后果及征信体系的认知程度并未使校园贷发生率发生显著变化。由此可见，做好大学生意识形态教育，帮助大学生树立正确的消费观、理财观，有利于提高大学生风险防范意识，减少校园网贷悲剧的发生，营造健康向上的校园环境。

第三，消费特征对校园贷行为的影响分析。调查发现，在网上花费金额多的学生群体校园贷发生率较高，网购金额在 800 元以上的群体校园贷发生率为 54.74%。

第四，参照群体对校园贷的影响分析。调查发现，周围同学、朋友进行校园贷多的学生校园贷发生率较高，认为周围校园借贷人数多的学生群体校园贷发生率为 71.67%，而认为校园借贷人数非常多的群体校园贷发生率高达 83.87%。这可能是因为大部分大学生的心智不够成熟，意志不够坚定，又缺乏相应的社会经验，做决策时容易参照别人，甚至盲目照搬。因此，高校要重视朋辈教育在大学生思想政治教育中的重要作用。

2. 大学生校园贷行为的影响因素计量分析

（1）模型构建

Logistic 回归是一个概率模型，可以预测某件事发生的概率。本课题研究的因变量只有"参与校园贷（1）"和"没有参与校园贷（0）"这 2 个取值，是典型的 0~1 变量，符合二元 Logistic 回归分析要求。通过二元 Logistic 回归模型对大学生校园网贷消费行为的影响因素进行定量研究，其中：y 为因变量；x_k（$k=1, 2, \cdots, n$）为自变量，表示影响大学生校园贷行为的第 k 个因素；p 为因变量取 1 时的概率；b_0 为常数项；b_k（$k=1, 2, \cdots, n$）是偏回归系数，表示在其他条件都不变的情形下，变量对 Logit（P）的影响程度。

（2）变量设定及描述性统计

第一，因变量的设定。针对问卷中"是否参与校园贷"的问题，将答案设为"是"（定义为 $y=1$）和"否"（定义为 $y=2$）两种情况。

第二，自变量的设定。本课题结合前人研究成果及调研结果，将自变量归纳为个人特征、认知状况、消费特征以及参照群体4个部分，分别设性别、年级、月生活费、对生活费的满意程度、对借贷行为的看法、对自身还款能力的考虑、后果认知状况、征信体系认知状况、常用网购平台数量、月平均网购金额、周围朋友进行校园贷的数量等11个变量。

第三，回归结果及分析。应用SPSS 25.0统计软件对334份样本数据进行处理分析。本文采用Omnibus检验和Hosmer-Lemeshow拟合优度检验。在Omnibus检验中，步骤、块、模型的卡方值都相同，显著性小于0.001，表明11个自变量中至少有一个与因变量显著相关。同时，根据Hosmer-Lemeshow检验，该模型卡方值为7.958，显著性为0.438（大于0.05），表明拟合优度良好，表明本课题选择的模型能够较好地反映大学生校园网贷参与概率。

根据对相关数据的分析可知，对大学生校园网贷发生概率影响显著的因素包括：月生活费、月生活费满意度、对校园贷的看法、网购平台个数、网购金额、参照群体影响。月生活费越低、对月生活费越不满意的学生群体，校园贷的可能性较高；对校园网贷的认可程度越高，发生校园贷的可能性越大；网上购物金额越高、购物平台数量越多的学生群体参与校园贷的可能性越大；周边朋友的校园贷情况是影响最为重大的因素，成群结伴是大学生活动的主要特征，伙伴之间思想意识很容易相互影响，因此朋友中有校园贷行为的学生群体，发生校园贷的概率更高。

（三）调查总结

1. 大学生对校园借贷的态度不一，大部分大学生未参与校园借贷

问卷调查显示，有53.59%的大学生对校园贷表示不赞成，但也有18.26%的大学生对校园贷表示赞成，另有28.14%的同学持中立态度。36.23%的大学生进行了校园贷款，63.77%的大学生未参与借贷。

2. 大学生群体整体上消费能力较低

由分析可知，除研究生外，月生活费与年级基本呈现倒U形分布，在1 501～2 000元区间达到顶峰，即1 501～2 000元基本满足大学生日常生活需求，为大部分学生的消费上限。

3. 少部分同学存在超前消费行为

观察月生活费较低的群体数据可以发现，月生活费在1 000元以下的同学中，72.72%的人可以将网购金额控制在月生活费的一半以下，较为合理；而18.8%的同学月网购金额在800元以上，几乎达到生活费的总额，可能存在超前消费行为。

4. 男生的校园贷发生率比女生更高，生活费较低和较高的群体校园借贷率更高

数据显示，男性学生的校园贷发生率高出女性13个百分点。从月生活费来看，月生活

费对校园贷发生率的影响大致呈 U 形，生活费较低和较高的群体校园借贷率更高，前者可能是因为其生活费无法满足日常生活需求，后者可能更多的是借校园贷进行高消费或投资。

5. 月生活费越低、对月生活费越不满意的学生群体，参与校园贷的可能性较高

由统计结果可以发现，对生活费表示不满意的大学生校园贷发生率高达 66.67％，说明对生活费的满意度对校园贷行为具有影响。

6. 对校园网贷的认知程度及理财观念和风险意识的影响

对校园网贷的认可程度越高，不太考虑自身还款能力，购物金额越高、购物平台数量越多的大学生发生校园贷行为的可能性越大。表示支持校园贷的学生群体校园贷发生率高达 81.82％，非常支持校园贷的学生群体校园贷发生率更是达到 100％，而对校园贷表示反对的群体校园贷发生率仅为 6.14％，表明大学生对校园贷的认可程度对校园贷行为具有重大影响；借贷时不考虑和不太考虑自身还款能力的学生群体，校园贷发生率分别为 42.86％和 50％，而认为必须考虑自身还款能力的学生群体校园贷发生率仅为 27％，体现了正确而理性的理财观念与金融风险意识对大学生的重要性。网购金额在 800 元以上的群体校园贷发生率为 54.74％。

7. 周边朋友的校园贷情况是影响最为重大的因素

成群结伴是大学生活动的主要特征，伙伴之间思想意识很容易相互影响，因此朋友中有校园贷行为的学生群体，发生校园贷的概率更高。认为周围校园借贷人数多的学生群体校园贷发生率为 71.67％，而认为校园借贷人数非常多的群体校园贷发生率高达 83.87％。这可能是因为大部分大学生做决策时容易参照别人。因此，高校要重视朋辈教育在大学生思想政治教育中的重要作用。

（四）对策和建议

1. 开展大学生理财教育，树立理性消费观念

大学生的非理性消费是"校园贷"发展的一个重要原因，大学生虽然已经成年，但与社会还没有太多接触，因此其消费思想不够成熟，在面对超前消费模式时，往往由于攀比跟风和自控力差等，不能合理把控自己的收入和支出。这时学校对大学生理财观念的教育就显得尤为关键，学校可以开设理财、收支分配、财商教育等课程或讲座，培养大学生这方面的意识，引导大学生树立科学的消费观念。

2. 加强大学生防范意识，树立信用价值观念

通过调查数据可以看到，大学生对"校园贷"的防范意识淡薄、信用观念缺失，虽然学校也开展过相关教育，但很显然覆盖力度并不够。学校在开展这方面教育时，应建立"学校—辅导员—学生"这一"三点一线"的教育模式，并结合相关案例，从"校园贷"

的危害、与"校园贷"有关的法律法规、征信知识、信用意识等各个方面展开教育，确保每个学生都充分了解"校园贷"及其危害和个人征信体系以及信用的意义。

3. 疏堵结合，有序开发大学生信用金融市场

"校园贷"对大学生来说可谓是百害而无一利，但是对"校园贷"的否定不代表对大学生信用金融的否定，恰恰相反，大学生信用金融在信用金融平台和消费这两个方面都有巨大的市场和需求。政府有关部门在面对这个市场时，应采用疏堵结合的方法，一方面加强对网贷平台的监管，全面肃清"校园贷"，另一方面开放政策，鼓励正规金融机构开展校园信用业务，对不同的校园信用消费采取不同的态度，强化校园信用金融市场的体制建设，整顿规范行业发展，合理有序地开发大学生信用金融市场。

4. 信息共享，建立完善的大学生征信体制

自2017年5月以来，中行和建行就已经先后入局"校园贷"，但是银行发展校园信用业务首先要针对大学生建立起一个符合实际情况的健全的征信机制。事实上，在大数据时代，只要银行、学校、电商平台建立行业间统一的信息共享制度，构建这样一种征信体制是不难的。中国高校已基本实现数字化管理，征信体制可以根据学生在校期间奖罚、公共资源预约信用等情况作为评估标准，同时，大学生在电商分期平台的消费记录、逾期情况等也可以作为信用评级的综合考量因素，共同评估大学生的信用水平。

在对同学进行访谈后，我们了解了发生在身边的不良校园贷事件，并总结出不良校园贷诱骗大学生的案件特点："学生贷款，父母还款"是典型模式；P2P校园贷的利率多采用"障眼法"，大学生容易被其精心设计好的计算方式所蒙蔽。

从财务管理角度来理解大学生的个人借贷，个人是否选择借债是由其自身资金需求和风险承受能力决定的。个人通过负债获得了财务杠杆效应，同时也产生了偿债风险和筹资风险，增加了无力支付到期债务风险事件发生的概率。适当合理的负债在进行有回报的投资后会产生正向作用，对于财富的增加有益；但若财务管理不当，无法抵御偿债风险，过大的财务杠杆就会带来不必要的损失，最终导致资不抵债甚至破产。大学生作为没有收入或收入较低的群体，如果要贷款，需要做出慎重考虑，并且对偿债风险做好提前准备和财务规划。对于大学生来说，大部分的借贷用于消费而非投资，所以，降低偿债风险的重要途径是避免过度消费。而对于极少部分借贷用于投资的大学生来说，衡量投资风险和偿债风险是最重要的。

大学生就业意识与能力发展的调查

大学生的就业形势日益严峻，就业问题也一直是社会关注的热点。在面对就业问题时，大学生就业意识与能力是考察大学生在就业市场中的竞争力的标准之一，关乎其是否能够找到满意度高的工作。鉴于此，本文旨在通过对标就业市场的需求，理清高校教育及大学生自身就业意识与能力培养的现状，从而提出合理的建议，以推动大学生就业意识与能力提升研究。

一、选题目的与意义

我国教育事业飞速发展使得高等教育逐渐进入大众化的阶段，在高校扩招的背景下，涌入市场的毕业生数量日益增加。国家产业结构的调整使得市场对人才的需求发生适应性的改变，职位需求量与供给量之间的不平衡给当代大学生带来了巨大的就业压力。在剧烈的社会竞争和不平衡的供给关系共同作用下，大学生面临着严峻的就业形势。选题通过对当前就业形势和人才市场对求职人员的能力要求的调查研究，并结合目前高校人才培养中有关学生就业方面的内容，分析得出高校人才培养的不足，同时调查大学生对于就业所需能力的理解认知，力求找出大学生所需能力培养的方向，以便提高大学生的能力，使其在未来的求职中抢占先机。

二、研究方法与过程

本次实践围绕大学生就业问题，通过文献查找、统计分析、问卷调查、访谈等方法，对大学生就业形势、就业能力、高校人才培养等方面进行研究。详细过程与方法如下：第一，资料的收集。查找相关文献，包括相关统计数据，文中统计数据来自国家统计局各年统计结果。第二，问卷设计与调查。问卷共16题，由客观题组成，包含10道单项选择题和6道多项选择题。内容设计依据为第三部分中就业环境形势调查的结果，并参考其他有关大学生就业能力和意识的问卷，目的是想通过调查得出大学生对就业环境的认识、所需能力的培养情况与提高其就业能力的方向。第三，问卷分析与结果。分析部分采取横向分析与纵向分析，不局限于单个问题的分析，而将有关联的问题或者选项联合进行分析。除此之外，通过被调查者不同的选择对受众进行划分，单独对其中某一部分进行分析。第四，访谈与整理。围绕大学生就业问题，对学校熟悉学生工作和毕业生就业的领导和老师进行访谈，根据访谈内容进行分析，从有别于学生自身的视角看待大学生就业相关问题，对问卷调查的内容与结果进行补充。第五，综合分析与问题解决。

本次问卷调查有效填写人数为226人，其中男生103人，女生123人，男女比例均衡。调查对象主要是H大学学生，分布于本科各个年级，以本科三年级学生为主。综合对就业环境和大学生就业意识与能力调查的结果，分析总结在当前就业形势下大学生就业前能力培养与就业中存在的问题与隐患，探究大学生提高就业意识与能力的途径，试图对解决大学生就业难这一问题提出建议和期望。

三、就业环境形势调查分析

想要在激烈的社会竞争中抢占先机、找到一份满意的工作，首先需要弄清市场与人才之间的关系，包括市场需求的走向、人才发展的需要。与此同时，各大高校作为学生进入社会前适应性训练的场所，其培养方式与效果对毕业生求职过程有着极大的影响。弄清当前社会的就业形势、企业对于人才能力的要求以及高校人才培养过程的优势与不足，是我们弄清大学生就业意识与能力发展关键的基础。

（一）就业形势

1. 就业市场供给关系

随着高等教育的大众化，全国各大高校招生人数逐渐增加，随之而来的是应届毕业生数量的急剧增加。国家统计局2018年统计结果显示，2018年全国普通本科毕业生人数为386.8万，普通专科毕业生人数为366.4万，且数量呈逐年递增的趋势。与此同时，随着教育制度的不断完善和社会经济的不断发展，硕士生、博士生等高学历教育的招生规模也在不断扩大，与本科毕业生相比，这些具有更高学历的人群在市场中具有更大的竞争优势，本科学历人群的就业优势逐渐被削弱，加剧了高校大学生就业竞争的压力。高校扩招带来的大量涌入市场的毕业生对社会的人才市场造成了冲击，在企业精简与产业结构转型的背景下，社会能够提供的就业岗位远远不能满足需求，因此造成就业风险与压力的巨大化，加剧了社会竞争。人力资源供给需求不平衡带来的人才资源闲置与失业问题使高校大学生就业的前景变得更不乐观。

2. 产业结构与就业偏好失衡

在科学与技术飞速发展的当代社会，由于国家战略发展需要，市场结构发生巨大改变，过去劳动密集的产业在市场中所占有的比例逐年下降，取而代之的是部分高新技术产业。第一、第二产业生产方式的革新和技术水平的提高导致劳动密集型产业的就业岗位缩水，而第三产业仍发展滞后，缺乏足够的容纳能力和承载力，就业需求不适应产业结构调整的需要。产业结构的调整需要人才结构发生相应的改变，在这一变化的过程中，受限于高校的专业设置、就业远景设置等方面的不足，高校毕业生的就业选择受到限制。

同时，我国的经济发展水平在地区分布上存在着较大差异，大部分高校毕业生在择业时往往偏向于东部沿海、一线城市等经济发达地区，这一地域性的择业偏见加剧了经济发达地区人才资源的过剩，而中、西部地区和经济欠发达地区的人才严重不足。

（二）就业能力需求

在当前的就业中，各个单位在招聘时对大学生能力的要求不限于基础知识、专业知识、外语水平、计算机操作能力等智力因素，也包含职业道德、职业素养、团队合作精神、人际交往与沟通能力等非智力因素，并把后者作为更加重要的方面来加以考察。大学生要适应社会对人才的需求，在充分具备智力因素能力的同时，必须努力发展自己的非智力因素能力。事实上，非智力因素能力体现出来的强烈的吸引力和影响力，对大学生的顺利求职、成功就业起着决定性的作用，其具体体现在以下三个方面。

1. 知识储备

一个人的文化知识素质如何，将决定他在求职择业时的自由度和获得职业岗位的层次。

（1）基础知识

基础知识是专业知识学习与应用的基础，主要包括数学、物理、外语、计算机知识、人文知识及专业基础知识，以此构建合理的基础知识结构。其中专业基础知识是基础知识中较为重要的一部分，对于一个从事专门学科知识学习的学生而言，专业基础知识的学习是衔接基础知识学习与专业知识学习重要的环节，也是专业知识学习的铺垫。目前，各院校专业基础知识课时安排，一般占整个学时的 1/3 左右，足以证明专业基础知识的重要性。

（2）专业知识

专业知识通常是指学生各自所学专业的知识，是学生今后走向工作岗位须具备的专业技术，也占据了学生课程知识的大部分。专业知识的学习是实现育人目标的必然途径，当基础知识积累到一定程度时，知识专门化发展要求显得格外突出，知识创造过程也是在这个时期完成的。专业知识的掌握程度一定程度上决定了一个人在工作中取得成就的大小，因此，学生课程知识结构的完善是以专业知识的学习与运用为最终目标的。

当然，用人单位格外看重的，是从业者活学活用的能力。没有一个企业需要死读书的员工，能够将书本知识与实际情况相结合、灵活地解决实际问题，是用人单位对大学生提出的基本素养要求。

（3）新知识

在现代科学技术发展迅猛、科学知识急剧增加的今天，仅仅掌握本专业现阶段的知识是很难适应社会的，用人单位需要从业者具备较强的学习能力，以适应科技日新月异的发展变化。大学生在掌握专业知识点的基础上，需要密切关注科技新动态，注意本专业的科学前沿发展，并以此为导向学习先进的专业知识。大学生除了精通自己的专业知识以外，还要关注了解一些与专业相关联的其他专业知识、技术。

除了向外部世界学习的能力，用人单位还十分注重从业者向内学习的能力，即自我纠错的能力。从业者需要从过往的经历、犯过的错误中汲取经验和教训，不断提升自己的能力。

2. 技能掌握

根据用人单位对人才素质的要求，大学生除须具备本专业知识能力外，还应有相应的就业能力加持。现有的研究表明，用人单位对大学生各种能力的重视程度排列依次如下：沟通能力、团队合作能力、问题解决能力、自我管理能力和计划组织能力。

（1）沟通能力

沟通能力是用人单位普遍看重的一项能力，主要是指一个人与他人有效地沟通信息的能力。从表面上看，沟通能力似乎就是一种能说会道的能力，但实际上它包罗了从穿衣打扮到言谈举止等诸多方面的能力。一个具有良好沟通能力的人，他可以将自己所拥有的专业知识及专业能力充分发挥，并能给对方留下自信的深刻印象。

沟通能力中，用人单位最为重视的是大学生的口头表达能力，希望他们能够清晰而有条理地表达自己的观点或看法，传达出相关的信息；同时也希望他们是聪明、耐心的倾听者，能够快速而精准地捕捉讲话中的重要信息。积极性与主动性也是用人单位非常重视的一个方面，他们希望自己的员工能够在工作中积极主动地与他人保持愉快的沟通，而不仅仅是被动地接受工作。

（2）团队合作能力

团队合作能力是一种为了达到既定目标所显现出来的自愿合作和协同努力的精神和能力。良好的团队合作能力表现为：能与成员密切合作、共同决策，并与他人协商；决策之前听取相关意见，把工作任务和别人的意见联系起来；在变化的环境中能够担任各种角色；经常评估团队的有效性和本人在团队中的长处和短处。

在团队合作的过程中，用人单位最看重的是大学生的责任感，希望他们能自觉主动地做好自己承担的工作，有为团队服务与奉献的意识。此外，用人单位也非常重视大学生的角色意识，希望他们对自己和团队其他成员都有清晰的认识和角色定位，以便明确各自的职责，更好地分工合作。

（3）问题解决能力

问题解决能力是一种面对问题的习惯和处理问题的能力，体现在当一个人遇到问题时，能自主地、主动地谋求解决，能有规划、有方法、有步骤地处理问题，并能适宜地、合理地、有效地解决问题。

对于问题解决能力，用人单位将全局观放在首要位置。他们希望员工能够从单位整体的角度考虑问题，对单位的战略目标了然于胸，在工作时能有全局意识，分清轻重缓急，优先处理重要且紧急的事务。此外，对观察、识别问题和分析问题的能力，用人单位也表现出了较高的期望值。

（4）自我管理能力

自我管理能力是指个人为取得良好的适应能力，积极寻求发展而能动地对自己进行管理。就大学生而言，自我管理是指在适应所处环境的前提下，建立清晰的管理目标，通过不断的自我认识、自我教育、自我调控，充分发掘和利用自身的和周边的一切可以使用的各种资源条件，把自己培养成既能适应社会发展要求又能满足个人兴趣和发展需要的人才。

自我管理能力中，用人单位最看重的是大学生独立承担工作，积极地参与团队合作，并可以接受不同的工作形式的能力，其中也包括灵活应变能力。用人单位希望大学生能够在较短的时间内迅速适应新的环境，也可以在短时间内胜任新的工作，表现出良好的适应能力。此外，展示积极的态度与行为对于用人单位来说也非常重要。

（5）计划组织能力

计划组织能力包含了两方面的内容：计划能力和组织能力。计划是指为实现一定的目标对未来一定时期内的发展和工作做出安排的活动，是一种关于未来的蓝图和一定行动的建议、说明和框架。组织是指为完成一定的任务而对人、财、物及各种资源进行安排、调配、整合的过程。计划是参照，组织是执行，两种能力互为条件，缺一不可。切实可行的计划和严密科学的组织实施二者相一致，才能使工作顺利高效地完成。

计划组织能力中，用人单位认为每做一件事情，都能制定清晰的目标是最重要的。目标明确，努力才有方向。此外，制定目标之后，用人单位也希望大学生能合理地分配有效的资源达成目标。

3. 个人品质

（1）职业道德

职业道德作为所有从业人员在职业活动中应该遵守的基本行为准则，是社会道德在职业活动中的具体表现，受到越来越多企业的关注。是否具有职业道德决定了大学生最终能否融入社会，职业道德的培养有助于提升大学生团体意识和协作意识，有助于今后工作的顺利进行。一个合格的从业人员固然需要掌握一定的专业技术和工作技能，但能否尽职尽责关键在于他的职业道德修养程度。职业精神的内容随着时代的发展而有所变化。由以前较为单一的"爱岗敬业""诚实守信"，发展到现在更加注重"团结协作""注重效率、奉献社会"等精神，职业道德也在与时俱进。

（2）职业素养

职业素养包括职场行为礼仪、服务意识、抗压能力等方面。在现代社会中，职业素养越来越受用人单位的重视。例如：职场中人们不仅讲究礼仪、运用礼仪，而且在不同的场合、不同的位置上需要遵守不同的礼仪规范，提前培养礼仪规范有利于大学生在毕业后更加迅速地融入职场。此外，随着社会的发展与进步，人们对消费服务品质的要求越来越严苛，这意味着良好的服务意识也会变成大学生的社会素养之一。在高速发展的社会中，竞争越来越激烈。社会竞争遵循的是丛林法则，适者生存，不能适应者即会遭到淘汰，竞争的激烈要求大学生拥有极强的抗压能力，能够在高压情况下有条不紊地完成工作，这也是企业对每一个从业者提出的基本要求。

（三）高校人才培养情况

高校作为培养人才的摇篮，其培养模式对于学生步入社会前获取适应社会所需的能力具有重要意义。而在经济转型和体制变轨的时期，高校毕业生就业难、就业不理想等问题一定程度上与高校陈旧的培养模式和理念是分不开的。在以应试教育为中心的管理体制下，学生不得不应付考试，提高各科的成绩，从而形成"唯成绩论""唯分数论"的风气，学生缺乏自由、独立和轻松的学习氛围。高校过度注重理论学习，忽视了学生实践经验的积累和心理素质的锻炼。在竞争日益激烈的当今社会，机械化教育方式的弊端日益凸显。企业需要的是具有过硬的专业知识、丰富的就业经验、良好的就业心态和崇高的职业道德的人才，但部分高校却忽视了对学生这方面素质的培养。高校对大学生的培养理念和模式与企业需求严重脱节，造成企业用工荒与学生就业难的问题。

高校现有课程体系建设上存在的诸多问题使得高就业能力人才培养欠缺，主要表现在专业课程设置上的滞后及同质化（即外在表现虽然不同，但其本质趋于相同或同类），难以培养出满足企业以及市场发展需求的人才，同时也因缺乏特色导致学生在就业市场中不占据优势；除此以外，课程"重专业、轻素质"现象严重，能力、素质的培养未被整合纳入课程体系，很多高校在专业理论与实践教学中，未考虑到将就业能力培养有效地融入教学过程，通过隐性课程潜意识地提升学生的素养和能力。

《国家中长期教育改革和发展规划纲要（2010—2020年）》提出"加强就业创业教育和就业指导服务"，旨在对做好高校毕业生就业工作进行战略部署。当今很多高校虽开设了相关的就业指导课程，但因种种局限，未开展更深层次的教育工作，而就业能力作为大学生在求职中重要的评估指标并未获得深入的培养。从整体上看，目前各高校就业指导面临以下问题。

(1)"全程化"的培养意识尚未树立

高校大学生就业指导工作应贯穿于高等教育阶段的全过程，而不应被视为某一特定年级的阶段性任务。但相当一部分高校认为，和就业相关的事宜仅仅是应届毕业生要关心的事宜，和其他年级学生并无太大关联。因此，他们在制定人才培养方案时，通常只将就业指导安排在最后一学年的教学计划中，将其细化为"毕业生就业指导"。然而，到了毕业阶段，大多数学生都在准备硕士研究生考试或是已经有意向地开始寻找工作，无暇顾及就业指导相关课程。

(2) 工作队伍建设有待加强

目前，高校就业指导工作大多是以学校就业指导中心负责为主，学校各学院辅助完成，教师队伍结构复杂，专业技能整体偏低。一些学校的就业指导中心的专职老师为三到四人，但是每年的本科毕业生数量在数千人，因此学校就业指导工作开展起来困难而烦琐。多数授课教师对大学生就业政策知之不深，缺乏一定的就业指导技能，其知识体系不够系统，无法为毕业班学生提供针对性的辅导和个性化服务。同时，在不少高校，就业指导方面的课程均由辅导员讲授。辅导员多为初出校园的硕博研究生或优秀本科毕业生。这支队伍的成员相对年轻，但往往缺乏社会经验、人生阅历和一定的思想政治教育经验。从某种程度上看，这将影响就业指导工作的有效开展。

当然，我们不能因为以上问题就完全否认高校培养机制对于学生就业的引导作用，各高校在能力培养方面还是有多种途径的。

(1) 学生组织与社团

高校学生社团作为大学课堂教学的延伸载体，是学生参与各类社会实践、开展各种文体活动的重要平台，是提升学生组织管理能力、培养高情商的有效途径，在增强大学生就业综合能力方面发挥着重要作用。

大学生通过策划、组织、参加学生组织和社团活动，培养自身"表达—倾听—反馈"的交流沟通能力。同时，作为活动的参与者、创新者、管理者和服务者，大学生需要解决包括活动方案的设计、人员分配、突发情况处理等在内的一系列难题。每一项活动都利于学生积累工作经验和技能，提升合作和创新能力，培养工作协调和管理能力。这些能力是大学生就业核心能力的重要组成部分，为学生今后的就业奠定重要的基础。

(2) 创新创业训练

高校通过大学生创新创业项目和创新创业大赛等实践活动指导学生在一系列的自主研究过程中完成就业能力的提升。高校通过这样的方式，培育大学生创新与开拓的精神，将理论与实践相结合，改变大学生的就业观念以顺应时代的发展。创新创业训练让大学生能够在校园中提前感受激烈的社会竞争,在竞争中提升如社会适应、人际沟通、自我管理、团队协作等能力,发挥使大学生与社会接轨的桥梁作用。

但是,不可否认的是,这些培养模式与学生自身的主观能动性有着巨大的关联,大部分高校对于这些活动,尤其是学生组织和社团,仅仅持有允许但不鼓励的态度,对于学生的评价一般以第一课堂的学习成绩为标准,使得这类培养方式仅仅作用于小部分学生,但面临就业问题的却是全体学生。

四、调查分析

关于就业规划。从问卷中第三题"您对未来就业方向是否有规划"的调查结果统计得出,大部分学生对于自身未来就业方向并没有一个较为明确的规划,有较为详细规划的学生只占总数的9.29%。在对自身未来就业有规划的这一部分学生中,大一、大二、大三的学生分别占24%、24%、52%。这一情况反映出随着年级的增长,大学生对自己的就业规划逐渐清晰。大三阶段的学生面临着考研和工作之间的抉择,对于就业规划的重视在这一时期开始加强。

关于对就业形势的关注。为了进一步分析这一部分学生面对就业问题所面临的困难和其自身的情况,我们以选择"有较为详细规划"和"有大致规划"的学生为样本进行进一步分析。根据调查结果可以看出,这部分学生对于就业形势的关注度并不高,但大多认为当前面临着很大的就业竞争,说明就业竞争激烈已经成为大学生的基本认识,但这一认识仅仅停留在表层,对就业形势的不关注会导致其对就业形势的误判,不能及时感知就业形势的变化,不能及时地获取最新的信息,不利于其就业意识与能力的养成与培养。同样,在这一条件下其所判断的就业方向与所做规划一定程度上是主观的、盲目的。如何提高学生对于就业形势的关注与认识是提高学生就业能力的关键之一。

关于对企业用人要求的认知。问卷调查结果显示,熟知并有针对性地培养自身能力的学生占比不到1/4。我们按照在对应问题中做出的不同选择将受调查人群分为不同的样本,分别考察他们在第九题"您认为市场最注重毕业生哪些方面的能力或者素质"中的选择,根据结果可知:三种不同样本人群对企业用人要求的判断显示出很大程度上的一致性,专业知识储备、团队协作能力与沟通能力成为同学们普遍认为的企业最重视的能力,这与目前研究所表明的企业对员工能力看重的方面相符合,表明当代大学生对就业所需能力有一定程度的认识。

关于就业信心。关于"您有信心找到一份满意的工作吗"这一问题,从调查结果可知,大部分同学明显表现出信心不足。为了更加清晰地明确学生对找工作缺乏信心的原因,我们对其自身所缺乏的能力进行对比研究。调查显示,大部分同学都缺乏工作或实习经验，这一结论与目前各高校"重理论，轻实践"的现象相符合，但在"重理论"这一培养模式下仍有半数以上的同学选择了"专业知识技能"这一选项。这一选项的出现一方面是因为学生对自身能力水平和社会对能力的需求认识得不全面，另一方面也从侧面折射出一个问题，即高校人才培养的标准是否能够符合社会需要。目前高校的毕业门槛，尤其是本科生的毕业门槛并不高，特别是一些大学生的专业知识还不够扎实，在应聘过程中遇到困难也理所当然。如何提高毕业生整体水平不仅是解决就业难问题的关键，也是高校提升人才培养水平的关键。

关于对提升自身综合素质途径的认知。调查结果显示：参加学生组织、社团活动和学生工作作为大学里培养学生综合素质能力、提高就业能力的有效途径被学生广泛接受。

关于就业难的原因。学生认为造成就业难的社会原因主要是企业对人才的要求提高，以及毕业生就业挑剔、就业期望过高。市场结构发生改变，第一、第二产业生产方式的革新和技术水平的提高导致企业对人才的要求也随之提高。同时，就业偏好这一问题也开始浮现。

关于就业地的选择倾向。关于"您在选择就业地点时会倾向于沿海发达城市或一线城市吗"的问题，调查显示，几乎所有的学生在面临就业地点选择这一问题时，无论沿海发达城市和一线城市是否是其必要的选择，这些地点都成为其择业的偏好选项，这无疑会造成发达地区的竞争激烈与欠发达地区的人才资源匮乏。这一选择原本没有对错之分，但从侧面反映出一小部分学生的错误心理，即去一线城市发展是绝对占优势的。站在国家发展层面，欠发达地区对于人才的需求并不小于发达地区甚至更加强烈。

关于就业指导获得的途径。关于"您从何种途径获得就业方面的信息或指导"和"您的学校有就业指导的相关课程吗"的问题，调查显示，学校仍是学生获得就业指导的主要来源，通过课程、讲座活动、经验分享等形式对学生就业进行指导是一个相对简单有效的途径。问卷调查结果显示，22.57%的同学选择了学校没有就业指导相关课程，结合"您认为学校的就业指导对您今后就业有帮助吗"的调查统计，引出一个问题，即就业指导在学校的课程体系中占有什么样的地位。学校有就业指导的课程但学生却认为没有，除开学生个人因素，就业指导课程的内容是否对学生有实质性的帮助，还是仅仅是走马观花式的"凑学分"，这一问题值得深思，也反映了学校就业指导相关课程的建设还需要进一步加强。

五、调研结论

随着教育制度的不断完善和经济社会的不断发展，我国毕业生数量剧增，而就业市场上企业对人才的需求有限，劳动力市场需求和毕业生输入之间供给关系不平衡。同时，硕士、博士等更高学历的群体所具有的竞争优势使得本科毕业生就业难的状况更加突出。与此同时，产业结构转型和学生的就业偏好也影响了就业形势。产业结构的调整需要人才结构发生相应的改变，但由于高校的专业设置、就业远景设置等方面存在的不足，高校毕业生的就业选择受到限制。同时，高校毕业生的就业选择存在偏好倾向，大多倾向于沿海、一线发达城市，使得人才供给呈现地域上的不平衡，具体表现为经济发达地区人才资源闲置，经济欠发达地区人才资源欠缺。

就现在的就业应聘形势而言，学历依旧是用人单位看重的一项条件，知识的储备是解决岗位中一切问题的基础，专业知识的掌握程度一定程度上决定了一个人在工作中取得成就的大小。同时，学历在一定程度上也可以反映出大学生接纳、理解、吸收新知识的能力。用人单位对人才素质的要求，除具备本专业知识能力外，还应有相应的就业能力加持，主要包括沟通能力、计划组织能力、团队合作能力、自我管理能力、自我学习能力、问题解决能力等。用人单位需要一个具有良好沟通能力的人，这个人不仅需要具备良好的口头表达能力，还需要具备相应的倾听能力，能敏锐捕捉到用户、同事语言叙述过程中的最主要的信息，与他人进行良好的沟通。用人单位也希望求职者有较好的计划性和组织性，能够在宏观上进行合理的规划，对资源进行有效的安排、调配、整合。当然，在如今的社会中，单枪匹马挑大梁的人已经越来越少了，更多的是团队的合作；大学生要学会与他人协商，学会分工，学会取长补短，发扬 1＋1＞2 的团队的力量。社会发展是动态的，面对不同的环境，大学生需要具有独立承担工作的能力，并灵活应变，在较短的时间内迅速适应新的环境，胜任新的工作。同时，在职业活动中应该遵守的基本行为准则，即职业道德与职业素养也是应聘者所需要的。

在竞争日益激烈的当今社会，企业需要的是具有过硬的专业知识、丰富的就业经验、良好的就业心态和崇高的职业道德的人才，但高校"重理论，轻实践"的培养模式与企业需求脱节，使得高就业能力人才欠缺。同时，在"重理论"这一思想的指导下，部分高校出现了专业课程设置的滞后和同质化的现象，使得学生所学的专业知识在就业时并没有很强的应用价值。同时，高校现有的学生评估体系使得学生一味追求考核"通过"，对专业知识的学习只停留在表面而忽略了更深入的钻研，普遍存在"考过即忘"的现象，这种评估体系降低了高校的毕业标准，也降低了向社会所输送的人才的水平，使得大量专业水平欠缺的毕业生在求职过程中遇到困难。

为提升学生的就业能力，高校开设了就业指导课程[①]，但在不断探索的过程中，仍然存在"全程化"培养意识缺失、工作队伍建设有待加强的问题。大部分高校只将就业指导安排在最后一年的教学计划中，部分出现"形式化"的现象，这对于学生就业的实际帮助

---

① 李常. 新时期高校思政教育与就业指导教育的融合策略[J]. 经济师，2021（1）：161-162.

不大。此外，教材更新速度缓慢，教师队伍结构复杂、专业技能偏低，所授内容偏于陈旧、实用性低，多为大班授课，不能达到"一对一"的理想状态，也影响了课程效果。高校的大环境无法真正实现精准、高效的就业发展辅导和就业帮扶。

除此之外，高校内虽然存在培养学生就业能力的途径，例如：高校学生组织与社团可以在活动的策划、组织、参与中使学生的工作技能、沟通能力、合作意识和创新能力等得到一定程度的提升；大学生创新创业项目和创新创业大赛等实践活动构建了大学生与社会接轨的桥梁，使大学生将理论与实践相结合，增强创新创业能力、交流沟通能力、团队协作能力和社会适应力。但是，这一培养模式仅适用于主观能动性强的学生，并不能有效解决大部分学生"就业难"的问题。

与此同时，作为主体的大学生，虽然能够认识到就业形势的严峻性，但他们的认识仅仅停留在浅层表面，一致地认为就业难、竞争大，但对这一现象产生的原因并不清楚，对于就业市场的发展趋势和企业的用人要求关注不够，导致其对就业趋势的判断存在相当大的主观性和局限性。在这一条件下，大学生对于自身未来就业的方向与就业规划的制定显得较为盲目，存在相当程度的隐患。

同时，大学生虽然一定程度上能够认识到企业招聘过程中所看重的应聘者的素质或能力，但对于这些所需能力的培养意识还不够，一方面是由于自身的主观判断，另一方面是缺少培养资源。而学生对于自身能否成功找到自己满意的工作显得信心不足，普遍认为自身缺乏工作或实习经验，难以做到学以致用，专业知识的掌握也相对薄弱。与自身能力不足相矛盾的是学生对于工作的高期望与偏好，这表明在高校就业指导中培养学生树立正确的就业观是必不可少的一部分。

六、建议与期望

通过上述调查研究以及分析得出的结论可知，大学生的就业意识与能力发展需要学生个人和学校教育二者协同推进。因此，本文有针对性地从学生个人以及学校两个维度出发对大学生就业意识与能力发展提出一些建议。

（一）学生个人层面

1. 提升自身学历优势

很多单位和企业已逐渐提高就业门槛，将具有硕士、博士学历纳入招聘的基本条件。随着我国高等教育的不断普及，本科毕业生大量增加，在这样的就业形势下，大学生在本科毕业后投入到研究生考试中去，是对自己就业竞争力的一种极大提升。同时，考研、考博等也是开阔自己眼界、增长个人见识的良好选择，这样，大学生在面对就业挑战时将拥有更加有力的筹码。

2. 关注就业形势发展，把握企业用人要求

市场是变化的市场，随着经济的发展，企业对人才的要求会不断进行适应性的改变，大学生应该时常关注市场动态，通过网络、招聘会等途径了解企业招聘的要求，对自己所需的能力发展方向有清晰的认知，并有针对性地自觉培养相关能力，为自己的应聘增加筹码。

3. 充分利用校内外资源，提升自身综合能力

学好专业知识对于大学生而言是最基本的事，同时也要重视交流沟通、组织合作、自我学习、承受压力等能力的培养。在充分掌握自身专业内容的前提下，大学生可充分利用大学期间的课余时间，通过学生组织、社团等途径培养自身沟通、协调和管理等能力，尽可能地将理论联系实际，也可以通过实践、实习等方式积累工作经验，在直观认识了解岗位的同时，也能够全面地提高自身的素质能力。

4. 树立正确的就业观念

毕业生在求职过程中要避免出现眼高手低和随波逐流的情况，在选择的过程中不能仅仅着眼于物质条件，而要充分考虑自己所擅长的东西和能够适应的内容，避免因一味地追求高待遇、高发展的职位而错失机会或无法适应工作。

（二）学校层面

1. 完善就业指导教育体系

首先，"要把职业生涯教育和就业指导作为高等教育的重要组成部分，贯穿人才培养全过程"[①]。入学时期的简单职业生涯规划并不能维持到学生毕业，学生的就业观、择业观应从大一树立并持续进行，大二、大三也应该设置相应的课程以提高学生对就业的兴趣，不仅要帮助学生了解国家就业政策、认清就业形势、了解职业功能、掌握求职技能，更要帮助学生树立良好的就业观，规划定位好个人发展方向，这样学生到大四时才不会茫然失措。同时，高校应逐步建立职业生涯规划和就业指导教研室，加强相关学科建设，建设一批精品课、示范课，切实提高课程质量。就业指导不能仅仅成为凑学分的"水课"，也不能仅仅停留在按照课本走马观花的层面，而应该针对学生自身特点进行对应的辅导，让就业指导成为学生就业道路上的一大助力。因此，就业指导方式的创新也是必要的，而不应该只进行简单的理论学习。只有紧跟社会发展步伐，明确市场对毕业生的需求，多样化地开展就业指导服务、传授亲身经历的就业指导经验，才能更加合理地、有针对性地落实就业指导工作。

其次，要在就业指导的过程中，引导学生自觉重视就业这一事关个人前途命运的选

---

① 曾玉兰. 我国高校职业指导存在的问题与对策研究[D]. 武汉：华中师范大学，2004.

择，使之明白，就业竞争力的核心组成便是个人素质与能力。因此，应要求学生在入学后的各个阶段，夯实专业基本功；在实习前夕，参与一定量的就业指导与训练，掌握必要的求职技巧。同时，一线就业工作者应重点帮助毕业生了解就业形势与政策，理性应对就业压力，调整就业预期。

最后，大学生就业指导师资队伍专业化建设刻不容缓。毫无疑问，实现大学生就业指导师资队伍的专业化，将极力助推学生满足社会对专业技术人才的需求，对推动高校教学改革、提高教学质量、合理配置人力资源，都具有十分重要的意义。因此，高校应采取多种措施健全师资队伍，培训就业指导老师，为这些老师提供外出进修学习的机会，丰富他们的理论知识和应对能力。

2. 更新教育理念与教育模式

高校应该摒弃"重理论，轻实践"的培养模式，尽量将理论学习与实践锻炼放在相对平衡的位置，避免出现毕业生整体"纸上谈兵"。同时，对于学生的考核体系尤其是毕业的标准应该更加多元化，将及格通过的毕业标准进一步提高，将学生的实践内容纳入毕业考核体系，促使学生群体有意识地参与实践并将理论与之结合，这是提高毕业生整体就业竞争优势的有效途径。

3. 提供更多的资源与锻炼机会

为了进一步提高学生的就业能力，使学生在众多的应聘者中脱颖而出，学校应该提供面试技巧方面的培训和活动，将课堂更多地移出教室，进入相应的岗位，争取、提供更多的实习机会。将学以致用作为就业指导课堂的核心，既是对理论知识的夯实与开拓，也是对实践能力的锻炼培养。

大学生管理制度中的相对自由和相对束缚
——以 H 大学 PU 制度为例

大学生管理制度是一个复杂的系统工程，必然要建立在学生的视角下，而本文就聚焦于学生视角下的大学生管理制度中相对自由和相对束缚这一问题。鉴于大学生管理制度体系的庞大复杂，本文选取当下许多高校都推行的 PU 制度为切入点，探讨 PU 活动的开展以及 PU 制度下学生参与活动的现状，并通过问卷调查法、访谈法等全方位了解学生、学校管理层对 PU 制度的态度，以便于客观分析出大学生群体及高校管理层在大学生管理制度中相对自由和相对束缚的矛盾所在，进一步探讨并找到大学生管理制度中相对自由和相对束缚的平衡点。

一、绪论

PU 制度作为一种大学生管理制度，既包含了学校对学生参与社会实践活动的纪律要求，同时也给予了学生兴趣选择的自由。因此，本文以 PU 制度为代表，通过分析学生对 PU 制度的评价与建议来探究大学生管理制度中的相对自由与相对束缚。

（一）调研背景

本选题的分析，一方面基于我国社会发展现状，另一方面围绕高校管理制度，尤其是 H 大学 PU 制度实施现状来展开。

1. 我国社会主要矛盾在学生管理制度实践中的体现

中国共产党第十九次全国代表大会报告提出了我国社会主要矛盾已经转化为人民日益增长的美好生活需要和不平衡不充分的发展之间的矛盾，这一矛盾体现在日常生活的方方面面。在现行《H 大学素质拓展学分实施及认定办法》的实践过程中，这一矛盾主要体现为大学生对素质拓展活动的内容、形式及活动数量等方面的需求较大，与相关素质拓展活动举办类别不均衡、活动数量不够，从而导致学生对活动的选择余地太小，甚至没有的现状之间的矛盾。

2. 学生在教学管理中的自由与束缚

教学管理制度是高校对学生进行教育的基本制度，它代表着高校教育教学的管理能力和水平，能够保证校园的日常运行，还能促进教学效率的提高。而大学较之中学来讲，其最为突出的一点便是学习的自由，无论是在学习的内容还是学习的方式上，它更加注重学生自主创新能力的培养，致力于通过丰富多彩的校园活动为学生提供更为自由的发展空间。但这种自由仍旧是相对而言的。大学生既然作为被管理的主体，就必将会出现被束缚的情况，那么如何把控学生在教学管理中的自由度，无疑是高校必须认真考虑与对待的问题，而 H 大学的 PU 制度正是研究这一问题的窗口。H 大学致力于促进学生的全面发展，提升学生的个人素养，于是借助 PU 这一平台为学生举办了多方面的活动，但是将这些内容学分化，变相地强制学生参与，引发了新的问题，于是，我们选择了大学生管理制度中的相对束缚和相对自由作为课题，进行进一步探究。

3. H 大学 PU 制度实施现状

为深入推进实践育人工作，充分发挥第二课堂、第三课堂在人才培养中的作用，引导和鼓励学生积极参与校内外各类实践活动，着力培养学生的创新精神、实践能力和社会责任感，H 大学制定并推行《H 大学素质拓展学分实施及认定办法》。"素质拓展"课程是本科生课程的重要组成部分，可分为"寒暑假社会实践类""志愿服务类""课外活动参与类""社会工作、荣誉与技能培训类""竞赛成果类"等五大类，共 10 个学分，对应 200 个实践学时。素质拓展学分依托大学生成长服务平台 Pocket University（简称 PU）实施，经校团委等有关部门审定。各类学时具体评定标准为：寒暑假社会实践类≥80 个学时；志愿服务类≥20 个学时；课外活动参与类≥60 个学时，100 个学时封顶，每学期 25 个学时封顶（课外活动参与类分为"人文社科""创新创业""文化艺术""体育竞技"等四个小类）；"社会工作、荣誉与技能培训类"和"竞赛成果类"对应的学时并无硬性规定。课程分数换算原则为：累计获得实践学时达 200（含）以上，课程成绩记为 85 分；累计获得实践学时达 260（含）以上，课程成绩记为 95 分；累计获得实践学时不足 200 或某一项未满足最低实践学时要求的，记为 55 分，补修合格后记为 80 分。素质拓展学分成绩单于第七学期（大四上）开学时由系统自动生成。

然而，PU 制度实施现状不容乐观。买卖活动名额、活动瞬间报满、代签代抢、学院内保护等现象层出不穷，再加之 PU 平台并不完善的后台维护及糟糕的用户体验，学生对 PU 制度怨声载道。同时，"无 PU 不活动"的现状使活动举办方也陷入了被动，甚至在活动策划时，首先要思考的往往不是如何在活动意义、环节上精益求精，而是应采取怎样的活动形式才能更为顺利地通过 PU 学时审核。在活动组织过程中，如何与 PU 代签者"斗智斗勇"，如何化解 80％以上"低头族"带来的尴尬场面等是每一位活动举办者不得不面对的问题。从某种程度上讲，PU 不仅没有方便学生，反而造成了一种更大的作弊，对活动参与者与活动举办者都是一种极大的绑架。尽管学校实行PU制度的初衷是促进学生德智体美全面发展，但实际上，PU制度无疑已与其初衷渐行渐远。因此，对PU制度实施过程中的基本矛盾进行分析，客观理性地认识这一问题并提出应对措施就显得尤为重要。

（二）调研概况

调查于2017年10月进行，通过网络问卷调查的形式，选取H大学A校区全日制在校本科生为调查对象，共发放问卷239份，回收有效问卷239份，有效回收率为100%。本次调研面向辅导员、PU助理、社团组织活动负责人及广大学子开展。

（三）调研目的

本课题以大学生参与校园活动常用的PU制度为着眼点，通过采访校院两级团委书记、辅导员、社团组织活动负责人，以及对广大学子进行问卷调查，纵向探究处于活动进程不同环节的群体对"大学生管理制度中的相对自由和相对束缚"的观点看法。同时将H大学未推行PU制度之前的校园公益服务活动管理模式，与现有H大学"PU学时与学生毕业相结合"的模式对比，旨在探索一种既不给学生太大的压力，但又有一定的激励作用的理想管理模式，从而找到学生管理制度中自由与束缚的平衡点，并为之提供现实依据。

（四）调研意义

（1）通过针对大学生对素质拓展活动的内容、形式及活动数量等方面的需求与相关素质拓展活动举办类别不均衡、活动数量不够而导致学生对活动的选择余地太小甚至没有的现状之间的矛盾进行探究，更加辩证客观地认识这一问题，同时结合大学生的需求，有针对性地提出PU制度改革的相关建议，从而更好地举办与推行校园活动，使学生更好地参与到学校的精神文明建设中去。

（2）了解高校学生管理制度中的利与弊，寻找学生管理制度中学生自主选择的自由与学校的引导束缚之间的平衡点，分析学生管理制度的内在逻辑，以期更好实现大学因材施教的教育理念，增强学生对学校的认同感与归属感。

（五）调研对象选择的说明

本课题基于某学院PU活动的发布与开展的整体流程来确定相关访谈对象，主要有辅导员、团委书记、学生骨干、普通学生。

(六) 调查研究方法

1. 文献调查法

（1）通过仔细阅读分析 2014—2017 年这四年的本科学生手册，进一步了解 H 大学本科生管理模式，推动调查研究的进行。

（2）在知乎、微博各大社交平台搜寻与课题相关的评论见解，进一步丰富调研内容，使之更有现实代表意义。

2. 问卷调查法

本次问卷调查采取网上问卷形式，面向 2015 级、2016 级、2017 级全体 H 大学本科生开展，广泛调查学生们对 PU 制度的认可程度及对大学生管理制度中的相对自由和相对束缚的认识与看法。

3. 访谈调查法

本次调研面向辅导员、PU 助理、社团组织活动负责人及广大学子开展，纵向探究处于活动进程不同环节的群体对"大学生管理制度中的相对自由和相对束缚"的观点看法。同时采访 2014 级本科生，对未推行 PU 制度前的校园公益服务活动管理模式进行调研，旨在与现行"PU 学时与学生毕业相结合"的模式形成对比。

(七) 调研的创新性与局限性

本课题的主要创新之处有三方面。第一，符合时代背景。本课题旨在讨论学生发展需求与学校不完善的管理制度之间的矛盾，其实质与党的十九大所提出的新时代社会主要矛盾相吻合，同属于人民日益增长的美好生活需要和不平衡不充分的发展之间的矛盾。第二，密切联系群众。本课题立足的 PU 制度，作为在 2015 级及以后 H 大学本科生中推行的大学生活动制度，与同学们的生活、学习息息相关，能够集中反映学生发展的需求与学校管理制度的矛盾冲突。第二，采取网上问卷的方式，符合当下大学生信息获取方式。匿名填写个人看法，为调查提供真实可靠的信息。

本次实践的局限在于：一是团队人员有限，大范围发放问卷调查的难度较大；二是团队成员均为理工科学生，探究人文社科问题的思路受到限制、理论基础薄弱。

二、问卷分析

本课题基于现行 PU 制度所反映出的相关问题确定了本次问卷的核心目的，主要有以下两点：调查广大学子对现行学生管理制度及 PU 制度的认可程度；调查现行 PU 制度的推行效果。围绕这两大核心目的，我们对问卷数据进行了详细的整理和分析，得出了相关结论以客观反映 PU 制度下存在的问题。

综合分析所有问卷问题，总结 H 大学本科生对 PU 活动数量、质量、形式等方面的需求；同时以年级为相应变量对问卷各问题进行分析，探究学生主观能动性、制度完善程度等因素对"学生认为学校制度是给自己提供自由，还是相对束缚"这一问题可能带来的影响。本次问卷调查人数共计 239 人，其中 2015 级人数为 57 人，占总人数的 23.8%；2016 级人数为 92 人，占总人数的 38.5%；2017 级人数为 90 人，占总人数的 37.7%。因此本次调查涵盖了 H 大学所有 PU 使用年级。由于每个年级的使用状况有所差异，故课题组对之后的问题以年级为变量进行了具体分析。

由结果可知，此次问卷调查男女人数差距不大，比例较为均衡，以性别为变量的统计显示各年级男生与女生所选的选项所占比例基本相同，由此可见，性别对 PU 使用的影响不大。

从对 H 大学现行学生制度看法的提问结果可知，觉得如今大学制度相对束缚的学生比觉得相对自由的学生多了 8%，而这一问题在 2015 级以及 2016 级都有明显的表现，尤其是 2016 级学生中觉得大学制度相对束缚的几乎占到了 62%，但在 2017 级学生中觉得相对束缚的人群大大缩小。这充分说明：2015 级、2016 级对 H 大学现行学生管理制度认可度普遍不高；2017 级学生中觉得相对束缚的人群大大缩小，一方面可能因为初入大学，对学校相关制度了解并不深入，另一方面可能是学生管理制度在先前实践基础上不断完善，并取得不错的成果。

调查发现，学时不到 50 的学生占了总调查人数的将近一半，其中 86% 都是 2017 级的学生，剩下的 14% 中 2016 级的学生占到了多数。2016 级的学生学时数平均都在 100 左右，2015 级的学生学时数平均在 150 左右。

调查发现，若没有 PU 学时的强制要求，80% 的学生每周参加活动的次数都在 3 次以下，2015—2017 级学生每周拟参加活动 3~5 次的人数不断递增，2017 级学生中每周拟参加活动在 3~5 次的占比最多，达到 54%。这一现象充分说明，在兼顾学习、休息等之外，每周参与活动 3 次以下符合绝大多数学生对大学活动频率的需求；同时也表明，在"PU 学时不满 200 不可毕业"这一制度强有力的规定下，学生参与活动的积极性无论是出于主动还是被动都得到极大提高。

调查发现，除去持中立态度的学生外，大多数学生觉得将 PU 学时作为第二课堂成绩计入学分要求是不合理的，其中以 2015 级和 2016 级学生为主。而"打击真正想参与同学的积极性"、"个别类活动数量难以满足学生对学时的需求"以及"各类活动数不均衡"分别被选为前三个觉得不合理的原因，这也反映出 PU 制度中存在大学生对素质拓展活动的内容、形式及活动数量等方面的需求和相关素质拓展活动举办类别不均衡、活动数量不够而导致学生对活动的选择余地太小甚至没有的现状之间的矛盾，由此我们能看出 PU 制度改革中很重要的一步就是要使活动数目满足学生的需求。

当问到是否有过代签行为时，一半以上的调查对象都选择了"是"，但与年级表交叉对比来看，没有过代签行为的人数在大幅减少，说明PU制度在进一步改革完善，这一点从PU二维码的变化频率以及审核制度的改善中就能看出。然而，过半学生都曾有过代签行为，说明绝大多数学生参与活动的初衷是为学时而并非活动本身。

由数据可以很直观地发现88.7%的学生都有为了刷学时而去参加不感兴趣的活动的经历，尤其是2015级学生，说明PU这项制度在一定程度上对学生产生了束缚，使得学生不得不去参加一些自己不感兴趣甚至不喜欢的活动以达到学校对学生的要求。

PU制度的施行使得学生为了学时而去参与活动，有接近一半的学生会对此类活动视具体情况而决定是否认真对待，27.2%的学生认为既然去了这个活动就要认真对待，而24.7%的学生则认为刷到学时达到目的就足够了。而各年级选择"刷到学时就够了"的学生占对应年级参与调查总人数的比例，2015级为38.6%，2016级为27.2%，2017级则仅为13.3%。由此不难看出，作为第一届使用PU制度的主体，2015级学生对于学时的需求更为迫切，首先是因为2015级的学生已经进入大三，完成PU所规定的任务的时间所剩无几；其次，由于是第一届使用PU的学生，无论是学校还是PU方面的管理都还不够完善，存在漏洞，加之PU制度的宣传力度不足，导致大多数学生不够重视，因此为了刷学时而去参加活动的比例会大于另外两届。

由数据可知，49.4%的学生对于PU制度的施行现状不满意，仅有6.7%的学生认为满意，其余均持中立态度。各年级中，不满意的学生占对应年级参与调查总人数的比例，2015级为75.4%，2016级为54.3%，2017级为28.9%，呈现出明显的下降趋势，说明PU制度正在不断地改进和完善。2015级作为第一批使用PU的学生，在制度的施行过程中难免会发现不少问题，学生管理者将这些问题反映上去，学校管理层面对这些问题进行分析，从而解决这些问题，弱化学生管理制度中出现的矛盾。

从数据可知，76.6%的学生认为现行PU制度已脱离其最初实行的目的，各年级中，认为PU制度已脱离其最初实行的目的的人数占对应年级参与调查总人数的比例，2015级为91.2%，2016级为82.6%，2017级为61.1%，三个年级都超过了半数，2015级甚至超过了90%，可见PU制度的实施确实出现了问题。它本应是培养学生素质拓展能力的一个工具，如今却成为一个被学时量化了的积分器，约束了学生第二课堂的正常开展，从而导致了学生与管理者之间矛盾的出现。

调查发现，有接近一半的学生认为PU活动的形式和内容不符合预期，其中33.4%的学生认为活动内容与他们的预期存在出入，20.5%的学生认为个别活动在学时方面诚信度有问题，18.0%的学生认为活动形式不够丰富，还有一部分人认为活动的档次不够。综上不难看出，学校举办的活动需要适当提高其质量，提高其诚信度，更好地满足学生对活动的期待，从而提高学生参与活动的积极性。

在接受问卷调查的对象中，大三在 B 校区的占到了 77.8%，其中认为 B 校区 PU 活动过少、难以满足学生对学时需求的占到了 90.3%，说明这是一个普遍存在的问题，学校应该加以重视，增加在 B 校区开展活动的数量，从而满足学生的需求。

根据数据分析可知，PU 制度中存在着大学生对素质拓展活动的内容、形式及活动数量等方面的需求和相关素质拓展活动举办类别不均衡、活动数量不够而导致学生对活动的选择余地太小甚至没有的现状之间的矛盾，以此为例，不难发现学生管理制度中存在着自由与束缚难以平衡的问题。因此，学校管理层应针对学生管理中暴露出来的问题加以分析，从而完善学生管理制度。

三、访谈分析

为能通过多元化的视角和全方位的分析，了解不同群体对 PU 制度以及学校管理制度中相对自由与相对束缚问题的看法，本研究采取了访谈法，以 PU 活动的展开流程为线索，以某学院辅导员、PU 活动学生管理员、PU 活动发起者以及参与 PU 活动的学生为主要访谈对象。

（一）对辅导员周老师的采访

在对某学院 2015 级辅导员周老师的采访过程中，我们了解到以下情况。

1. PU 制度实施的初衷

PU 制度的出台主要是为了规范和管理学校的各项活动。在 H 大学校团委的指导下，各学院各部门通力配合，顺利开展丰富多彩的校园活动，并通过 PU 平台扩大相关活动的宣传力度，为活动发起人与参与者提供方便。同时，"PU 学时与学生毕业相结合"作为一种强有力的激励机制，广泛提高了学生参与活动的积极性。

2. PU 制度实施现状、存在的问题

（1）活动学时认定标准不统一。校团委、各学院团委对学时的评判标准有时存在不统一的现象，进而导致学时无法成功发放等问题。

（2）活动学时认定标准的部分条款有待斟酌。对于部分活动如运动会、科技比赛等，现行标准下参与活动并取得较好名次的个人或团队可以获得学时，而实际上认真准备比赛但未获奖（获奖名额有限）的同学通过活动同样得到锻炼，却没有学时。

（3）平台自身并不完善。PU 自推广以来问题颇多，例如规则的不完善、双方对于这个系统的不了解以及糟糕的用户体验等，引发代签、买卖学时等现象，虽然之后又推出报名前审核、签到签退、签到码每分钟更新一次等措施，但部分现象依旧屡禁不止，甚至还引发了新的问题。总的来说，PU 平台仍应在现有的基础上不断完善，以得到广大学生更多的认可。

（4）部分种类的 PU 学时供给量不够。这里周老师提到了广为热议的"PU 学时学院内保护"现象，他表示对相关负责人的"无奈之举"给予理解，但导致该现象出现的原因实质为部分种类的 PU 学时供给量并不能满足广大学生的需求量，尤其体现在志愿服务类学时上。由于学校在志愿服务类学时方面有"上不封顶"的政策，即 PU 学时不满 200 者可以通过参与较多的志愿服务类活动以达到毕业要求，造成志愿服务类活动异常抢手，给全校范围内志愿学时不满 200 的同学带来较大的竞争压力。最新统计数据表明，该学院 2015 级 PU 学时不合格学生中，志愿服务类学时不合格的同学人数高达 144 人，约占总人数的 95%。

3. 对现行学生管理制度的看法

既然把学生素质拓展作为一门 10 个学分的必修课，其相应要求为 200 学时合情合理，并无太大的问题。放眼学校的其他学生管理制度，如学生离校制度、请假制度等，总的来说，相关规章制度要求都比较合理。在学校允许的框架内，基本不存在限制学生自由的问题。对于部分学生有"被制度束缚"的感觉，周老师认为这更多是学生个人对大学生享有的权利和应履行的义务并不明确导致的。

（二）对 PU 管理员的采访

在对 PU 活动学生管理者——学院 PU 助理的采访过程中，我们了解到以下情况。

1. PU 活动审核程序

根据 PU 活动的申请判断发放学时或积分，基本原则包括：以班级账号发起的不给予学时；讲座或志愿活动根据时长发放学时，时长为几个小时就发放几个学时；PU 助理初审后，经校团委老师审核通过，活动才算发起成功。

2. PU 活动审核过程中受到的压力

（1）对于一次具体活动的学时发放量，管理者与参与者的期望不同：学生们希望尽可能增加一次活动的学时发放量而审核老师希望尽量将一次活动的学时控制在 2～3 个。

（2）对于一次具体活动的参与人数，管理者与参与者的期望也不同：学生们希望尽可能开放活动人数限制，而老师为了保证讲座类活动的参与质量，就会将活动人数限制在一定范围内，这就引发了管理者与参与者之间的矛盾，也就体现了 PU 管理制度中对活动参与者的相对束缚。

（3）对 PU 管理制度下相对自由与相对束缚问题的看法：学校虽然给予学生是否参与活动，即选择活动的自由，但是出台了学生素质拓展学分制度，给自由选择活动设定了一个最低限度，并与毕业挂钩，就会迫使同学们更多地去选择有学时的活动而不是自己感兴趣的活动。这就束缚了同学们参与活动的热情，违背制度保证活动参与的初衷，一定程度上引发同学们对参与活动的抵触情绪。

（三）对科协负责人的采访

在对 PU 活动发起者——科协某负责人的采访过程中，我们了解到以下情况。

1. PU 活动发起的流程

首先由组织部门编写策划，前期准备，然后在 PU 上发起，经过院、校两级团委老师审批后，活动得以开放。

2. PU 活动的参与情况

活动到座率与活动开放人数成反比。讲座类活动发起名额为两三百人时，到座率为 80% 左右，而参与人数较少的比赛、志愿活动却很少出现缺席、代签的现象。

3. 对于 PU 活动中的不良现象（如迟到早退、代签行为）的看法

主要取决于同学们的自觉性，然而 PU 平台自身也是存在漏洞的，参与人数多时难免出现这种问题。

4. 对 PU 管理制度下相对自由与相对束缚问题的看法

相对束缚主要体现在老师对学时的把控比较严格，活动学时发放少，并且有学期上限，到达学期上限后参与活动的学时将不算在内。同学们为应对 200 学时才能毕业的高要求拼命去刷学时，而每学期的上限又打击了达到上限的同学的积极性，本学期上限刷满就不去参与活动了。但如果没有学时的鼓励，活动参与度就会大幅下降，因而 PU 制度又在一定程度上起到督促同学们参与活动的作用。总之，只有控制好 PU 制度管理的尺度，才能给予 PU 使用者在选择自由的同时最大程度地参与校园活动。

5. 对 PU 制度的看法

PU 制度中的主要矛盾体现在 PU 管理者审核活动的严格性和学生对毕业所需学时的需求。老师为保证活动质量严格把控学时的发放量，而学生为达到要求刷学时却又受到学期上限的限制。那么老师作为活动发起者，就成了矛盾集中爆发点。向下，学生们迫切希望更多有趣且有学时的活动涌现；向上，管理者要求严格把控 PU 活动的审查过程。这就导致有时一些很好的想法获批后却没有学时的发放，打击了活动发起者组织策划活动和 PU 参与者参与活动的热情。

（四）对 2014 级本科学生的访谈及分析

查阅 2014 年本科学生手册可以发现，学生手册中并没有对本科生"素质拓展学分"做出明确要求。对本科生参加校园公益服务活动的相关要求，仅在《H 大学本科学生奖学金及荣誉称号评选办法》第四章的评审条件中找到，具体为：积极参加校园公益服务活动，每学年参加活动时间不少于 20 小时，校园公益服务的主要内容为校园卫生清洁工作、校园爱心服务工作、朋辈辅导工作、校级志愿服务活动等，其组织工作由各学院开展，服务时间认定工作由有关单位负责。这一规定说明校园公益服务学时是否达标只会影响奖学金等的相关评定，对毕业等并无影响。

在学校推出 PU 制度之前，本科生参加校园公益服务活动时间的认定主要依托公益卡，参加讲座、志愿服务类活动的学生可以通过让活动负责人签字盖章，获得学时，即公益卡认定活动时间的主要参考依据是盖章。通过对部分 2014 级学生的访谈，我们可以发现：学校对公益卡盖章的相关要求也并不是很高，公益卡盖章相对容易，签字盖章造假成本很低。事实说明，公益卡制度其实并不能很好地起到监督和鼓励作用。

本课题对未推行 PU 制度的情况下，2014 级学生活动参与的积极性进行了调查，通过访谈发现：①对于可以对应到保研、奖学金评定相关赋分项的活动，本科生参与积极性与是否能获得学时关系并不大。在对 2015、2016、2017 级学生的相关调研中，我们也可以发现相同的规律。②未推行 PU 制度时，学生对讲座这类并不对应保研、奖学金评定的活动，参与活动主要靠兴趣，但一般来讲积极性比较低。再加之认定活动时间（盖章）的方式十分简单，学生们的积极性又有所下降。

综上所述，在实施 PU 制度前，学校在"本科生素质拓展活动参与情况"方面相对来说并未有太多的束缚，更多的是学生凭兴趣决定是否要参与活动。事实说明，这种近乎完全自由的模式并不利于激发学生参与活动的积极性，为实现更好的激励效果，学校应通过合理的方式对学生加以适当引导。

（五）对群众的采访及分析

我们随机在校园内选择三位学生进行采访，并且这三位学生刚好代表三个不同层次的 PU 使用者。

首先接受采访的是一名学时远超 PU 学分要求的 2015 级学生，代表少数 PU 学时绰绰有余的层次。这名学生在 PU 活动推行过程中积极参与各类活动、比赛，集齐了 200 个学时；虽然也存在代签、刷学时等不当行为，但对于学校管理制度并无太大不满情绪。

然后接受采访的是一名学时已达要求半数以上的 2016 级学生，作为推行素质拓展学分计入第二课堂成绩的第二届使用者，代表了大多数 PU 使用者的情况，他通过积极参与讲座、比赛等多种活动，也获得了适量学时，虽比不上远超学时要求达标的第一类同学，但 PU 学时毕业制的要求基本可以达到。

最后接受采访的学生则是对 PU 制度极为不满的代表者。作为 2015 级使用者，他的学时刚达半数，但因搬离活动集中的 A 校区，毕业前达到 200 个学时的要求困难较大。对于活动管理者、发起者意见较大，认为 PU 制度的强制推行束缚捆绑了学生自由选择活动的意愿，此外学校管理制度中对学时过高的要求与不足的活动量、学时发放量不匹配，这都导致了矛盾的爆发。而 PU 使用者学生内部也存在矛盾冲突，学时不足者对学时过多者持难以置信、质疑的态度，认为 PU 发放过程中少量的学时资源被少部分学生挤占而导致自己的劣势处境，实则从侧面凸显活动数量和学时发放量的不足，管理制度高要求与不均衡的校园活动间的矛盾。

此外，我们在网络知乎平台上发现了关于"如何评价某省团委的 PU 平台"这一问题的相关讨论。在 35 个回答中，除一位辅导员和一位 PU 活动发起者的回答，其余 33 个回答均来自广大 PU 使用者，其中主要来自 H 大学。而这些回答均表达了对 PU 管理制度的不满，揭示其中的弊端。这些不满主要体现在认为 PU 的强制推行与计入第二课堂学分制不合理，以及学校提供的 PU 活动种类发放数量不满足其高要求，呈现出较高的发展要求与提供的活动之间的不匹配性，引发大部分使用者学时不够无法毕业的恐慌与对该管理制度的不满情绪。

四、调研分析

由某学院 2015 级辅导员公布的数据可以发现：该学院 PU 学时不达标人数高达 151 人，约占总人数的 50%。其中，志愿服务类学时不达标人数高达 144 人，约占不达标总人数的 95%，在志愿服务类学时不达标的人群中，志愿服务学时≥10 的人数仅为 42 人，不到整体的 1/3。课外活动类不达标人数为 105 人，单项学时<40 的人数约占该单项学时不达标总人数的 69%（72 人）。

通过对该学院 2015 级本科生 PU 学时不达标情况进行分析可知，该学院 2015 级学生 PU 学时不达标情况较为普遍（约占总人数的 50%），约 1/3 的同学缺学时情况十分严重。同时由于 2015 级学生已经搬回 B 校区，学生因学时而导致的毕业压力普遍较大。该现象的出现不能仅仅简单归为学生的主观能动性不强。出现近一半学生 PU 学时不达标而影响毕业的现象的根本原因为：大学生对素质拓展活动的内容、形式及活动数量等方面的需求和相关素质拓展活动举办类别不均衡、活动数量不够而导致学生对活动的选择余地太小甚至没有的现状之间存在矛盾。对比 PU 制度，H 大学现行公共选修课相关制度具体为：学校面向全校学生提供 103 门普通公选课、19 门网络公选课，而对学生学时的要求仅为大学四年修满 8 个即可。不难发现，要想从根本上解决 PU 制度带来的问题，关键在于提高各类 PU 学时的供给量，以满足 H 大学各年级各学院本科生对不同种类学时的需求。唯有这样，广大学生才可能真正实现凭兴趣自由选择参与活动，否则就会出现在毕业的压力下疯狂且盲目地"刷学时"这一现象。

五、原因与对策

基于对问卷相关数据及访谈情况的分析可知，PU 制度的推行与实施现状并不乐观，本文归纳总结了以下主要原因与对策。

调查发现，PU 活动数量、质量、形式等方面都不满足学生对大学活动的预期及需求的现象的确存在。其主要原因如下。

（1）不同种类活动数量不均衡：诸如文体艺术、志愿服务类活动数偏少。

（2）活动内容、形式与预期有出入：例如游园会、情景剧等形式活泼、互动性强的活动数量只能满足部分学生的需求。同时由于活动形式每年重复，对高年级学生的吸引力逐年递减。

（3）活动规格、档次不够：主要体现在活动道具、活动场地等方面的局限性。

（4）管理制度中的高要求与学生日常参与活动频率不符：综合学习、生活、娱乐等方面因素，每周参与活动 3 次以下符合绝大多数学生对活动频率的需求。

调查发现，各级本科生对 PU 制度的认可度并不高。为使学时供给量满足广大学生毕业需求量，可从以下四个方面入手解决。

（1）降低毕业学时要求：尤其是降低志愿服务类、课外活动参与类单项学时最低值的要求，与现有 PU 活动数量相适应。

（2）调整 PU 活动学时认定标准：诸如运动会、科技竞赛等比赛类活动，除原有奖项名额外，可适当补设鼓励奖，酌情为认真参与比赛但未获得名次的个人及团队发放学时。

（3）放宽活动名额：对于讲座类等活动，可充分利用讲座场地，必要时可从其他教室租借椅子，为更多学生提供参与讲座的机会。

（4）从上而下组织活动：为实现满足更多学生对活动的需求这一目的，学校应积极号召各学院各组织甚至各班级行动起来，广泛举办内容丰富、形式多样的活动，同时可适当加大对学生活动的经费投入，为提高学生活动规格提供强有力的经济支持。

调查发现，无论是对 PU 制度及学生管理制度的认可程度，还是参与活动的积极性，2017 级都较 2015 级和 2016 级本科生高。这一方面可能是因为 2017 级本科生初入大学，对学校相关制度了解并不深入，再加之高中学习时间紧张，课外活动时间少，因此参与活动的积极性普遍较高，主观能动性较强。而 2015 级及 2016 级则因为专业知识学习的深入，来自学习成绩、竞赛及科研等方面的压力增大，再加之每年活动形式的不断重复，参与活动的积极性越来越低。另一方面也可能是因为学生管理制度及 PU 制度在先前实践基础上不断完善，并取得了有效成果。

六、总结

PU 制度作为大学生管理制度的代表,其所反映的问题也正是探讨大学生管理制度中相对自由和相对束缚问题的重要依据。鉴于此,本文借助对 PU 制度的评价和建议总结大学生管理制度中相对自由和相对束缚的现状。

首先,PU 学时的供给量与需求量的关系,是衡量 PU 制度对学生而言是相对自由还是相对束缚的重要依据。若 PU 学时的供给量(特别是志愿服务类、课外活动类学时)可以充分满足学生的需求量(以 H 大学公选课课时/学时为例),学生存在很大的自由选择活动的空间,这时 PU 制度对学生造成的束缚相对较小。反之,若 PU 学时供给量刚刚满足甚至无法满足全体学生的需求,再伴随类似"学时不满 200 不许毕业"等政策,会给学生们带来极大的毕业压力,学生对 PU 制度的认可度也相应变得很低。以学时为主要目的参与活动也不利于学生通过活动增长知识、锻炼能力,往往流于形式,造成时间的浪费。

其次,建议学生管理制度从自上而下的单向管理向多元主体参与共治转变。通过将现状与 2014 级未实行 PU 制度时的情况进行对比可以发现,学校对学生管理过于松散和过于严格都达不到最佳效果,因此探索一种既不给学生太大的压力,又有一定的激励作用的学生管理模式十分重要。若学校仅仅凭借拥有的比学生更多的信息自上而下地建构学生管理模式,那么这种模式就很容易远离学生的学习及生活,难以获取学生对学校制度的认可。

最后,PU 制度需在实践的不断检验中趋于完善。毛泽东在《实践论》中写道:"马克思主义的哲学认为十分重要的问题,不在于懂得了客观世界的规律性,因而能够解释世界,而在于拿了这种对于客观规律性的认识去能动地改造世界。"[①] 任何一个新生的事物(例如本文探讨的 PU 制度)的发展过程都不是一帆风顺的,PU 制度的出现,给活动组织、活动参与度、活动后期审核等方方面面提供了极大的便利,这一点我们应当肯定。但如何依托这一平台,合理指导学生参与课外活动是值得学生管理者及每一位学生深思的问题。这个问题需在今后 PU 制度的推行实践中不断反思总结,从而使这一制度愈来愈趋于成熟与完善。

---

① 毛泽东. 毛泽东选集:第一卷[M]. 2 版. 北京:人民出版社,1991:292.

当代大学生参与创新创业项目研究[①]

创新是一个民族进步的灵魂，是一个国家兴旺发达的不竭动力。近些年来中国之所以能在各方面发展迅速，离不开创新的推动作用。但我国的创新水平仍然还有很大的进步空间，大学生的创新过程也有很多地方需要提高，仍然需要政府和高校的帮助。那么，大学生在创新创业的过程中遇到了哪些困难？大学生是否有足够的能力去把创新项目做到最好？政府和高校能为大学生提供哪些扶持和帮助？我们是否可以针对大学生的需求提出一些建议？就这些问题，我们通过问卷，在多个高校展开了调查，并在校内进行了个人访谈和多次案例分析，以全方位展示当代大学生参与创新创业项目的现状，对培养当代大学生的创新力提出建议。

一、调查研究背景

当代大学生参与创新创业项目研究离不开国家、地方政府、学校的政策扶持。因此，本文在大致介绍国家出台的扶持政策的同时，选取了江苏省政府以及H大学为例以具体说明地方政府和学校在大学生创新创业项目上的政策扶持及教育指导。除此之外，本文选取了《2017年中国大学生创业报告》中的数据作为支撑，对大学生参与创业的想法与态度等作了简要分析。

(一) 国家出台的对大学生创新创业的扶持政策

为鼓励高校毕业生自主创业，以创业带动就业，财政部、国家税务总局发布《关于支持和促进就业有关税收政策的通知》以及具体实施问题的公告，明确自主创业的毕业生从毕业年度起可享受三年税收减免的优惠政策。其中，高校毕业生在校期间创业的，可向所在高校申领"高校毕业生自主创业证"；离校后创业的，可凭毕业证书直接向创业地县以上人社部门申请核发"就业失业登记证"，作为享受政策的凭证。

---

① 本文所涉政策等皆为课题调研时政策。

1. 关于对离校创业毕业生的政策

（1）学生申领"就业失业登记证"：毕业生凭毕业证书直接向创业地县以上人社部门提出申请，县以上人社部门在对提交的申请相关情况审核认定后，对符合条件的毕业生核发"就业失业登记证"，并注明"自主创业税收政策"。

（2）学生享受税收优惠：高校毕业生创业3年内按每户每年9 600元为限额依次扣减其当年实际应缴纳的营业税、城市维护建设税、教育费附加、地方教育附加和个人所得税。

2. 关于对在校创业毕业生的政策

（1）学生网上申请：注册登录教育部全国大学生创业服务网，按要求在网上提交"高校毕业生自主创业证"申请。

（2）高校网上初审：所在高校对毕业生提交的相关信息进行审核，通过后注明已审核，并在网上提交给学校所在地的省级教育行政部门。

（3）省级教育行政部门复核：省级教育行政部门对学生提交的相关信息进行复核并确认。

（4）发放"高校毕业生自主创业证"：复核通过后，由所在高校打印并发放"高校毕业生自主创业证"，相关部门和学生本人都可随时查询。

（5）学生申领"就业失业登记证"：毕业生持"高校毕业生自主创业证"向创业地县以上人社部门提出"就业失业登记证"认定申请，由创业地人社部门核发"就业失业登记证"，一并作为当年及后续年度享受税收扶持政策的管理凭证。

（6）"高校毕业生自主创业证"的发放对象：毕业年度内在校期间创业的高校毕业生。其中，高校毕业生是指实施高等学历教育的普通高等学校、成人高等学校毕业的学生；毕业年度是指毕业所在自然年，即当年的1月1日至12月31日。

（7）学生享受税收优惠：3年内按每户每年9 600元为限额依次扣减其当年实际应缴纳的营业税、城市维护建设税、教育费附加、地方教育附加和个人所得税。对年应纳税所得额低于100万元（含100万元）的小型微利企业，其所得减按50%计入应纳税所得额，按20%的税率缴纳企业所得税。增值税小规模纳税人应分别核算销售货物或者提供加工、修理修配劳务的销售额和销售服务、无形资产的销售额。增值税小规模纳税人销售货物或者提供加工、修理修配劳务月销售额不超过3万元（按季纳税9万元），销售服务、无形资产月销售额不超过3万元（按季纳税9万元）的，自2018年1月1日起至2020年12月31日，可分别享受小微企业暂免征收增值税优惠政策。

3. 大学生创业政策的依据

支持大学生创业主要基于国家出台的政策，包括《财政部 税务总局 人力资源社会保障部关于继续实施支持和促进重点群体创业就业有关税收政策的通知》（财税〔2017〕49号）、《财政部 税务总局关于进一步扩大小型微利企业所得税优惠政策范围的通知》（财税

〔2018〕77号)、《国家税务总局关于小微企业免征增值税有关问题的公告》(国家税务总局公告2017年第52号)等。

(二) 江苏省出台的对大学生创新创业的扶持政策 (2014—2017年)

江苏省委、省政府坚持把促进大学生创业摆在就业创业工作的突出位置,以创新引领创业,以创业带动就业,加快构建创业教育、创业培训、创业政策、创业孵化、创业服务五位一体的工作格局,建立健全政府激励创业、社会支持创业、大学生勇于创业机制,实施创业能力提升、创业政策拓展、创业孵化推进、创业服务优化"四项行动",使大学生的创业意识和创业能力进一步增强,支持大学生创业的政策制度和服务体系更加完善,大学生创业的规模、比例不断扩大和提高,2014—2017年实现引领不少于6万名大学生创业的预期目标。采取的主要措施包括:普及创业教育、加强创业培训、加大金融支持力度、提供多渠道资金支持、推进大学生创业载体建设、扶持优秀创业项目等。

1. 普及创业教育

各级教育部门要加强对高校创业教育工作的指导和管理,推动高校完善创业教育体系,实现创业教育科学化、制度化、规范化。各高校要将创业教育融入专业教学、贯穿人才培养全过程,结合办学特点和大学生创业需求,普遍开设创业教育课程,面向全体学生广泛、系统开展创业教育进课堂活动,切实增强大学生创业意识;积极开发开设创新创业类课程,并纳入学分管理;丰富创业教育形式,开展灵活多样的创业实践活动;加强创业教育师资队伍建设,为普及创业教育提供有力支持。有关部门要重点加强40所省级大学生创业教育示范校建设,充分发挥示范辐射带动作用。

2. 加强创业培训

各级人力资源社会保障部门要加强与教育部门和高校的衔接,以有创业愿望的大学生为重点,编制专项培训计划,优先安排培训资源,大力开展创业培训进校园活动,使每一个有创业愿望和培训需求的大学生都有机会获得创业培训,不断提升大学生创业能力,2014—2017年创业培训不少于16万人。鼓励支持有条件的高校、教育培训机构、创业服务企业、行业协会、群团组织等开发适合大学生的创业培训项目,经过评审认定后,纳入创业培训计划,打造大学生创业培训品牌,切实提高创业培训的针对性和有效性。加强创业培训师资队伍建设,创新培训方式,研究开发适合大学生的创业培训教材,积极推行创业模块培训、创业案例教学和创业实务训练,抓好培训质量监督管理。加强大学生创业培训及实训基地建设,探索建立模拟公司、信息化创业实训平台等虚拟基地。

3. 加大金融支持力度

金融机构要积极探索和创新符合高校毕业生创业实际需求特点的金融产品和服务方式,本着风险可控和方便创业大学生享受政策的原则,降低贷款门槛,优化贷款审批流程，提高贷款审批效率。完善抵押、质押、联保、保证和信用贷款等措施，多途径解决高校毕业生担保难问题。人民银行各分支机构要指导银行业金融机构加大对小型微型企业信贷支持的力度，为创业大学生提供金融支持。落实小额担保贷款政策，对自主创业的高校毕业生，按规定给予不超过 10 万元的小额担保贷款；合伙经营和组织起来就业的，可适当提高贷款额度；微利项目由财政据实全额贴息，非微利项目给予 50% 的贴息；开办"网店"的，经认定后可按政策规定享受小额担保贷款和微利项目贴息补助。拓宽青年创业贷款和大学生"村官"贷款覆盖范围。

4. 提供多渠道资金支持

各地要根据大学生就业创业状况和就业工作目标，在就业专项资金中统筹安排大学生创业引导资金，重点用于大学生创业培训、初次创业补贴、创业租金补贴、大学生创业园和创业孵化基地建设等。各级经济和信息化部门要进一步加大对中小企业服务体系和小企业创业基地建设的支持力度，为创业大学生提供更多服务支持。鼓励企业、行业协会、群团组织、天使投资人等以多种方式向创业大学生提供资金支持，设立重点支持创业大学生的天使投资和创业投资基金，鼓励风险投资基金、股权投资基金与创业企业对接。对支持创业早期企业的投资，符合规定条件的，按规定给予所得税优惠或其他政策支持。有条件的地区要加快整合各类高校毕业生就业创业基金，完善管理体制和运营机制，为大学生创业实体提供支持。

5. 推进大学生创业载体建设

各地要充分利用大学科技园、科技企业孵化器、高新技术产业开发区、经济技术开发区、工业园、农业产业园、城市配套商业设施、闲置厂房等资源，建设大学生创业园、留学人员创业园和创业孵化基地，为创业大学生提供创业经营场所和创业孵化服务。制定并完善创业租金补贴办法，对符合条件的创业大学生给予经营场所租金补贴。各级人力资源社会保障、教育、科技等部门要发挥各自优势，构建多层次、阶梯型、全方位的大学生创业孵化体系，就地就近为大学生提供培训、孵化和经营场所支持。人力资源社会保障部门要采取多层次、多形式的合作共建模式，在全省规划建设 100 个大学生创业园，对批准为国家级和省级示范基地的，省财政给予一次性补助。教育部门要继续建设好 50 个省级大学生创业示范基地。

6. 扶持优秀创业项目

各地要加强创业项目培育，建立政府支持、企业与个人开发、市场运作的创业项目评估和推介制度，推动大学生将科技发明、专利等转化为创业项目。建立创业项目有效采集和定期发布制度，推动建成符合当地产业和经济发展要求、具有商业价值和市场前景、有较强操作性、适合大学生的创业项目库和创业成功案例库，积极开展创业项目展示推介和成功案例引导活动，健全为大学生创业提供项目服务的长效机制。人力资源社会保障部门要会同相关部门和单位，通过选拔推荐和组织专家团队评审，遴选扶持 5 000 个大学生创业项目，对其中科技含量高、潜在经济社会效益和市场前景好的优秀项目，给予一次性奖励。

7. 健全公共创业服务体系

各级人力资源社会保障部门要会同教育部门，推动高校建立大学生就业创业服务指导站，为大学生搭建融政策、信息、载体、服务于一体的综合平台，加快构建覆盖校园内外的公共创业服务体系，为大学生创业提供专业化、精细化、便捷化和全过程的创业服务。建立健全青年创业辅导制度，充分发挥行业协会作用，从拥有丰富行业经验和行业资源的企业家、职业经理人、天使投资人中挑选一批青年创业导师，建立创业指导专家团，提供贴近大学生、专业化的创业辅导。充分发挥留学人员回国服务工作体系的作用，为留学回国创业人员开展针对性服务。

8. 拓展公共创业服务内容

各级人力资源社会保障部门要以创业大学生为重点服务对象，拓宽人事和劳动保障事务代理服务范围，免费为自主创业高校毕业生提供人事代理、档案保管、职称评定、社保代理等服务。认真梳理归集涉及大学生创业的优惠政策，以年轻人喜闻乐见的形式加强宣传解读并提供咨询，帮助符合条件的创业大学生获得相应的政策扶持。积极探索将促进就业创业政策措施向网络创业就业领域延伸拓展，鼓励支持大学生开办"网店"，从事创业实践活动，为在电子商务网络平台注册"网店"的创业大学生提供政策支持和创业辅导。研究制定政府购买创业公共服务目录，引导社会力量参与，进一步提高为大学生创业服务的质量和效率。

9. 促进大学生创业交流平台建设

推进省级创业服务综合平台建设，为自主创业大学生提供创业资讯发布、创业培训引导、创业政策解读、创业项目推介、创业基地展示、创业导师咨询和创业经验交流等服务。搭建创业沙龙、创业讲堂等青年创业者交流平台，定期举办交流活动，为创业大学生及时了解政策和行业信息、学习积累行业经验、寻找合作伙伴和创业投资人创造条件。积极组织并引导大学生参加各类创业竞赛活动，激发大学生创业热情。每两年举办一次江苏省大学生创业大赛，汇集大学生优秀创业成果，使之成为凝聚大学生创业者、展示创业方案和创业项目的舞台，同时为创业投资机构、天使投资人等选择投资对象提供考察机会。

10. 简化工商注册登记手续

各级工商部门要大力推进工商注册制度便利化，完善落实注册资本认缴登记、取消注册资本最低限额、先照后证等改革措施，推行电子营业执照和全程电子化登记管理，优化业务流程，为创业大学生办理营业执照提供便捷服务。放宽住所（经营场所）登记条件，高校毕业生提供场所合法使用证明即可办理工商注册登记。拓展出资方式，允许高校毕业生以其共同开发、自主研发、科技创新的专利和非专利技术等成果作为出资。允许高校毕业生申报登记时使用文化创意设计、动漫游戏、移动媒体广播电视、电子书包、数字出版、网络出版等用语作为名称中行业和具体经营项目的表述。以个人名义从事家政服务、照料服务、病患陪护服务、家庭教育的，可以不办理工商登记。对毕业2年内从事个体经营的普通高校毕业生，从在工商部门首次注册登记之日起3年内，免收登记类和证照类行政事业性收费。

11. 落实财政补贴政策

各级人力资源社会保障部门要会同财政部门，对毕业2年内参加创业培训的大学生按规定给予创业培训补贴；对初次创业且经营6个月以上、正常申报纳税的在校生和毕业2年内的高校毕业生，给予一次性创业补贴，并可按用工人数给予吸纳就业奖励。

12. 实行税收优惠政策

各级税务部门要严格落实高校毕业生就业创业税收优惠政策，对从事个体经营的高校毕业生，按规定在3年内以每户每年9 600元为限额依次扣减其当年实际应缴纳的营业税、城市维护建设税、教育费附加、地方教育费附加和个人所得税；对月销售额不超过2万元的小型微利企业，暂免征收增值税和营业税，符合小型微利企业条件的，可享受小型微利企业所得税优惠政策；对直接从事种植业、养殖业、林业、牧业、水产业生产的企业，其销售自产的初级农产品免征增值税；对企业从事农业、林业、牧业、渔业项目的所得，可免征或减征企业所得税；对创办的软件企业经认定后，可按规定享受软件企业相关税收优惠政策。

(三) H大学创新创业环境及学校扶持政策

H大学把创新创业教育作为深化教育教学改革的重要内容，积极推进优质资源共享，为大学生提供多层次、多元化的创新创业实践平台。

1. H大学创新创业实践教育中心概况

H大学创新创业实践教育中心遵循"跨平台融合支撑、高维度协同育人、资源共享、持续发展"的原则，以强化实践教育为目的，以服务学生创新创业为导向，通过先进的教学理念、完备的双创教育体系、有效的培训培育方法，全面提升大学生创新创业实践能力，培养了一批一流创新创业人才。

2. 创新创业实践教育中心的师资队伍

学校聘请了企业职业经理人、人力资源专家、优秀校友、行业技术专家等，担任学生的创业导师。支持在校教师以对外转让、合作转化、作价入股、自主创业等形式将科技成果产业化，并鼓励教师带领学生创新创业。

学校创新创业实践教育中心目前有专职教师10名、专兼职教师107名，中级职称以上占83%，形成了一支以专职为主、专兼结合的高素质创新创业教育师资队伍。

3. 创新创业实践教育中心的规范管理制度

为了更好地将创新创业实践教育中心的作用发挥并落实到实处，学校制定了创新创业实践教育中心的规范管理制度。主要包括：①创新创业实践教育中心是教学的重要基地，必须加强科学管理，建立和健全各项规章制度。②进入中心必须遵守各项规章制度，爱护公物，不准高声谈笑、随地吐痰、乱抛纸屑杂物，保持安静、整齐、清洁。③在实验室进行科研、加工等工作，必须经中心领导批准并由负责人统一安排方可进行。④确保实训过程中的安全，节约器材和水、电、气，遇到事故及时断电、断水和关闭气源，并报告指导教师或中心管理人员。⑤尊重中心管理人员，对不遵守操作规程且不听劝告者，管理人员有权责令其停止实验，对违章操作造成事故者，严肃追究责任。⑥仪器设备报废须作技术鉴定，填写"报废单"，逐级上报，由学校统一处理。⑦爱护国家财产，文明实训，认真做好机器和工具的维护清洁工作，保持实训现场的整洁卫生。⑧遵守劳动纪律，下班时必须搞好清洁卫生，关好门窗、水龙头，切断电源，锁好门。

4. 提出并实践了"双创6150行动计划"

学校以"强化服务、提升质量"的创新创业教育工作思路为牵引，坚持以促进学生全面发展为目标、以培养学生创业意识和创业精神为核心，提出"双创6150行动计划"：建设"双创教学，实践训练，指导服务，成果展示，资源对接，孵化转化"六位一体的实践教育中心，实施"100%的学生受到创新创业教育、50%的学生参加创新创业实践"；以创业实践活动和创业项目为载体，以能力提升为关键，实现创新创业与通识教育的融合，通过创新创业促进以就业质量提高、职业发展提升为目标的创业教育理念。积极引导专业教育与创业教育相融合，根据不同课程的特点，将创业意识、创业知识、创业能力和创业实务融入相关的课堂教学，通过结合学校学科专业优势，突出行业特色，加强教育理念的融合，凸显创业教育特色，实现创新创业教育的常态化和可持续发展。

（1）完备而丰富的双创教育生态体系

学校把创新创业教育作为深化教育教学改革的重要内容，构建多层次、校与校之间、学校与基地之间、学校与服务社会之间的立体化的创新创业教育课程学分认证体系，强化双创教育生态的多样性，实现创新创业教育全面覆盖，并形成一套集创新创业实践教育与项目孵化转化于一体的"六轮驱动"模式的创新创业教育体系，包括：双创教育、团队组建、双创实践、孵化落地、平台发布和社会转化。

（2）有效的培训培育方法

学校通过完善学分、经费等奖励制度，鼓励学生积极参加创新创业训练计划，将训练成果作为学校培育创业项目的重要来源。

学校建立的创新成果转化为创业项目的对接渠道，使创新创业实验室等平台成为科技创业的项目研发阵地，实现创新与创业资源的无缝对接，达到相互融合、相互促进的目的。通过举办团队训练、创业培训等方式，提供素质拓展，提高学生的创新创业能力。同时，通过开展创业团队主题培训和沙龙活动，建立大学生创业团队、创业学生跟踪档案，针对大学生创业企业不同发展阶段中出现的企业融资、团队管理等实际问题，邀请创业导师和杰出创业校友开展主题报告和沙龙活动，增长学生的创业知识，增强学生的创业意识，提升学生的创业能力。

以创新创业主题报告为例，学校先后邀请祝世宁院士、周忠和院士、张全兴院士、陈勇院士、长江学者郭万林教授、全国教学名师施大宁教授、中国十大杰出MBA教授陈钢老师、著名企业家朱澄校友等来校做创新创业主题报告。开展企业家导师校园行、创业导师见面会、"规划未来·赢在职场"等活动，先后邀请大贺传媒董事长贺超兵、中交四航局董事长梁卓仁、北京合纵科技董事长刘泽刚等30余家单位的专家学者、成功创业人士与创业学生面对面分享。

5. H大学创新创业实践教育有充分的条件保障

（1）师资保障：整合一批创业指导有效、理论研究深厚、具有创新意识、科研能力强的教师，专职开展创业教育和指导服务工作；积极从社会各界聘请实践经验丰富的企业家、创业成功人士、专家学者作为校外兼职教师，形成一支以专职为主、专兼结合的高素质创新创业导师库，承担学生双创竞赛和相关课程指导任务。每年划拨专项经费用于教师创新创业指导和教学质量提升培训，通过校内办班，校外培训，选送教师到企业学习、挂职等形式，加强对创新创业授课教师的培训和实践锻炼。

（2）安全保障：学校坚持以人为本的理念，依据国家标准，配备安全、环保的应急设施和设备，制定了《H大学大学生创新创业中心管理办法（试行）》《H大学大学生创新创业园安全管理规定》等一系列运营和管理规定，通过进一步梳理、规范创新创业教育的课程设置、教育体系和创新创业实践活动，制定并健全校内创新创业、科研基地的管理措施及相关配套政策，定期开展师生安全、保密和知识产权保护教育活动，确保校内创新创业教育工作科学化、制度化、规范化运行。依据国家标准，学校与南京海盈科技企业孵化器有限公司共同制定了《H大学创新创业校外实践基地管理办法（试行）》与《H大学创新创业校外实践基地安全管理规定》等一系列校外安全管理文件，确保学生在校外基地实践的安全，使校外创新创业基地规范化、制度化运行。

（3）经费保障：首先，学校设立"大学生创新创业基金"，学校划拨700万元专项经费用于创业教育与创新训练计划，用于扶持学生创新创业，并纳入年度工作预算，以资金扶持方式，切实推进创新创业教育工作，支持大学生从事科研项目研究，培养大学生的创新精神和创业能力，帮助学生完成项目，实现科研成果的转化。其次，积极争取行业企业的支持，设立企业扶持大学生创业专项基金；再次，通过举办项目对接会、科技成果展示及洽谈会等形式，争取民间风险投资机构和天使投资机构的参与，促进各类风险资本与创业项目对接。

6. 与优质企业合作建立校外实践基地

学校与南京海盈科技企业孵化器有限公司（以下简称"海盈科创"）建立了校外合作实践基地。海盈科创是一家立足高校优质资源、结合长三角地区科技产业优势，聚焦技术和资本联动的泛资产管理业务而搭建的产业孵化运营平台，打造"产业与金融、投资与服务、线上与线下"有机结合的创新型科技金融综合服务模式，致力于成为国内领先的科技产业孵化器运营企业，为国内战略新兴产业和科技企业发展提供全方位加速孵化服务。

海盈科创下辖两家核心成员企业：江苏安佰裕资产管理有限公司（以下简称"安佰裕资本"）和南京河海水科技创新发展有限公司（简称"河海水创"）。

（1）河海水创：这是由南京河海科技有限公司、南京海盈科技企业孵化器有限公司共同发起设立，是产学研合作、科技成果转化与技术转移、孵化的专业载体。借助 H 大学优质的科教资源，为大学生创业提供知识产权、科技研发、高新技术企业孵化、信息技术展示等服务。

海盈科创运营有专业科技企业孵化器，为大学生创新创业及实践提供 1 000 平方米场地以及综合功能区域，包括校外路演厅、项目展示厅、创新团队工作室、创业孵化室、知识产权与股权投资事务中心、创业示范点、创业咨询室等。

（2）安佰裕资本：其成立于 2016 年 01 月，注册资本 1 000 万元，是海盈科创旗下一家从事私募股权投资、创业投资、资产管理等业务的专业私募基金管理机构。2018 年 1 月，在中国证券投资基金业协会成功备案。安佰裕资本已登记为合格的中国私募投资基金管理人（登记编号：p1066847），机构类别为私募股权投资、创业投资，为海盈孵化器提供创投基金配套，为大学生创新创业提供综合解决方案。

（四）学生认知与参与现状

《2017 年中国大学生创业报告》调查显示，工学、管理学和经济学专业的大学生对创新创业感兴趣的人数比例最高，农学、医学类、艺术学专业的大学生对创新创业大多没什么热情。

报告指出，资金不足依然是大学生创业的最主要障碍，大学生缺乏专业知识和市场及相关管理经验也成了主要障碍。

调查显示，当前大学人才创新能力的培养还存在以下问题：首先，缺乏创新考评机制。大部分高校仍以成绩为依据考评，以讲授法为主，以老师为中心，教学体制模式和教学内容也较为单一，对创新能力不够重视。其次，校园创新氛围不够浓厚。高校的创新平台支撑仍然不够，创新氛围不够浓厚，缺乏高科技含量的组织活动；大学教师作为传道授业解惑的人，应在培养大学生创新能力的过程中发挥巨大的作用，但是大部分高校老师创新意识和能力不足。最后，大学生自身综合素质不强。学生自身缺乏坚强的意志，承受挫折能力比较弱，无法解决创新过程中遇到的困难，情感比较脆弱，在面对挫折时，容易打退堂鼓；大学生创新思维方式匮乏，创新思维能力不强，独立思考能力和动手能力较差。

综合看来，我国大学生创新创业情况总体发展较好，但区域发展不均衡；我国大学生创新创业融资较为困难，创新创业初期启动资金大多依赖于高校创新创业基金支持和地方政府的政策扶持；大学生创新创业配套服务有待进一步提高；高校创新创业教育平台建设相对滞后；高校创新创业教育课程体系缺乏一定的系统性和完整性，创业教育与专业教育严重分离，在创新创业教育开展的过程中缺乏有效的资源整合。

二、调查目的及意义

随着经济全球化的不断发展，我国的经济也在飞速发展，对创新的要求也越来越高。如若能对大学生的创新创业现状进行深入剖析和总结，则对提高大学生的创新能力和促进国家的创新发展也是一大贡献。我们此次调查的目的在于了解我国的创新背景和数据，结合小组的调查结果对大学生参与创新创业的现状进行分析，并对所发现的问题提出一些建议和对策。希望通过我们的调查，分析大学生在哪些方面还能有所提高，同时希望通过我们的调查能够发现大学生还需要政府和高校提供哪些政策扶持，以便政府和高校在制定政策时能够做到有的放矢。此外，作为大学生，我们还将对自身情况进行深刻的思考。

三、调查方法及对象

本次实践采取了问卷调查、人物访谈、案例分析的方法，在实践小组成立后，组员一起合作讨论完成了调查问卷《关于大学生参与创新创业项目的现状调查与研究》的设计。该问卷根据大学生对创新创业项目的参与度以及政府和高校对学生参加创新创业的扶持和帮助力度等相关情况进行设定并经过反复修改。问卷主要采用选择题的形式，并且也留下了参与者可自行表达意见的空间。我们通过常用社交软件进行问卷线上发放，总共发放问卷349份，收回349份，回收率100%，其中有效问卷349份，回收有效率100%。随后我们联系校级层面相关人员进行了访谈，又选了部分身边的小案例进行采访。最后小组内部进行具体分工，对调查结果进行了统计、处理和分析并进行总结，最终形成了调查报告。

在全部349名被调查者中，49.28%的被调查者是大三学生，有21.78%的被调查者是大二学生，14.61%的被调查者是大四学生，14.33%的被调查者为大一新生。为避免出现由于年级不同而造成的差异，团队成员在题目设置时将年级差异考虑在内。全部349名被调查者中，以工学学生居多，经济学和管理学学生人数位居其后，其次是文学、理学等，艺术学、历史学等专业的人数较少。本次调查对象全部为大学生，调查范围包括但不限于

H大学，年级包括大一到大四共四个年级，专业涉及哲学、经济学、法学、工学、管理学等12大学科。

四、调查分析

本次调查研究基于问卷数据、访谈以及实例所呈现出的高校与社会对大学生创新创业的支持与指导展开分析。

多数大学生对政府和学校创新创业项目的关注度较高。调查发现，17.77%的受访者经常关注政府和学校对大学生创新创业的扶持政策；68.19%的受访者偶尔关注相关扶持政策，知道一些相关信息；14.04%的受访者对创新创业的扶持政策完全不了解。可以看出超八成的受访者对创新创业有一定兴趣，希望并愿意获取政府和学校对创新创业扶持的政策信息。

多数大学生认为参加创新创业项目有意义。调查发现：61.32%的人认为有一定的理论意义，但实用价值不大；29.51%的人认为很有意义；剩下9.17%的人则认为毫无意义。

参加创新创业项目的时机选择。调查发现，42.12%的人认为最适合创新创业的时间是毕业工作有经济支撑之后，38.40%的人认为只要有合适的想法就可以，19.48%的人则认为最适合的时间是大学期间。

参加过创训或相关比赛的大学生占比不高。调查发现，参加过创训或相关比赛的大学生占36.96%，没参与过的是参与过的1.7倍，其中大一学生参与率约12%，大二学生为34.12%，大三学生为43.02%，大四学生为45.10%；按专业参与率排序，最低的为理工类，占30.39%，经济管理、教育学类占40.60%，艺术、文史类占37.21%，最高的是法、医、农类学生，占55%。

对未参加创训项目的原因分析。调查发现，对比赛了解不足以及自我能力认知不足的大学生占总调查人数的37.82%，是未参加创训项目的最主要原因，也是学生大二、大三、大四时未曾参与的主要原因。大一处于了解准备阶段，因不确定因素而不敢贸然行动为最主要原因，其中经济管理、教育学类学生选择这一原因的占39.85%，艺术、文史类学生占32.56%，法、医、农类学生占45%。第二个原因是正在了解阶段，还未来得及参与。对创新创业不感兴趣人数占比最少。

调查发现，64.76%的大学生认为创新创业是开发一个创新项目，大一到大四、各专业学科学生均超50%的人支持该观点，认为创立公司或企业、开店或运营App等是创新项目的学生占比仅10%左右。

参加创训的年级分布和创训形式。调查发现：大一选择参加创训的人数占54%；大二、大三学生选择更加多样化，选择IT、能源和新能源、小商品与餐饮行业的人数为

30%～40%；大四学生更多倾向于小商品与餐饮行业。理工类学生选择IT业、餐饮行业居多，占51%、33%左右，经济管理、教育学类学生选择小商品与餐饮行业居多，艺术、文史类学生选择不同行业创业的人数不相上下，法、医、农类学生选择更为分散，以新能源、小商品与餐饮行业选择为多。

学校对于创新创业团队高度重视。调查发现，有68.19%的人认为学校对于创新创业团队较为重视，认为"十分重视"的有16.62%，认为"较为不重视"的有12.61%，还有2.58%的调查者认为学校不重视。可以看出，绝大部分的人都认为学校对于创新创业团队是足够重视的。

参加创新创业项目的原因。调查发现，超过2/3的人认为提高表达、协作等方面能力是参加创新创业比赛的目的之一，可推定此项是在校学生参加创新创业比赛的最主要原因之一；其次为积累人脉关系和创新创业相关经验，占比63.61%；第三层次的目的是实践学科内容和提高就业竞争力，分别占比56.16%、55.3%，都过半数；最后一层次的目的是获取项目奖金、经费补贴，获得学校加分，只有约1/3的学生把此两项作为参加创新创业比赛的目的；另外，有少部分人是因为身边有别的同学在参加相关比赛，自己便跟着参加，此类同学占比不高，只有6.02%，属于正常的从众行为。

参加创新创业项目可能遇到的阻力。调查发现，创新创业过程中可能遇到的阻力首先来源于缺乏专业知识、缺乏资金、缺乏市场及相关管理经验、缺乏执行力，占比均超过了60%；其次来源于缺乏科学性的指导、害怕失败的心理、没有合适的队友、缺乏交流的平台，占比40%～60%；最后来源于时间太长、精力不足、咨询服务不到位，占比40%以下。可以看出，创新创业的阻力来源广、影响大，这极大地影响了大家的创新创业积极性。

参加创新创业项目的内容与本专业的关系。调查发现，过半数的人认为创新创业的方向和内容与自己所学专业有关系但关系不大，约1/4的人认为其与自己所学专业密切相关，认为二者基本没有关系的人约占1/8，极少数人认为二者完全没关系。

各因素在校园创新创业事项中的重要性。根据数据分析可知，对于各因素在校园创新创业事项中的重要性，被试者认为团队成员的协作能力和创新自主的想法的重要性最高，分别占68.9%、67.05%，其中团队协作能力比创新想法更为重要；其次为团队成员自身专业素质和教师或辅导员手中的项目资源，分别占51.03%、50.43%，二者都接近50%，说明有一半人认为自身素质和外部资源对于创新创业事项较重要；最后为校外企业或投资方的资源、政府对于学校创新创业的投资和重视程度，分别占38.11%、37.25%。

参加创新创业项目的作用。调查发现，在349名受访者中，有近2/3的受访者认为目前的创新创业比赛对实际创新创业起到了一定程度的帮助作用，1/5的人认为非常有帮助，9.74%的受访者认为没什么帮助，仅有4.87%的受访者不了解该类比赛有哪些内容。可以看出，对绝大部分人来说，目前的创新创业比赛对实际创新创业还是有积极作用的。

支持大学生创新创业的影响因素。调查发现，有半数上下的受访者选择了来自获奖同学或已创业成功的往届同学的经验分享、学校扶持政策宣传、资金场地支持、组织介绍有想法或项目的团队进行实地实践中的一至四项。36.39%～46.42%的受访者选择了对本市创业优惠政策分析讲解、创业训练营或精英班进行集中培训、专业的指导老师或咨询指导师中的一至三项。极少数受访者认为学校在除上述方面之外，需要对大学生创新创业加大扶持力度。

大学生创新创业评价。调查显示，关于学校在创新创业事项中所做的工作，69.34%的受访者表示基本满意但还存在改进空间；1/5左右的受访者认为宣传到位，对学校扶持大学生创新创业方面的工作非常满意。但我们注意到，仍然有极少数的受访者对此项工作表示不满意。

总之，从本次对大学生的调查可以看出，关于创新创业的认知与发展仍然存在着不少问题，例如：工学、管理学和经济学专业的大学生对创新创业感兴趣的人数比例最高，农学、医学类、艺术学或部分文科专业的大学生对创新创业大多没什么热情；资金不足依然是大学生创业的最主要障碍；同学们还认为缺乏专业知识和市场及相关管理经验也是主要障碍；大学生自身综合素质不强；缺乏创新创业考评机制，大部分学校仍采用以成绩为依据的考评方式，以讲授法为主，以老师为中心，教学体制模式和教学内容也较为单一，对创新能力不够重视，校园创新氛围不够浓厚；我国大学生创新创业总体发展较好，但区域发展不均衡；我国大学生创新创业融资较为困难；我国大学生创新创业配套服务有待进一步提高，"高校创新创业教育平台建设滞后"[①]；课程体系缺乏，创业教育与专业教育分离；等等。

五、对策和建议

面对有比较多的空闲时间且有强烈求知欲的新时代大学生，如何让他们更好地参与创新创业项目，政府和高校该如何支持，我们小组讨论分析并得出以下结论。

（一）政府和高校层面

1. 加强高校创业教育

创业教育作为一种全新的教育模式，是高等教育发展的必然趋势。相对于传统教育，创业教育更多是为了培养学生的创业意识和创业能力。作为培养高级人才的地方，高校更要以建设创新型国家为目标，承担为社会培养创业型人才的责任，并逐渐完善大学生创业

---

① 吴立全. 高校创新创业教育融入人才培养全过程的路径探究[J]. 中国成人教育，2018（6）：79-81.

教育体系。一方面，高校要对过去的教学方式和内容进行改革，更加注重学生的实践能力和创新能力。同时深化课程改革，增加在整个课程体系中创业教育课程及实验和实践等环节的比例，建立一套完整的教学质量评估体系，使创业教育始终贯穿于大学生培养的全过程。另一方面，高校要进一步加强对大学生思想上的教育工作，结合当前社会的创业需要，通过各种方法让大学生树立正确的世界观、人生观和价值观，使其具备艰苦奋斗、勇于挑战、自信自强等创业人必备的精神，为大学生创业打下良好的思想基础。另外，学校要不断加强与各级政府部门和相关企业的密切联系，建立大学生创业实习基地和就业拓展中心。

2. 各级政府要加大资金扶持力度

对于想创业的大学生来说，来自政府层面的资金支持尤为重要。各级地方政府可以采取多种形式资助本地大学生创业。首先，继续发挥现有的小额贷款、优惠政策的作用，并逐步扩大范围。其次，地方政府可以创新性地建立"创业投资基金"，按风险投资方式商业化运作。再次，不定期举办各类型的大学生创业大赛，邀请风险投资专家和知名企业家与大学生面对面交流。

3. 交流经验，提升能力，保持理性

政府人才机构可将在服务窗口和网上创业平台登记的有创业意愿的大学生联合起来，建立相互交流的QQ群，成立"创业俱乐部"，邀请推广企业项目的企业家们召开联谊会，进行经验交流，现场指导，使大学生最终实现成功创业。显而易见，身边的成功案例对大学生的激励作用尤为明显。被誉为"中国创业第一人"的杨锦方用所学的计算机专业知识注册和创办了视美乐公司，成为成功创业的典范。不少新闻媒体对此进行了详细的报道，在社会上刮起了创业旋风。很多学生就是在这些报道的影响下开始关注大学生创业活动的。

4. 构建完善的大学生创业服务平台

各级政府应在为创新创业教育提供指导和服务方面构建创业平台，设立专项资金，健全体制机制，加大宣传力度以推动创业工作。此平台可以提供帮助创业者寻找需要的创业伙伴、宣传创业项目、展示创业想法、了解项目动态等创业方面的各项服务。

5. 学校开展课程培训和实践比赛

首先，学校可以依托专业课程，夯实学生的基础能力。第一阶段开展通识教育，对全体学生开设创新创业的选修课。第二阶段开设专业课程，一部分大学生觉得自己的个性和能力适合创新创业，并有意愿深入学习和从事创新创业活动，则可以参与专业课程的学习。专业课程应该具有非常强的市场导向和可操作性，内容可涵盖创新创业技术和方法、沟通技巧、协调管理技巧、企业家精神等内容。第三阶段开设实践课程，采取自愿和选拔相结合的方式，继续进行深度实践，组成创新创业团队，在指导老师的带领下参加实践课程，包括素质拓展、团队合作活动、企业参观、模拟创业、模拟资本运作等内容。其次，学校应当组织各类创新创业竞赛活动，如"挑战杯"、"创青春"、数学建模、软件设计、网页设计、平面设计等竞赛活动，培养学生的实践能力。

6. 学校要通过顶层设计不断启发学生的创新创业思维

从调查结果可以看出，一部分大学生缺乏一定的创新创业意识，很多学生不是没有创新创业的想法，而是不敢贸然进入这个领域，他们往往把创新创业意识埋藏在内心深处，害怕出现问题，给自己带来麻烦。出现这一问题的原因之一是学生们接受的大学教育在创新创业方面的渗透不足，许多老师在教授学生知识的过程中就教育学生，不要想着对一些成熟的工艺进行创新，因为人家之所以这样操作必然有其道理，即使这个工艺存在问题，也不要随便改变原有的生产工序。虽然这些话本身具有一定的道理，但是也间接地打击了学生们的积极性，将创新创业的想法扼杀在了摇篮中。高校老师必须在日常的教学中渗透创新创业思维，在课堂引导学生利用新的方法、运用新的思维解决实际问题，从而自然而然地产生一些创新想法。这种做法是最根本的方法，是优于单纯向学生进行创新创业精神的灌输的。同时，学校应该加强对大学生创新创业意识与精神的培养。比如校内应该开设相关创新创业讲座，展示创业成功人士的成功事迹，从而不断增强大学生创业的勇气，使其在认识、理解创业价值的前提下感受到创业的真谛，并积极参与各种创业训练，真正投入创业活动。

7. 学校通过校企合作平台为学生提供实践机会

学校一方面可以开发校企合作平台，提供机会让大学生自己建立的创业团队将商业构思运用于合作企业，学会开拓市场、开发产品和提供服务。另一方面，学校可以配备一些有社会经验的企业导师，由企业导师与大学生进行座谈和案例研讨，从精神上、经验上、心理上为有志于创新创业的大学生提供支持。

8. 学校积极关注学生的心理状态

各高校可以根据学生的心理特点，组织相关提升心理素质的竞赛活动，如头脑风暴、素质拓展、团体训练等，让他们从中学会创新、学会合作、学会保持良好的心理状态，为以后创新创业打下良好的基础。同时，学校的心理咨询中心也要参与进来，为学生提供心理健康指导，防止其在创新创业过程中出现心理问题。

(二) 学生个人层面

1. 培养自身创新创业意识

大学生自身创新创业意识的养成，不能全靠老师和学校创新创业中心的努力，大学生也应该对自己有一定的要求。首先，积极参与大学校园生活，包括积极参加各类宣讲会和比赛，通过聆听和参与，激发自身的创新创业想法。其次，对人生有一定的规划和安排。许多学生并不能独立地计划未来的工作，而是全部听从父母、亲戚朋友的安排，盲目考研考公。大学生作为成年人，应当有独立的思考能力，清楚自己将来想要工作、深造还是独立创业，正视自己的创新创业潜力。此外，还应当对身边的事物抱有好奇心与探究欲，敢于对不合理的事情或者现象提出质疑，并尝试思考解决问题的方法，这样将有助于形成创新创业意识。

2. 积累经验、提升知识储备

学生要通过多种方式不断积累创业的经验，如参加高校创业教育培训、参加创业大赛等，应经常走上社会进行实践调研，锻炼提高自己的沟通能力和人际交往能力；还要对市场环境进行分析，要清楚了解自己的实力，对自身能力、经济实力和人际关系等要有充分的认识，以便于制订切实可行的计划。大学生创业者应该寻找机会深入社会，了解相关行业的基本运作模式，多参加社会实践，从而积累创业经验。

3. 积极参与创新创业培训

首先，大学生们应当认真学习相关理论课程，只有将基础的专业知识学透彻了，才能方便日后的灵活使用。同时，可组建一支属于自己的团队，积极参加各类比赛，锻炼自身的团队合作能力。更重要的是要善于利用学校的相关平台和师资力量。学生们可以根据自己团队的需要选择合适的指导老师，并积极与学校的创新创业中心沟通，获得所需要的资源和信息。同学们不断地投入团队的组织和创业计划书起草的过程，就是在不断地锻炼自身创新创业能力的过程。

4. 要敢于付诸实际行动

创业想法最终落实的推动力量还是学生自身。创业团队不应当只想着利用创新想法谋取自身的福利，换取学校的资金支持，而应当切身投入创业活动。学校已经为学生提供了资金和师资方面的帮助，创业团队自身也要大胆迈出创业的第一步，真正开设公司，尝试经营，否则之前做的一切都是纸上谈兵，毫无实践意义。此时，拥有一个优秀的团队领导者显得尤为关键，在团队队长的带领下，学生们将真正一步步走上创业道路。

5. 要锻炼自身的心理素质

在创新创业过程中，学生必定会遭受困难与挫折，这对学生的抗压能力、紧急事件的处理能力都是很大的考验。一方面，学生自己要实时关心自身的心理状况，可以通过跑步、睡觉等方式释放压力，在遇到心理问题时要寻求学校心理健康老师的帮助。另一方面，学生要积极融入团队，通过和团队成员分享心事的方式，寻求同伴的帮助。

(三) 对策总结

大学生创新创业问题的解决，不仅需要学校加强构建创新创业素质培养体系，激发学生们的创新创业意识和能力，也需要全社会支持、营造创业环境，更需要大学生大胆开拓创新。

1. 学校方面

（1）评估。在开展创新创业素质培养之前，使用如卡特尔 16PF 测验进行人格测试（内/外向性格、自我控制程度、环境适应性）评估学生创新创业个性，对学生群体进行划分。

（2）激发。在开展创新创业素质培养之前，实行课程教学改革，将创新创业理念贯穿于各类课程教学，采取多元化教学手段激发和培养大学生的创新创业意识。

（3）培养。在创新创业素质培养（核心部分）阶段，针对不同层次大学生开展多样化的创新创业能力培养。例如：依托专业课程，夯实基础能力；组织参加竞赛活动，培养实践能力；开发校企合作平台，激发潜在能力。

（4）维持。在创新创业素质培养（后续部分）阶段，通过心理咨询老师的帮助，组织素质拓展课堂，开发校企合作平台，激发学生潜在能力，提升大学生创新创业中应对各种困难和挫折的能力。

2. 学生方面

（1）大学生自我评估。学习如霍兰德的相关理论，评估自己的创新创业职业能力。

（2）大学生自我创新创业意识培养。参加各类宣讲会和比赛，正视自己的创新创业潜力；对身边的事物抱有探索的心理。

（3）大学生自我创新创业能力提升。认真学习相关理论课程，积极参加各类比赛，锻炼团队合作能力；善于利用学校的相关平台和师资力量。

（4）大学生自我创新创业意志塑造。开展团体训练、组织团队会议，增强团队凝聚力。

3. 社会方面

（1）资金扶持。政府除了为大学生创新创业提供贷款、税收等方面的优惠政策，减轻创新创业成本，还可以设立专项基金，支持大学生自主创业。

（2）平台支持。构建大学生创业服务平台，为大学生创新创业提供专业指导和服务。

（3）环境营造。全社会应营造一个宽容和谐的创业环境，对于大学生创业过程中遇到的问题和困难，及时给予帮助。

关于大学生超前消费行为的分析

伴随着网络购物的日益便捷化、网络借贷平台的涌现、人们消费观念的不断转化，大学生群体中超前消费行为也成为一种常见的现象。作为相对低收入且收入不稳定的特殊群体，大学生的超前消费行为日益引发了诸多问题。本文便基于对大学生消费现状的分析，探究大学生超前消费的原因并提出相关建议，以引导大学生群体树立合理的消费观。

一、当代大学生的消费现状

超前消费是指当下的收入水平不足以购买现在所需的产品或服务，以分期付款、预支形式进行消费。《2019大学生消费理财观数据》显示，2019年，中国在校大学生每月平均花销（不含学费/家庭与学校间往返交通费）已达1 197元。其中，形象消费所占比重最高（62%），其次是社交娱乐消费和学习消费。大学生虽然经济实力未能跟上社会经济发展，消费观念上却早已和社会发展同步。

显然，当代大学生在保证生活品质的基础上，更多追求生活上的享受。"花明天的钱圆今天的梦"这种消费方式，对于一些大学生而言，已成为日常生活的重要方式；当月的计划生活费用完时，只能将下个月的生活费提前支出。

（一）当代大学生的消费结构

当代大学生的消费结构主要包括日常生活消费、学习消费、娱乐消费和人际交往消费等方面。

1. 日常生活消费

生活消费是指大学生为了满足基本生理需要而进行的消费，是其他需要得以满足的前提和基础。当代大学生的日常生活消费直接体现在衣、食、住、行四个方面。不同家庭条件的学生有不同的基本生活消费情况，导致高校大学生消费呈现两极分化态势。有些家庭条件好的大学生进行超前消费和奢侈消费，而一些经济条件差的学生勤工俭学，做兼职、家教以减轻家里的经济负担。这种日常生活消费的不同也鲜明地体现了大学生消费的层次性。

2. 学习消费

学习消费是指大学生为了履行学生这一基本社会角色而进行的消费，主要包括学习资料费用、考试培训费、学费以及各种等级考试的报名费。

3. 娱乐消费

大学生正在从传统物质消费向精神消费转化，"娱乐消费"更是成为当代大学生消费的主要方向，这种注重精神品质生活的消费随着大学生年级的增长而不断上升。调查显示，36.5%的学生每月在娱乐上的消费占月生活费的8%。

4. 人际交往消费

人情消费、恋爱消费是人际消费中的重要组成部分。随着社会的发展，越来越多的大学生以人情消费为依托来构筑自己的关系网，以此增加自己的社会资源。另外，恋爱消费在大学生的消费支出中也不容小觑。有的大学生在恋爱方面的支出与日常消费支出不分上下，主要用于平时约会、去饭店改善生活、买节日礼物，等等。

（二）当代大学生超前消费的现状

随着人民生活水平的日益提高，家庭对学生的消费也多倾全力支持，再加上受各种社会因素的影响，当代大学生消费呈现超前消费倾向。

1. 社会方面

消费信贷 App 的推广应用及其门槛的降低，为大学生超前消费提供了便利渠道。借助"花呗""白条"等消费信贷产品，大学生能够非常轻易地获得不同的消费额度，通过预支消费额度，享受"先消费后付款"的购物体验。再者，大学生超前消费的数字化特征，让电子货币交易停留在更像是一串数字起起落落的心理印象上，使得大学生在超前消费过程中产生了一种虚拟的"富有感"，在消费过程中消费欲望不断增长。消费信贷 App 借助超前消费，补偿无法改变的现实，模糊收入与阶层的对应关系。

2. 家庭方面

大学生的主要经济来源为家庭，在经济上仍不能独立。有的家庭对子女进行合理理财和储蓄观念教育的意识淡薄，使得大学生对于消费没有计划，没有正确的理财观念，当生活费不够时，他们不好意思向父母开口，就会依托于花呗、信用卡等方式。支付宝最新统计的数据显示：在使用花呗的人群中，"90后"占主体。

3. 个人方面

大学生超前消费行为的主要表现是：不合理的消费结构，消费的盲目性、冲动性，相互攀比，奢侈浪费。部分大学生把对消费品的占有、享受作为弥补精神空虚的手段，部分大学生通过购物消费来达到及时行乐、满足消费欲望的目的。同时当代大学生表现出较为强烈的主体性，更注重展现自我个性，追求更高品质的生活。这些都是大学生面对超前消费的诱惑而难以控制自身的消费欲望的体现。

大学生处于发展的不均衡和不稳定阶段，更容易受到各种主客观因素的影响。大学生消费观念的超前和消费实力的滞后之间的矛盾使得其消费状况存在不少问题，因此关注当代大学生超前消费的行为，分析其超前消费形成的原因，并且提出有效对策，对大学生走出消费误区，健康生活和发展具有重要的意义。

二、当代大学生超前消费的原因分析

当前大学生超前消费问题的出现，既与社会环境的影响有关，也与家庭、学校教育的引导有关系，更有个人心理的因素的影响。

（一）社会环境的影响

社会环境是个体成长的"空气"和"水"，从时间上看，它覆盖了个体生命的全部历程，因而影响个体一生的教育社会化。随着社会经济的发展，社会大环境对大学生的消费既有积极影响也有消极影响。一方面，随着市场日益发展，产品形式越来越多样化，为大学生的消费提供了选择的可能性，主要表现在扩大了消费范围、拓展了消费空间，如网上购物。另一方面，人们的生活方式、消费观念发生了巨大变化，物质生活的富裕大大提升了大学生对生活质量的期望值。

如今电商平台飞速发展，网络购物消费已经成为潮流，除了"淘宝网""京东商城"等国内主流电商平台外，还涌现出一大批多样化的购物平台，竞争愈演愈烈，并不断推出"双十一"等购物狂欢节来刺激消费。大学生在各种打折促销的诱惑下会产生冲动消费行为，从而导致超前消费。

现今互联网技术的便捷化使电子货币使用广泛，提高了生活便捷度。但是当金钱成为虚拟数字，人们对物品价值的衡量标准也发生了变化，大学生对消费的规划能力会逐步降低，消费行为也因此在一定程度上发生改变。各种网贷产品如分期付款、花呗、京东白条的出现更是滋长了超前消费这一现象。

如今市场经济飞速发展，很多大众传媒在商业利益的驱动下，选择了放弃其应该承担的社会责任。他们传播商家想要的信息、引导拜金主义的价值风向。而现在的大学校园早已不是不食人间烟火的象牙塔，其与社会的联系愈来愈紧密，良莠不齐的大众传媒更是无孔不入地将不良的消费观大量输入校园。消费主义借助各种传媒轰炸式地传播，而大学生求知欲望强，涉世不深，很容易受到不良消费观的冲击。大众传媒对大学生的消费观和消费行为影响颇深，促使大学生购买许多超出自己消费能力的物品，导致超前消费，甚至间接衍生出不良"校园贷"、裸贷等能将大学生推入深渊的罪恶产物。与此同时，自媒体行业如直播等异军突起，使这种错误导向愈演愈烈。

（二）家庭、学校环境的影响

习近平总书记非常重视家庭教育，他指出："家庭是人生的第一个课堂，父母是孩子的第一任老师。孩子们从牙牙学语起就开始接受家教，有什么样的家教，就有什么样的人。"[①] 家庭是人来到这个世界上赖以生存的第一个社会群体，是个人成长的摇篮，是人生的第一所学校。人才的培养，首先要在家庭里并通过家庭教育才有可能充分实现。家庭环境、家长素质及家长的教育观念等因素直接影响着孩子今后的发展。父母是子女最初的效仿对象。有些父母本身消费观念存在误区，势必影响到自己的孩子，不利于青少年形成正确的消费观念。

学校消费观教育的缺失也对大学生超前消费行为有影响。学校对学生消费心理监管力度不大。大学中的师生关系相对于初高中而言比较松散，有时甚至出现师生相互不认识的情况。因此，学校方面很难了解到学生的消费状况和心理，无法做到及时有效的监督。学校开设的课程主要以专业课为主，开设的公开课也没有与消费观教育相关的，对消费观的教育主要以讲座为主，缺乏实践性与趣味性，难以引起学生的重视。

（三）学生个性心理对超前消费的影响

大学生正处于由学校向社会过渡的特殊阶段，价值观尚未完全确立，意志力不坚定，特别容易受周围人的影响。当代大学生从整体上讲没有经历过什么挫折和创伤，他们不在意别人的议论和评说，强调个性化，强调忠于自己的心理感受，容易超前消费。而同龄人的生活难免会有差异，这种差异通常会让人心理不平衡，从而产生攀比心理：看见别人有的自己也想要，丝毫不考虑自己的购买能力和这件物品对自己的实际价值与意义。在攀比心理的推波助澜下，超前消费行为愈演愈烈，如果不加以制止，可能会导致更严重的信贷问题。

大学生处在群体中，难免会有从众心理；有时候可能并不想要一件物品或者一项服务，但是别人都有，为了不落后，只能咬着牙买下来。这样的消费行为大大增加了大学生的经济负担，无奈之下他们只能选择超前消费，花未来的钱圆现在的"梦"。

大学生恋爱现象十分普遍，互相馈赠礼物已经成为恋爱生活必选项，再加上假期旅游出行，这大大增加了大学生的生活支出和经济负担。有些大学生为了给对象制造浪漫的氛围，不惜借贷来准备礼物，这种"打肿脸充胖子"的行为比比皆是。

---

① 中共中央党史和文献研究院. 习近平关于注重家庭家教家风建设论述摘编[M]. 北京：中央文献出版社，2021：18.

除了大学生个人心理原因外,大学生超前消费还有理财观念不强的原因存在。大学生作为一个特殊群体,没有稳定的自主经济来源,而且大学生的主要职责是学习知识,不是投资生财,因此,大学生理财只要做到有效、合理地使用生活费,让自己的钱财发挥最大的效用,满足学习和生活娱乐基本需求即可。但是现今大学生并不具备相应的理财能力,经常会陷入"前半月大手大脚,后半月捉襟见肘"的尴尬境地。大学生理财能力的薄弱,再加上如今网贷产品市场宣传的环境影响,没有自制力的大学生就会放任自己超前消费,最终导致严重后果。

三、引导当代大学生合理消费的对策

当前,大学生超前消费行为变得越来越普遍,从实际情况看,消费贷款可以减轻需要一次性支付资金的压力,分摊到以后的数个月支付,也大大减轻了消费者的还款压力。对于年轻人来说,适度的负债,还可能让他们感受到生活的压力,保持一定的危机感,从而更加努力地学习、工作,无形之中可能会获得更大收益和更多成长。

但任何事情都要把握一个度。超前消费的合理性要看"超前"的目的和程度,目的应符合身心和谐的发展规律,程度应以个人的收入作为参照。过度的超前消费往往会适得其反,透支信用卡、违背诚信原则等类似事情举不胜举。毕竟消费贷款不是无偿借款,预支的时间越长,风险和成本越高。此外,超前消费带来的"炫耀性消费""病态消费"等不良现象值得警惕,透支消费后无法偿还的情况更应坚决避免。为此,应从多个方面来引导大学生进行合理消费,营造一种良好的消费之风。

(一)倡导绿色消费,加强政府治理

首先,政府需要制定与完善相应的法律法规,规范企业和消费者个人的行为,加强规范校园周边的经济环境建设,严厉打击不法分子诱骗大学生"套路"贷款的行为,为大学生群体肃清校园环境。

其次,政府需要积极支持和引导大学生进行绿色消费,借助各类渠道进行绿色消费宣传,比如可以借助广播电视、网络、时下流行的短视频等形式弘扬绿色消费观。"绿色消费是环保的理念,是经济的理念,也是文化的理念",绿色消费倡导健康消费和适度消费,但并不是简单地要求减少消费,而是提倡人们在追求生活舒适的同时,改变不利于身心健康的消费习惯,充分考虑资源环境承受能力,注重节约资源和保护环境,实现可持续消费。环境塑造人,良好的社会消费环境对大学生消费观有着积极健康的引导作用。因此要发挥社会环境的引导作用,就必须净化社会不良消费风气,在全社会倡导绿色消费观。

同时,在超前消费日益成为主流的今天,政府和金融部门应开办专门针对大学生的小

额信用贷款，探索和开发契合大学生特点的金融产品，满足大学生合理的消费需求。这也可以彻底铲除不良"校园贷"和网络贷款的滋生土壤，为大学生营造良好的金融环境。

在全社会进行绿色消费观的教育，才能纠正大学生消费观存在的偏差，建构一个资源节约型社会，让大学生回归消费的初衷，看重商品的实用性和服务的可靠性。因此，只有通过社会各界的共同努力，形成多方位的治理合力，才能对大学生消费观进行有效的引导。

（二）规范分期机构行为

网络分期购物的平台众多，各平台有关大学生购买资格、逾期费等的规定不尽相同，所以企业方需合理运营平台，规范行业运行机制，建立统一合理的运行标准，促进行业市场的有序竞争和健康发展。一方面，分期机构在向大学生宣传分期付款购物的同时，有义务主动向大学生介绍正确的分期付款方式，提醒大学生群体规避各种信用风险，而不是有意利用大学生群体不善理财、疏忽大意的缺点来赚取利润。另一方面，分期机构也可以不断吸引民间资本，使自己的业务逐渐规模化效益化，降低运营成本，增强自身抵御资金风险的能力。

（三）学校应加强相应的教育引导

大学生进入大学后，零花钱的使用不像高中时期那么透明，可以自己决定用父母给的零花钱来干些什么。学校应当担负起教育学生合理消费的责任，应加强引导，培育大学生健康消费观。

第一，丰富大学生消费观教育内容。在思政教学体系内，有针对性地编写消费观教育教材，开设主题讲座，结合正反现实案例，阐明超前消费的利害。

第二，充分利用学校宣传媒体的优势，通过学校的官网、微博等，以声音、视频、文本等多样的媒介形式宣传正确的消费观；也可以在学校内举办绿色消费知识大赛、定期评比"合理消费之星"等。

第三，依托辅导员、班委等群体关注学生消费生活，一旦发现学生有不良消费行为，应及时进行沟通、教育和引导。学生会、社团、协会等学生组织是与大学生工作学习联系非常紧密的团队，应充分利用学生组织的力量，展开理性消费宣导，抑制学生冲动消费。例如，可以成立消费行为学协会，给学生们普及消费知识，让学生们更加了解消费行为决策，意识到养成良好消费习惯的重要性。

（四）发挥家庭教育的作用

家庭是一个人一生中的第一个学校，父母应树立勤俭节约、合理消费的榜样。一方面，父母要以身作则，勤俭节约，科学理财，发挥模范带头作用，以自身实际行动发扬勤劳节俭、艰苦奋斗、自强不息的精神，受父母影响的孩子就知道在面对一大笔资金时该如何消费，在面对有些消费场景时也可用父母的消费方式判断是否进行消费。

另一方面，父母要对孩子进行资金管理教育，让他们学会节约用钱，在自己能力范围内进行消费。很多家长对孩子提出的要求不加以判断就答应，认为这是对他们好，但是大学生的首要任务是学习，有很多东西是不必要的消费。这就需要家长对实际情况进行甄别，生活费不能给得太多，并对孩子的信贷产品的动向给予关注（很多学生超前消费的资金都来自"花呗""白条"这类互联网信贷产品）。关于消费问题，家长应与子女保持常态化沟通，避免子女陷入借贷消费旋涡或陷阱。

（五）树立正确的消费观

上述四点都是从外界环境的角度来改善超前消费行为，但超前消费行为的主体是大学生，所以让大学生采取相应的措施才是最有效的方法。

1. 要养成合理规划生活费的习惯

大学生应根据每个月的实际消费情况向父母要相应的生活费。好的消费习惯是慢慢养成的，可以向身边从来没有资金困扰的同学取经。他们没有资金困扰不一定是父母给的生活费很多，有很大可能是他们制订了相应的计划进行消费，而这就是可以向他们借鉴的地方。大学生可以对每个时期的资金使用量进行统计，充分利用手机的功能，下载能记录消费情况的 App 来管控自己。

2. 树立正确的消费观

大学生大学阶段的主要任务是学习、提高能力及素养，为将来步入社会、参加工作打下坚实基础，所以应当量入为出，适度消费。面对社会中的诸多诱惑，大学生必须要克服自身不良欲望，坚定正确的价值追求，不盲目从众。同时应当坚决抵制拜金主义、享乐主义、利己主义等不正之风，不进行消费攀比。大学生们在学习的过程中，往往需要买一些辅导书，报一些课程讲座和兴趣班等，这些可能需要一大笔费用。这时候需要自身有很强的决策力，既然消费了就要好好利用它们，如果是一时兴起，买一本书后只是翻一翻，就需要理性思考后判断是否进行超前消费。

3. 采取相应措施增加自己的收入

在收入层面上，若感觉自己资金的确很短缺又不想告诉父母，可以采取相应的措施来增添自己的收入，比如参加学校的勤工助学、正规的校外兼职活动。面对网络上商家所谓借贷消费的诸多"福利"，不轻率决定，应主动寻求老师、家长的意见，结合自身实际情况，理性分析行为后果。

4. 了解自己的消费明细

在支出层面上，应当了解自己的消费明细，从而总结出自己的消费构成，以对症下药，控制支出。例如，如果自己的消费构成中，娱乐购物这类支出占比最多并超出了合理的限度，那消费者应当控制自己的消费欲望。很多大学生在消费的时候容易上瘾，一定要克服这种"瘾"性消费带来的弊端。正确地评估自己的消费能力，要防止自己对消费上瘾，提前透支自己以后的资金。

5. 学会有效的理财方式

在理财层面上，可以往自己的小金库定期存入一定的资金，以备不时之需，当月的生活费不足或者自己想要买一点超出自己消费能力的东西时，可以使用这笔资金，以降低超前消费的频率。大学生普遍没有收入来源，消费能力有限，坚持合理消费和培育理性消费观念，是大学生的正确消费价值取向。

四、问卷分析

在本次调查中，我们共回收了 230 份问卷。在发放问卷过程中，我们努力让问卷的数量尽可能多，发放的范围尽可能广，而不只是 H 大学校内的大学生，这样得到的数据会更加具有普遍性，以便于小组根据数据对学生超前消费的行为以及后果进行剖析探究。以下是对获得的数据进行分析的成果。

参加这次调查分析的大都为南京高校的大学生，占到 9 成以上，也有一些其他城市的大学生，比如青岛、乌鲁木齐、贵阳等。因为每个城市的消费水平存在着一定的差异，它会间接地影响大学生超前消费的行为，所以这次调查中扩大大学生所在城市的范围可以使数据不具有偶然性，可以代表大多数大学生对超前消费行为的看法，以更准确地反映大学生消费的实际状况。

这次所调查的大学生中大三学生居多，占到总体的 51.30%，大二学生占到 10.87%，大一学生为 31.74%，大四学生为 3.91%，其他的为硕士研究生和博士研究生。男女比例大致相当，男生占 52.17%，女生占 47.83%。性别对大学生超前消费行为也存在着一定的影响，在有些方面影响很大。一方面，部分女大学生过度追求外表，受到社会环境的影响，她们把美丽看成一种符号商品，以为外表光鲜亮丽就会拥有无形的资本，更能得到社会的认可，也更容易得到她们想要的舒适生活。因此越来越多的女大学生把金线用在买化妆品上，花大量的时间去选购适合自己的服饰。在这样的社会文化背景下，高校中出现女大学生为追赶时髦不惜向同学借钱消费，为满足炫耀攀比的虚荣心而超前消费，甚至有的人超前消费后家庭经济无法承担，最后萌生出自杀的念头。这些现象若不加以管控将会极大地影响女大学生的身心健康。而很多男大学生会在游戏等娱乐活动上、社交聚餐或者谈恋爱的日常开销上投入大量的资金。

关于每月的生活费。超过一半的同学为 1 000～1 500 元，有 16.50% 的同学月生活费低于 1 000 元，而 1 500～2 000 元和 2 000 元以上的分别占 19.57%、10.43%。这个数据符合当下普遍状态。一个月 1 500 元的生活费也符合南京现在的消费水平。

关于是否会合理规划自己每月的生活费。选择"一直会"和"经常会"的同学加起来超过了六成，分别为 31.74% 和 29.13%。剩下来的为"偶尔"和"从不"。有超过一半的同学会去对自己的开销做一个规划，一定程度上抑制了超前消费行为的产生。大学生能主动去对生活费做规划，说明大多数人的消费观念趋于理性。规划生活费的做法值得全社会提倡，这符合传统意义上的消费观，符合当代大学生没有收入来源、只能靠父母的经济状况。调查显示大多数同学都是凭感觉消费，根据资金状况去控制消费，这类学生占到了总人数的 58.26%，这种观念也有一定的好处，因为生活中总会有一些突然的事情需要用钱，比如明天是某一位好朋友的生日，或是社团搞活动需要资金等，这些可能是在规划之外的，需要我们灵活处理。这种方式在一定程度上也符合合理消费、理性消费的消费理念。

针对超前消费的主要内容，调查发现，比例最高的是饮食，达到了 77.83%，其次是服饰，达到了 63.48%，排在第三位的是生活用品，比例为 57.39%。这三项数据是毋庸置疑的。衣食住行上的消费是日常生活中必不可少的部分。这些消费是指大学生为了满足基本生理需要而进行的消费，是其他消费得以满足的基础。其他的消费占比，电子产品为 16.96%，游戏为 10.43%，娱乐（聚餐、电影、KTV 等）为 38.26%。

围绕与超前消费相关的问题，我们也进行了追问。

（1）当生活费不足的时候，自己用哪种方式去满足需求。有 30.43% 的同学选择分期付款，22.61% 的同学选择向朋友借钱。占比较大的是向父母要更多的生活费和用花呗、白条等互联网金融产品，分别占到 48.26% 和 49.13%，用信用卡、校园贷的占比最少，仅为 1.30%。尤其是校园贷，近几年来引起了社会强烈的关注。电子商务的飞速发展、智能手机的普及、互联网金融的出现，给大学生校园借贷平台创造了有利的生存条件。2016 年以来校园贷危害事件频发，各大媒体对各种校园贷事件报道较多，引起舆论关注，社会各界对校园贷的关注与日俱增。从数据来看，相较于其他方式，用校园贷的学生很少。

（2）关于超前消费行为的频率。选择"偶尔"的占比接近于总体的七成，达到了 66.96%；其他三项的比例都是比较低的，选择"一直""经常""从不"分别占到了 6.09%、11.30%、15.65%。这说明超前消费行为并不是一种常态，而是偶尔发生的事件。

（3）关于超前消费的原因。选择比例最高的是"碰到了自己特别想要的东西"，达到了 62.17%，其他选择比例从高到低分别是"遇到双十一等促销节的诱惑""人情交际等计划外的消费""生活费不足以支付正常生活开销""自己没有合理的规划"。其中家庭消费观的影响是最小的，仅为 3.91%，其他原因占比 10% 以下。总的来说，造成超前消费的原因一个是冲动消费，另一个是计划外的消费。从数据可以发现，冲动消费的因素似乎更多一些。

(4) 关于超前消费给生活带来的便利。有 63.91% 的人认为可以临时救急，47.39% 的人则认为可以提前满足自己的消费欲望。有的时候，这一方式可以解决燃眉之急。

(5) 关于超前消费的弊端。71.74% 的人认为会导致下个月生活费不足，造成经济压力，并且产生焦虑，这一选项占比最高；其次是"经常入不敷出，造成恶性循环"，此比例达到了 63.04%；排在第三的是"让大学生产生错误的消费观"，比例为 55.22%；占比最低的为"产生信用危机"，比例为 27.83%。通过数据可以看出，大部分同学都认为这个月的超前消费必将对下个月的生活费产生一定的影响，在经济上会感受到一定的压力。

(6) 关于是否有因超前消费还不上欠款的经历。大部分的同学（87.83%）表示没有过相关经历，此人数接近 9 成。

(7) 关于是否依赖超前消费。有 83.91% 的人选择"否"，其余的为"依赖超前消费"。大学生应当做金钱的主人，而不是成为它的奴隶。

(8) 关于对大学生超前消费行为的态度。大学生超前消费是否会成为大学生的主流问题，反馈结果大致各为一半。45.22% 的人认为"是"，超前消费行为已经是大势所趋；54.78% 的人认为"不是"，超前消费行为是不值得提倡的。这个结果有些出人意料，认为超前消费行为会成为主流的人数已经接近于认为不会的，证明大家对超前消费行为的印象开始有所转变，认为它有很大的发展可能性。

(9) 关于选择超前消费必须注意的问题。占比最高的为"考虑个人的还款能力"，其次为"家庭经济状况允许和消费理性适度"，最低的为"规划后期还款方案"。可以看出，自身的因素是现在大学生超前消费时重点考虑的。

第四篇 热点话题

青年大学生站在历史新起点，气象再更新。面对百年未有之大变局，如何紧紧把握时代的脉搏，迎头跟上时代的步伐，这对当代大学生而言，既是一份责任与担当，也是成长为全面发展的社会主义现代化的建设者和接班人不能回避的考验。本篇主要围绕大学生对党的十九大的认知情况、网络舆情中的舆论反转现象及其原因、"反校园暴力"立法问题、校园代取业务发展情况以及学校贫困生资助评定系统问题等社会热点话题展开调研。通过阐述这些热点话题的基本情况，追问目前存在的问题及其原因，进而寻求解决这些问题的有效路径。对这些热点话题进行梳理与剖析，既是理解新时代的应有之义，也是大学生认识社会、学会思考和表达的必经之路，正如鲁迅先生所说，青年们可以大胆地说话，勇敢地把自己真心的话发表出来。虽然不免有稚嫩之嫌，但青年人理想信念的坚定、家国情怀的养成，需要从关注、关心和思考我们的国家和社会开始。

新媒体环境下高校舆情中的
舆论反转现象及成因分析
——以南京市高校大学生群体为代表的研究分析

新媒体时代,随着传统媒体话语权的不断平民化,缺乏媒体专业素养的受众在成为信息接受者的同时,也有更多的机会和平台发声,逐渐摆脱了舆论场配角的身份。信息传播环境发生了巨大的变化,碎片化、倾向性的信息考验着新闻传播的真实性,舆论的不断反转带来"后真相时代"。在此背景下,高校舆情成为当下人们关注的焦点。高校舆情的特点是什么?什么是舆论反转?舆论反转在新媒体环境下如何产生?"后真相时代"受众对信息该持什么样的立场和态度?就这些问题,我们在南京各大高校展开了社会调查。

一、调查目的和意义

在现代网络技术的支持下,各类自媒体平台为广大的网络用户提供了内容生产以及发表思想见解的途径。所谓舆论,是指个人与社会公众在一定的历史阶段和社会空间内,对自己关心或与自身利益相关的各种公共事务所持有的多种情绪、意愿、态度和意见的总和。以微博、微信为代表的自媒体受到高校青年群体的青睐,大学生借助自媒体平台进行在线学习和文化参与,并在其中找到了自我价值实现的场域和释放内心的空间。高校青年在自媒体这一传播载体上形成自组织网络群体,他们对社会现象的各种交流与评论在自媒体中形成舆论场。舆论反转,就公众态度而言,泛指公众意见随着焦点事件的发展变化而发生前后反转的现象;与新闻反转相比,范围更广,只要是公众态度反转都可以称为舆论反转。

舆论反转,是指一些紧跟社会热点,关乎公众利益与矛盾、标注新闻热词的新闻事件,在后期新闻事实被揭露后的舆论同在发展初期由于媒体报道不规范所形成的舆论呈现反转趋势。网络群体的舆情表达游走于不同的旋涡中,主流舆论发生逆转,从而使得舆论方向发生转变。积极的网络舆情有利于网络环境的监管以及公民意见的表达,对社会规范具有促进作用。消极的网络舆情对网络健康环境以及新闻事实的揭露具有反向的抑制作用，不利于社会良好舆论场的构建。在新媒体环境下，新闻话语与民众话语的复杂博弈使得舆论反转现象频发，并成为当前媒介生态治理的重点。本实践小组的研究在专业教师的指导下进行，从舆论反转现象本身出发，结合社会热点及传播学原理，尝试从传播学视角揭示舆论反转现象形成的原因，为当前社会良好舆论场的构建及舆论生态的治理提供参考，并且探讨自媒体时代高校大学生的舆论管理路径。

二、调查方法和对象

为了解释舆论反转现象背后的深层次原因，实践小组以理论与实际紧密联系为出发点，从案例分析、问卷发布及数据分析、系统的传播学原理阐释以及对新闻传播学专家的采访四个方面进行调查研究。案例分析部分，我们结合当下高校舆论反转的热点事件，进行整理分析，得出结论。问卷名为"大学生关于网络情况的调查"，主要以南京市内各大高校的学生为发放对象，每份问卷设置20道问题。本次共发放问卷400份，其中网络问卷260份，线下问卷140份。回收有效问卷共381份，其中有效网络问卷254份，问卷回收率97.7%，线下有效问卷127份，问卷回收率90.7%，问卷总回收率为95.3%。小组成员根据对问卷数据的整理和统计，并进行分析，以对现象进行解释；同时结合传播学原理——"沉默的螺旋""议程设置理论"等，从专业的视角进行理论研究；最后将实际情况与理论依据相结合，形成一份调研报告。此外，我们联系H大学新闻传播系主任张老师，就高校舆情现象及其应对策略问题对其进行了采访。采访全程进行摄像，最后形成了一份访谈笔录、访谈报告和一份高质量的影像资料。

三、调查结果及分析

高校舆情，作为社会舆情中重要而特殊的一部分，也同样存在着大量舆论反转现象，而舆论反转大多数是新闻反转，即由于新闻事实展现不全面而导致的反转。大众媒介可以通过设置报道的内容倾向、报道力度、报道顺序等要素，设置公众议题，影响公众的焦点与人们对于事件的认知。因此，大众媒介的引导与指向，非常容易引发舆论一边倒现象。

（一）D大学副教授失职事件

事件经过：2019年6月D大学副教授郑某遭学生举报，举报中提到他曾说出"四大发明不是实质创新"这样的错误言论。经揭发后，郑某因错误言论造成较恶劣的社会影响被学校认定为失职，停止其教学工作，停止其研究生招生资格2年。在学校发布的处理决定中，明确写道：郑某在课程QQ群中，与学生发生争执，发表了"中国古代没有实质上的创新"，"都2019年了，别总去翻老祖宗编出来的优越感，四大发明在世界上都不领先，也没有形成事实上的生产力或协作"等错误言论。

舆论态度：网友对老师诋毁四大发明持批评态度，并引发对一些老师压制学生、不让学生发表自己想法与言论的不良社会现象的讨论。

反转：事情的缘由是一位从未去上过课的女生，因其期末论文《论四大发明的创新》这一题目遭到郑老师的反对，该女生就与其男友一同挖坑设陷阱，并将设陷阱的聊天记录断章取义地发布到网上，用来放大郑老师的言论争议点，以陷害老师，损害其声誉。之后不久，事件全貌也逐渐浮现：6月13日，郑老师将自己讲授的"创新的本质"课程中一位学生的结课论文截图发到群中，对学生提出修改意见，而争议也就此展开。郑老师也提到自己对于四大发明的看法，也指出创新是一个科学的系统的过程，包括迭代、多元、协助等要素。在大约四十分钟后，八九人加入QQ群，开始对郑老师进行指责，郑老师对此表示：四大发明没法写，因为没有具体数据。之后讨论持续扩大，并开始质疑郑老师的学术水平，要求他把论文发在群中。几天后，郑老师登上了问答平台知乎的热搜榜，帖子名为"如何看待D大学副教授郑某公然侮辱四大发明"。一个月后，学校对郑某进行处理。

在事实真相揭开后，许多媒体甚至央视等官媒都有发声。《光明日报》、侠客岛（人民日报海外版新媒体账号）、央视等先后刊发评论，认为学术话题应当以宽容态度对待，绝不能上纲上线，营造"寒蝉效应"。

舆论反转：大众也认识到高校意见争鸣、学术氛围自由的重要性。高校教师发表学术意见的行为实在不应该被如此对待。

（二）高校扔掉考研学生书凳事件

事件经过：微博新闻平台一手Video于2019年11月7日凌晨发布视频称，2019年11月5日郑州某经贸管理学院图书馆公共区域准备考研同学的书与凳子被学校老师扔在一旁，现场一片狼藉。视频中的女生说这种现象已经是第二次了，而且没有提前通知，给同学们考研学习带来了麻烦。而图书馆老师回应，因有领导前来检查，所以要求在大厅的学生进馆内学习。

舆论态度：指责学校官僚主义、形式主义。广大网友发表意见时，大多提到考研同学十分不易，学校为了面子工程影响学生考研十分可恶。

反转：事件很快在11月7日晚间发生反转。头条新闻发布"高校回应扔掉考研学生书凳"新闻消息。校方回应称：前述报道有误，学校鼓励学生考研。但此事发生时正值校庆期间，校庆日要在图书馆中厅举办展览，布展前，学校已下达相关通知。有许多学生都有在中厅朗读学习的习惯，而布展时仍有许多书籍、板凳未移位，学校才暂时将物品放置于图书馆楼梯处。

舆论反转：在了解到学校回应后，网友纷纷表示，既然学校已发布相关通知，学生没有遵守规定，不能完全怪罪学校，反而是考研同学没有照顾到学校的公共事务。也有网友在评论中呼吁，要多听各方说法，不要一上来就指责一方。

（三）总结分析

在新媒体时代，高校学生作为新时代的年轻人，接受和使用网络媒介的机会与比例远远大于其他群体。校园舆情传播主体主要是高校舆情传播范围内的一切参与者，包括教职工、学生和关注高校舆情的社会群体。传播主体要具有一定的思辨能力和文化素养，能参与校园舆论事件的讨论和传播，能理性解读当前热点教育问题，不断提高自身参与程度。网络社会因其虚拟性、跨时空性、去中心化等特征，给大学生提供了表达言论观点与张扬个性的场所。移动互联网的开放性、信息资料的丰富性与事件的可复制性，又很大程度地便利了大学生的自主学习与知识获取。这两方面特征使大学生群体深度参与到自媒体中。事件在自媒体平台发酵较快且关联性强，在一个平台形成热点，就可以很快在另一个公共平台上传播，形成更大的组群反应（如郑某事件从知乎开始发酵，后又传播至微博等多平台）。而高校作为许多人改变自身所处社会阶层的上升渠道，其舆论关注度本身就强于其他环境。"翟某学术不端事件""北京某大学'12·26'实验室爆炸"等都掀起了强烈的舆论风暴，事实上，高校新闻事件本身就极易引发很大的舆论争议。

1. 理论视角分析

（1）高校舆情的特点

传播主体具有一定的特殊性。校园舆情传播主体主要是高校舆情传播范围内的一切参与者，以高校学生为主，还包括教职员工和关注高校舆情的社会群体等。高校大学生思维活跃、思想独特且想法丰富，他们具有一定的思辨能力和文化素养，能参与校园舆论事件的讨论和传播；但是由于大学生的生活阅历、社会经历比较有限，其思维具有一定的片面性，且很多大学生明辨是非的能力较弱，在参与舆情互动过程中极容易受到外界"噪音"的干扰，出现言论偏激、想法狭隘的情况，容易对他人、对社会造成不可逆转的舆论伤害。

舆情信息丰富多样。由于当代大学生的主要活动范围为校园，其参与的校园事项及活动范围较为广泛，所以高校网络舆情的内容较为丰富，其中不仅包括高校校园中各专业的教学活动，还包括与学生息息相关的校园发展动向、各专业的教学政策调整、校园安全管理措施、学生会各项活动，等等。大学生参与高校舆情多为表达自我诉求，以谋取自我利益为主；除此之外，大学生对各类公共事务也具有强烈的参与热情。近年来，一些涉及国家外交问题的事件尤其容易引发高校学生的情绪，如华为事件、中美贸易争端、外国干涉中国香港事务等都在高校引起了很大的波澜。而生活中的一些小事，例如食堂饭菜太贵、寝室熄灯问题、考试时间安排问题，甚至是学生人际交往中出现的纠纷和矛盾等，都很容易因为学生的情绪化而从一个小范围内的问题演变成校内舆情事件。

传播方式多样化。传播方式主要分为两种：人际传播和大众传播。高校是人员密度大的场所，大学生人际交往密切，因此高校舆情信息可通过人际传播来共享，如在宿舍、班级、学生会、社团等各群体中进行信息传递。我们的时代是一个大众传播的时代，在现代社会里，大众媒介是人们获得外界信息的主要渠道。在自媒体时代背景下，网络信息技术应用广泛，大学生可以通过手机、平板、笔记本电脑等设备在网上发表意见、获取与分享信息。这些大众传媒工具的传播速度十分迅速，能够将信息在短时间内传播到大学生群体中，并对其产生一定影响。

高校舆情具有即时性和突发性。随着互联网建设规模的扩大，校园舆情信息传播途径增加，传播效率提高，高校舆情呈现出信息即时性的特点。舆情信息借助新型高效传媒工具快速传播，社会个体成为信息传播的载体，舆论信息的即时性特征更为明显。开放的网络平台也为不正当言论的传播提供了条件，如不能控制这类信息的传播，将影响校园稳定，甚至可能对高校整体形象产生负面影响。由于网络事件传播速度快、涉及范围广，仅仅是一篇文章的发布，甚至是师生在网络平台上发表言论，都可能会引发新一轮的高校舆情风暴。高校舆情普遍呈现出难预测和突发的特点。

（2）高校舆情产生舆论反转的原因

舆论反转是指以新闻的面目出现，由于受媒体或爆料者导向影响，加上公众缺乏分析能力、盲目表态，在事件发展初期会出现舆论倒向一边的现象；但随着更多信息的披露，事件要素经历至少一次反转，与最初呈现的信息部分或完全不符，从而引发舆情多次变动的信息传播现象。在社会新闻中，发生舆论反转现象的原因有以下几方面：第一，网民文化素质参差不齐，发声渠道多元。第二，新媒体从业者新闻专业素养缺失，为"抢发头条，夺人眼球"，迎合受众的碎片化阅读习惯，发布虚假、模糊信息。第三，新闻工作者职业素养缺失，专业水平不过关，缺乏新闻理论常识，不能站在中立方角度客观报道事件，而是先入为主形成自己对事件的判断，初步决定舆论场走向。第四，权威媒体首发弱势。权威媒体报道内容主要为国家政策以及自媒体很难挖掘到的深度内容，而舆论反转事件则多是社会消息类新闻，因此权威媒体面对此类新闻时比较被动，待传统权威媒体回应之时，事件的影响范围已经很广，虚假事件前期的传播已造成了非常大的影响。权威媒体虽以一己之力起到了辟谣的作用，推动了舆论的反转，尽到了媒体的职责，但在事件发生之时，传统权威媒体的被动性回应延长了虚假消息的传播时间，没有在舆论形成之前就做出详尽的报道，使后续报道的澄清作用大打折扣，严重影响了权威媒体的公信力。

舆论传播的基本三要素，分别是主体、客体和内容。在高校舆情的传播过程中，值得特别研究的是主体和客体基本相同,以大学生为主,还包括教职员工和关注高校舆情的社会群体等。下文将结合本次研究中的数据分析结果和传播学理论内容,从舆论传播基本三要素入手,对在高校舆情中产生舆论反转这一现象的原因进行分析。

第一,"沉默的螺旋"理论与"羊群效应"——舆论的趋同性与盲目追随。大学生们处于共同的校园环境中,人际关系相对单纯、年龄较为接近、学习生活的经历相仿,所以更容易达成一致的群体意见。因此,就个体属性而言具有较高的同质性。此外,这一群体在日常生活中高频交往,人际间信任度高,容易相互影响且在观点形成过程中产生情感共鸣并趋于一致,因此更容易达成一致的群体意见,形成较为统一的群体认知。

"沉默的螺旋"理论来源于这样一个假说:大多数个人会力图避免由于单独持有某些态度和信念而产生的孤立感。也就是说,人们在表达自己想法和观点的时候,如果看到自己赞同的观点受到广泛欢迎,就会积极参与进来,这类观点就会越发大胆地被发表和扩散;而发觉某一观点无人或很少有人理会(有时会有群起而攻之的遭遇),即使自己赞同它,也会保持沉默。一方意见的沉默造成另一方意见的增势,如此循环往复,便形成一方的声音越来越强大,另一方越来越沉默下去的螺旋发展过程。这一传播学理论也与"羊群效应"所表达的含义类似:在一群羊前面横放一根木棍,第一只羊跳了过去,第二只、第三只也会跟着跳过去。这时,把那根棍子撤走,后面的羊走到这里,仍然像前面的羊一样,向上跳一下,尽管拦路的棍子已经不在了。这也是我们经常提到的盲目跟风,随大流。

在现实生活中,对于某一事件持某种相同观点的人越多,这种观点就容易成为这一事件的主流观点,而其他持不同观点的人在这种"主流"观点的影响下容易产生一种恐惧心理,他们会怀疑自己观点的正确性,慢慢地,他们也会朝着"主流"的观点靠拢,而不去考虑这种"主流"观点是否正确。大学生面对复杂的网络舆论时也非常容易受到这样的影响,他们凭自己的能力难以做出判断和选择时,会选择跟随大部分群体持有的观点,哪怕这些群体的观点是错的,他们也会选择跟风。即使他们有能力去做出选择和判断,但是因为对方观点声势浩大,自己的观点处于劣势,陷入孤立状态,"周围意见环境的认知"给他们带来重重压力,他们也会选择"回归群体",转向"沉默"或"附和"(见图1)。前文我们曾提到过,虽然大学生思维活跃,参与热情高,但是由于其生活阅历、社会经历有限,很多大学生明辨是非的能力较弱,在参与舆情互动过程中极容易受到外界因素的干扰。并且大学生的世界观、价值观本身尚未成型,大学生的思维、观念尚不成熟,情感容易受外界信息影响而大幅度波动。当外部出现较多的负面或消极的信息时,大学生往往难以进行独立思考与理性判断,使得高校网络舆情更容易呈现出情绪化的特征。也就是说,高校舆情中极易掺杂太多主观情绪,无法从客观角度看待事件的是非,所做出的评论也是极其不理智和不负责任的。在群体意见的带动催化下,高校舆情的舆论反转往往变化较快。

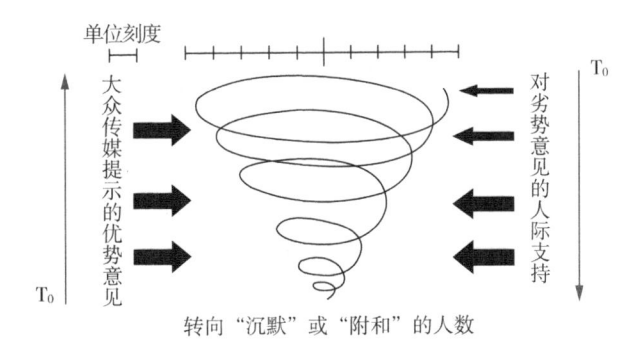

图1 转向"沉默"或"附和"的人数分析图

第二,"把关人"职能弱化与"知沟"的存在。高校宣发负责人和高校管理人员大多是作为舆论传播三要素中的客体存在的。传统媒体有专门的"把关人",发布信息要经过层层把关,高校的宣发组织,如微信公众号、新浪微博等公共组织就是"把关人"。但在当今的自媒体时代,把关人的功能越来越模糊和弱化。由高校学生发出的信息往往无法得到监督审核,甚至连后续的追究责任主体都无从找起。新媒体的大背景下,每一个信息发布者都担任着信息传播者和接收者的双重角色,"把关人"呈现全民化和泛化趋势,这对于信息传播的真实性无疑是非常不利的。缺少了"把关人"的层层把关与监督,舆论会肆无忌惮地发酵,不断地反转。

美国传播学家蒂奇诺提出的"知沟"理论认为,大众传播的信息传达活动无论对社会经济地位高者还是低者都会带来知识量的增加,但是由于社会经济地位高的人获得信息和知识的速度大大快于后者,随着时间的推移,最终结果是两者之间的"知沟"不断变宽,差距变大。在高校舆情中,"舆情鸿沟"的体现也很明显,主要体现在高校管理人员与学生之间的"舆情沟"。虽然高校管理人员的地位和知识文化水平普遍高于学生,但就对网络新媒体的使用和网络信息的获取接受程度而言,学生水平普遍高于管理人员。这就导致"上级不好管"的现象。在事件第一时间发酵时,学生已经纷纷加入舆论队伍,但是高校管理人员这时可能还没有接收到信息,所以无法在第一时间引导舆论前往正确的方向,对事件做出澄清证明,这也直接导致无法得到证实的舆论一次又一次地反转,有时会对整个学校产生负面影响。

第三,德弗勒互动过程模式与"议程设置功能"。舆论传播互动模式中,除了有基本的三要素之外,还有传播媒介、客体的反馈、传播过程的影响因素(噪音)等,其基本传播互动过程模式符合德弗勒的互动过程模式。德弗勒的互动过程模式拓展了噪音的概念,认为噪音不仅对讯息,而且对传达和反馈过程中的任何一个环节或者要素都会发生影响。在新媒体高速发展的背景下,群众的意见可以通过各种方式充分表达,网络信息的传播受到干扰,事件也逐渐在传播中"失真"。在网络虚拟环境下,语言的多种形式的新表达,自身认知的错误,都会导致事件本身的含义模糊、被曲解。随着时间的推移,各种声音四起,事件的真相被曲解,评论"见风使舵",引发舆论多次反转。

大众传媒具有构建公共思想和引发人们认知变化的能力,具有议程设置功能,其在告诉人们应该对哪些事务进行思考方面取得了令人惊异的成功。也就是说,传媒强调得越多,公众对于该问题的重视程度也就越高。随着网络自媒体的发展,各平台涌出了一大批拥有百万粉丝的"大V"。因为他们的粉丝群体庞大,所以他们的舆论影响力极大。但是这些"大V"的素养和知识水平参差不齐,有一些"大V"对某一事件可能只是为了热度而蹭热度,他们还可以主动发起议程设置来逐步干扰或者引导舆论走向。在高校舆情中,校园自营媒体或者官方媒体对于某一事件的观点十分重要,它影响了其受众群体的舆论导向。在发表意见、进行站队的过程中,官方对事件模棱两可的态度很容易引起舆论战争,最后舆论的优势方往往是在这场"口水战"中的赢家,由此,舆论反转。

2. 问卷调查分析

此次调查是为了了解大学生在舆论反转事件中网络参与的情况和程度,进一步研究大学生群体在网络新闻和舆论的发展中扮演的角色,呼吁大学生理性上网、文明上网,合理发表观点。问卷围绕四个维度:舆论反转现象、受众的网络参与情况、高校舆情认知、网络舆论环境监管。问卷分为以下六个部分:①基本信息(3个问题),包括被调查对象的性别、年级和专业。对以上信息的掌握有助于分析大学生在舆论反转事件中网络参与的各项差异性特征。②上网浏览新闻的基本状况(4个问题)。主要包括高校学生上网浏览网络新闻事件的频率、途径,浏览新闻的类型,以及对高校新闻事件的关注情况。③上网发表观点的基本情况(4个问题)。涉及的内容主要有上网发表观点的频率、方式,是否验证新闻真实性,以及发表观点时的想法等。④对舆论反转现象的了解与看法(6个问题)。该部分的内容主要包括网络媒体报道新闻事件的缺陷、公众参与影响事件发展走向、对舆论反转现象的了解情况,重点考察其对于舆论反转现象的关注度、反应与看法。⑤对"高校舆情"的了解与看法(2个问题)。主要调查的是高校学生对于"高校舆情"概念的了解程度和对于大学生参与事件讨论形成舆论压力的现象的看法。⑥对于网络舆论环境管理的看法与期待(2个问题)。本部分的内容主要是希望通过开放式的自答题的形式,把握调查对象对于大学生舆论发表及网络环境监管的建议和对网络新闻今后发展的期待。

(1)基本信息

调查数据显示,在全部381名被调查者中,38.32%的被调查者是男生,61.68%的被调查者是女生。参与本次调查的对象中女生占比较高,一定程度上反映了女大学生对于网络新闻和舆论关注倾向更高。

调查数据显示,在全部381名被调查者中:大一学生占15.75%,大二学生占17.85%,大三学生占50.66%,大四学生占9.45%,研究生及以上年级的学生占6.30%。

调查发现，在全部381名被调查者中，文学专业的大学生数量最多，占比22.05%；其次是管理学，占比14.17%；其他专业大学生占比均较少。文学和管理学的大学生占比最多，可能是因为这两个专业的大学生由于其专业的相关性而对于网络新闻和舆论以及高校舆情会更加关注。但这也是本次调查受限的地方，样本偏向于某一性别、某一年级、某些专业，致使调查结果呈现的是稍有偏向性的结果。

（2）上网浏览新闻的基本状况

数据显示，有64.04%的人每天上网浏览网络新闻，14.70%的人一周有5～7天会浏览网络新闻事件，12.86%的人为一周3～5天，7.09%的人为一周3天以下，还有1.31%的人从不上网浏览网络新闻事件。从调查数据可见，大部分大学生每周都以较高频率上网浏览新闻事件。

关于大学生浏览网络新闻的途径。数据显示，通过微博推送或热搜浏览的人数最多，占比83.20%，其次是网页推送或搜索，占比50.92%，通过手机新闻应用客户端浏览的占比37.53%，通过视频软件推送广告或搜索占比25.46%，其他方式占比15.49%。由此可见，微博推送和热搜是大学生上网浏览网络新闻的主要方式。微博由于其篇幅限制与"碎片化"的特点，极易发生舆论反转现象，因此大学生也较容易接触舆论反转的事件。

关于大学生更关注何种类型的新闻。数据显示，选择社会热点事件的人数最多，占比79.79%，娱乐新闻、政治经济新闻、法律军事新闻、科学文化新闻、新闻评论分别占比57.22%、41.73%、16.01%、27.82%、29.66%，没有偏好占比12.86%，其他类型占比5.51%。由此可见，大学生群体更关注社会热点新闻事件，相较于其他新闻，社会热点新闻事件在大学生范围内引发的讨论会更热烈。

数据显示，大多数大学生会更关注高校中发生的新闻事件，其中34.65%的大学生格外关注高校新闻事件，45.41%的大学生大多数时候会关注，15.22%的大学生偶尔关注，仅4.72%的大学生表示完全不感兴趣。这说明高校中发生的新闻事件更贴近大学生的生活，大学生群体更喜欢关注与自己生活相关的新闻事件。

（3）上网发表观点的基本情况

数据显示，有2.10%的人几乎每次浏览新闻过程中都会在网络上发表观点，4.72%的人经常发表观点，28.61%的人偶尔发表观点，33.60%的人很少发表观点，30.97%的人从不发表观点。高校学生虽然是在网络上传播能力相对较强的群体，大部分学生也都已经具有了参与舆情讨论的意识，但只有极少部分人会以较高的频率参与舆情讨论。数据显示，5.51%的人在看到新闻标题的第一时间就会发表观点，29.92%的人会在浏览完整条新闻后发表观点，21.26%的人搜索浏览过新闻相关的其他资料后才会发表观点，20.47%的人会等新闻后续事件发布后发表观点。由此可见，仅有极少数的人会对新闻做出迅速的判断和立场表达，绝大多数的大学生会经历对新闻事件进行判断的过程。

数据显示，38.58%的人偶尔会验证新闻的真实性，21.00%的人很少验证，19.16%的人经常验证，15.22%的人从不验证，只有6.04%的人每一次都验证新闻的真实性。这说明大学生群体在参与网络舆情的讨论与思考时，对真相的搜集验证情况是不稳定的，搜查真相的驱动因素也是不确定的，并不具备严谨的搜查真相意识。

数据显示，有70.08%的人在发表观点时持认真谨慎的态度，3.15%的人出于"抢沙发"等无意义的目的，6.04%的人单纯认为自己的评论很有趣，3.41%的人是因观点奇特想引起关注，17.32%的人则选择"其他"。这表明，大部分大学生在网络上发表言论时持理性态度，会认真且谨慎地评论，也存在一小部分大学生是为博眼球、上热评等目的而进行随意的评论。

（4）对舆论反转现象的了解与看法

数据显示，有30.97%的人认为自己非常了解网络媒体报道新闻事件的缺陷，有51.71%的人表示略微了解，10.24%的人仅听说过，7.09%的人完全不了解。这说明在大学生群体中，大部分人思考过网络媒体报道新闻事件的缺陷，并且认为自己能得出一定的结论。

数据显示，有35.17%的人认为自己非常了解舆论反转现象，44.36%的人略微了解，13.39%的人仅听说过这一概念，7.09%的人完全不了解。其中对舆论反转现象有了解的人占绝大多数，表明当代高校学生基本具备对舆论反转的敏感度，并从中形成自己的一些思考及判断，而非仅在网络上进行简单参与。

根据调查对象对于新闻事件的参与经历，围绕新闻事件发展过程中一次或多次出现结局反转或报道风向转变的情况，大学生中认为每一次都发生反转的占3.67%，认为大多数但不是每一次都反转的占22.31%，认为经常发生反转的占38.58%，认为很少、偶尔发生反转的占34.12%，认为没有发生过反转的占1.31%。可以看出，绝大多数的人意识到在参与网络新闻事件的过程中，新闻事件发生反转或报道风向转变的情况时有发生，且发生频率较高。

数据显示，在网络新闻事件的舆论发生反转后，调查对象表现出的态度不尽相同，坚持自己原来观点的人占4.46%，立即转换立场的人占2.36%，收集更多事件资料后做出选择的人占26.51%，放弃对事件的关注和追踪的人占1.05%，静待事件发展的人占40.16%，一直保持中立态度的人占22.31%，有其他选择的人占3.15%。趋向于暂不发表观点的群体占大多数，说明调查对象所代表的高校学生大多具备理性思考能力，但大家仍不倾向于事件反转后将自己思考后的观点表达出来，而是选择"潜水"观察，在网络上具备一定的警惕性。

数据显示，调查对象面对舆论反转现象，9.45%的人表示难以理解这种现象，9.45%的人为此感到愤怒，22.05%的人感到惊讶，46.72%的人表示容易接受这一现象，20.47%

的人认为无所谓，8.40%的人认为新奇、好玩，11.55%的人认为令人反感，11.02%的人表示以上感受皆没有。可见，对舆论反转现象，能够接受的人占比较大，从侧面也反映出了网络新闻事件的舆论反转现象较多，大家虽有一些抵触情绪，但已经逐渐默许了这种现象的出现。其余反应中，对舆论反转现象表示"讨厌"的态度较多。

数据表明，有31.50%的人认为自己非常了解公众对新闻事件的参与可能会影响到新闻事件的发展及走向，52.49%的人略微有了解，12.86%的人听说过这种情况，3.15%的人表示完全不了解，仅占极少数。这说明多数人能认识到舆论对新闻事件的影响以及舆论的力量，但对事件发展方向背后的舆论操控尚未十分了解，就有可能导致发表不负责任的跟风言论。

(5) 对"高校舆情"的了解与看法

对于"高校舆情"这一概念，非常了解的人占20.47%，略微了解的人占26.77%，仅听说过的人占17.06%，完全不了解的人占35.70%。比较了解和不太了解的比例对半，说明当前高校学生群体对"高校舆情"这一概念并没有太多了解，高校学生群体的特殊性决定了"高校舆情"概念的特殊性，高校学生应该有意识参与并且在参与中理性发声。

高校学生群体在面对高校范围内发生的新闻事件时，在形成舆论压力的问题上，表示支持的人数占3.41%，反感反对的人数占22.31%，视情况而定的人数占69.03%，对此感到无所谓的人占2.89%，其他立场的人数占2.36%。说明绝大多数的高校学生更愿意选择思考后再做出观点输出，并且已经意识到舆论压力造成的不良影响，但少数人仍存在较为偏激的思想。

(6) 对于网络舆论环境管理的看法与期待

数据显示，有45.67%的大学生对舆论环境管理提出建议，其中10.24%的人表示希望大学生保持自己的主见，不要随波逐流；有24.15%的人表示希望大学生要冷静思考，在明白事实真相之前不要随便发表言论；11.29%的大学生表示要拒绝网络暴力，抵制键盘侠；约50%的大学生对网络环境监管提出建议，其中15.22%的大学生表示希望加强对营销号的监管，抵制其乱带节奏；20.47%的大学生表示希望加强评论审核管理，净化网络环境；14.44%的大学生表示希望建议开放实名制，每个人对自己的言行负责。这表明大学生希望自身群体在网络上发表观点时能够独立思考，在真相浮出水面之后再进行评论，同时希望减少媒体、营销号等带节奏的行为，抵制网络暴力，加强网络监管，共同营造健康的网络环境。

(7) 总结

综上分析可见，在当代高校学生群体中，大家对社会新闻及舆论仍持有较高热情，即使该问卷的调查对象具有一定偏向性，但仍然可以反映出高校学生群体中特有的社会现象。本次调查深入探究了当代高校学生对于网络新闻以及舆论产生的态度及做法。调查结果让我们既欣慰于高校学生的独立思考意识,也对这一意识的不成熟及不稳定性略感担忧,其仍是社会上许许多多负面现象的缩影。

当今高校学生仍然是网络新闻舆论参与的主力军,但大多数人尚未明晰话语的责任以及舆论能够产生的力量。从调查数据来看,大学生们在网络上发表言论的态度是小心谨慎的,他们不会在网络上轻易跟风发表自己的言论,也具有一定的独立思考意识,懂得要向事件的真相靠拢而非肆意揣测。但这一谨慎的高频率关注与低频率发表观点行为的背后,也可能存在害怕自己观点被质疑或是尚未找到与自己意见相同的舆论队伍,因而更多人面对网络新闻事件时更喜欢"潜水"观察,但一旦这一群体被网络上的一些舆论带了节奏,自认为找到了与自己意见相合的群体而被煽动,仍有可能形成跟风的现象而造成舆论压力,甚至会推动舆论反转或是改变事件的走向,这一点是我们从问卷调查中意识到需要反思和警惕的。

对社会新闻尤其是高校新闻关注的频率之高以及见证过的舆论反转现象过多后,高校学生群体能够冷静地反思这背后的原因并做出表态,例如大部分高校学生认为舆论反转的现象在当下的网络环境中是不健康的,人们更应该从一开始就认清真相再发表言论,集体抵制带节奏的营销号和言论,反思自身的态度等,可以看出目前高校学生中大部分人所呈现出的状态都是较为积极的。但具体应该如何实施,高校学生应该如何利用群体的特殊性和优势减少网络上此类不良现象的发生和发酵,仍是有待我们继续探索和讨论的。

3. 专家访谈

为了从更加专业的角度进行分析,弥补团队实践思维的不足,我们联系采访了研究传播学的教授张老师。本次采访内容主要涉及:网络舆情环境中与传统媒体相比新闻生产者与受众关系、新闻传播机制变化、新闻内容特征;高校舆情的特点与研究意义,大学生群体在舆情讨论中的特殊性作用;微博热搜新闻平台推送碎片化背后对舆论反转的影响及舆论反转事件频发对大学生受众的影响等;从大学生、国家社会、媒体机构三方面分析在反转频发的后真相时代,分别应该怎么做,有什么应对措施。

访谈时间:2019 年 12 月 5 日

访谈方式:面对面访谈

访谈人:张同学

摄像人:丁同学、彭同学、王同学、苏同学、耿同学

场记:王同学

被访谈人介绍:张老师,男,1975 年生,江苏扬州人,H 大学公共管理学院教授、系主任、学科主任。南京大学社会学博士,复旦大学新闻传播学博士后,先后在美国威斯康星大学麦迪逊分校传播艺术系、中国香港城市大学媒体与传播系访学。

研究方向：网络人际传播、城市传播、传播社会学。

主讲课程：传播新视野、传播社会学、新闻传播学理论。

社会兼职与活动

学术兼职：中国社会学会网络社会学专业委员会常务理事，中国新闻史学会理事，中国传播学会人际传播专业委员会理事，中国新闻史学会新闻传播思想史专业委员会理事，江苏省社会心理学学会理事。

社会活动：腾讯网新闻频道评论员、中央人民广播电台城市频道特约评论员、《新华日报》特约评论员；江苏电视台城市频道，南京电视台教科频道、十八频道特约嘉宾，参与多档谈话类节目和新闻节目。

基于调研报告的研究方向，我们的访谈首先就网络舆情、高校舆情、舆论反转展开；在张老师更加专业的传播学视角分析下，发现现象特点，思考影响启示，并从生产者、传播者、接受者三个角度出发，为问题寻找解决办法。

(1) 关于网络舆情

针对网络舆情的相关特点，张老师从生产者、信源、报道目的三个方面，为我们阐述了网络舆情相对于传统舆情的变化。第一是舆情的生产者的变化。传统大众传媒的新闻生产，有一套较为严格的新闻把关机制，会按照新闻专业理念制造出成品。而网络舆情最大的特点，就是新闻生产者不再集中在专业机构而是"人人皆可为生产者"。而且以如今的网络发展趋势特别是社交媒体平台出现以后，新闻报道就呈现出一种连续性的特点，不再是专业新闻，而是变成了消息。发布方第一时间发布一个消息，然后随着事件的进展再发布新的动态消息，所以它是由一系列消息构成的新闻，而不再是过去的一则完整的新闻，这就使其更增加了不确定性和不完整性，所以相对于传统舆情，网络舆情更容易发生舆论反转现象。第二是信源发生了重要的变化。过去我们说发布权是掌握在新闻记者手中的，而如今人人都有自己的信息源，那么也就带来了所谓的信息生产的变化。在新闻专业理念里面，新闻生产是强调客观性、公正性的，但目前新闻生产不再集中于机构，而是分散在个人。第三是目的方面。网络时代消息生产的头等大事就是吸引人们去阅读，找到共情点，参与讨论。这使得新闻产品关注的焦点从如何保持客观公正，变成了如何打动人的情感的问题，民众很容易被失真的信息所带来的情感控制引导，而这种感情，是由新闻生产者制造出来的。网络舆情事件通常存在潜伏期、爆发期、持续期、缓和期、结束及善后期等阶段。随着数字科技和移动互联网的迅速发展，智能终端极大促进了信息的传播交互，各类自媒体大放异彩，人人都可以参与其中并成为主角。人们参与社会话题和热点问题讨论，抒发感情、分享生活、表达自我。但自媒体中海量信息鱼龙混杂、真假难辨，平台本身又具有传播快速化与受众广的特征，容易交互碰撞形成热点话题与舆情风暴。网络舆论的生成发酵机制基本遵循以下规律：传统媒体报道或网友爆料（微博、微信异军突起）→

网友讨论（新闻跟帖、论坛发帖或微博及微信转发等）→形成网络舆论压力（"意见领袖"作用突出）→媒体跟进呼应、挖掘新的事实（新老媒体互动）→有关部门应对→再掀波澜（若应对不当）→再次应对→网友注意力转移→网络舆论消解（流行语、视频等娱乐化的尾巴长期流传）。

（2）为什么高校舆情总会引起很大关注

如今，以微博、微信和论坛贴吧为代表的自媒体已发展为高校信息传播和舆情舆论等交流互动的主阵地。微博财报数据显示，截至2018年12月，微博月活跃用户共3.97亿，其中大专及以上学历的用户占比超过70%，微博等自媒体已经广泛渗透到高校学生群体之中。而关于高校舆情存在的特殊性，张老师也从两方面进行了分析。首先是高校舆情为什么那么容易受到关注，从资本的角度来讲，高校掌握了社会中导致阶级自主流动最关键的一环——文化资本。高校承担着社会流动的重任。寒门学子依赖大学这个机构生产出来的文化知识获得文凭，也获得上升渠道，从而改变社会地位。其次就是大学生群体自身，由于年龄和文化水平的影响，其参与舆论讨论的机会更多、意愿更强，传播也更有优势。千万大学生以交互方式生产、积累、传播、共享、反馈信息。新媒体的兴起革新了学生交流互动的方式，基于学缘、地缘、趣缘等因素，他们建立了由"我"到"我们"的群体互动组织，如QQ群、微信群、知乎论坛、微博粉丝群、抖音和快手粉丝群等形式。这些群体互动组织之间，话题活跃度高，且因为存在人员交叉，相互传播速度也非常快。

（3）大学生媒介素养培育

虽然大学生参与舆情讨论的现象非常普遍，但是关于一些传媒的基本知识，或者说媒介素养意识，大部分大学生还是缺乏的。许多同学不知道不管是今日头条还是微博热搜这种网络热点发布渠道，背后都存在利益者的算法操纵。如何理性客观地分析利益方？一般来说，人在看待信息的时候，都是先入为主的，我们是带着我们头脑中已有的认知框架、已有的认知范畴去看待这些信息的，从而产生所谓的共鸣，包括情感意义和认知意义上的共鸣。但是如果了解了新闻生产这一体系，我们就应该明白，首先要做的不是去急于寻找和自己观点、价值观相似的信息，而恰恰应该去寻找多方面的信息来源和异质性信息。只有当大学生形成理性的思考模式时，高校舆情才能有理性讨论的氛围，而这都是媒介素养培育的内容。

（4）从三个方面讨论"怎么做"

高校：增设相关通识类课程。国外高校一般都有培养学生媒介素养的意识，但国内高校在这个方面相对缺乏，一些学校开设过此类课程，但大部分学校都没有将之纳入高校学习体系。每个参与讨论的公民都应该知道信息是如何被生产、被操控的，拥有一定的理论储备对民众理性参与讨论具有重大意义。

社会：通过非营利机构开展普及性讲座、公开课程，或者一对一培训。目前中国拥有大量的公益组织，但专注媒介素养宣传培训的公益组织基本上没有。我们有大量的人口需要普及媒介素养，但目前社会上做到的微乎其微。在每个人都有更多话语权的当下，每个人的传播作用都可以被视作是强大的，因此倡导全社会的理性思考尤为必要。

媒介机构：在新闻生产的速度和方式都发生了巨大变化的当下，不能单纯指望新闻机构自己去自律。想要改善新闻媒体只要话题度、不要真实性的现象，需要依靠第三方的力量，比如新闻核实机构。我国目前有一些相关组织，但远远不成气候。一旦新闻核实机构成为一股不容忽视的力量之后，媒介发布消息就会更加谨慎，平台的审核管理也会更加规范。这样一来，我们相信话题就不会再如此频繁更迭，后真相时代的迷雾也会逐渐消退，社会讨论也会越来越理性。因此公益社会组织其实是可以大有作为的。

（5）对策及建议

首先，构建高效的网络舆情监测系统。各大高校校园是高频网络用户群体的聚集地，校园舆情借助网络在各种移动终端和电子设备间飞速传播，校园包容开放的舆论场更是为舆论的形成提供了良好的条件。针对高校舆情即时性和突发性的特点，各大高校应该建立起完善的网络舆情监督管理系统，规范学生参与网络舆论过程中的言行举止，帮助学生树立正确的价值观和世界观，督促学生养成良好的网络舆论参与习惯，在舆论形成之初加以引导，促使校园舆情朝着良好的方向发展。

其次，建立健全的网络舆情引导机制。营造健康的高校舆情氛围，形成良好的高校舆情发展态势，离不开学校的舆论引导和有效干预。高校需要建立起一支能够根据舆论发展的实际特点进行有效干预的队伍，以学生为核心，保障队伍建设的可能性，了解新媒体运营的发展态势及规范性的运作要求。一旦产生校园舆情，队伍要及时进行干预，实现有效的预测及调节。在正确引导的前提下，将校园舆情的影响程度降到最低，使校园舆情朝着健康积极的方向发展。高校任课教师作为校园思想文化的传播者，应该担负起引导学生舆论及舆论情绪的责任，坚持以舆论事实为切入点，积极主动地参与到校园舆情中，成为校园舆情的意见领袖，引导舆论方向。

再次，营造良好的校园文化环境和交流场所。校园是学生们学习、生活的场所，学生们的思想在潜移默化中受到校园文化的影响，校园交流场所的风气更会影响同学们在校园当中传播交流信息的态度和立场。因此高校想要对校园舆情进行更好的监督引导，构建良好的校园文化环境和思想交流场所必不可少；让学生始终处在较为和谐的言论环境中，在健康积极的背景下实现校园言论自由，潜移默化地影响学生思维，促使学生迎合校园环境，自动、自觉地发表积极向上的思想及言论。

最后，提高学生的文化水平和认知能力。鉴于学生文化水平的有限性和思想认识的局限性，少数大学生在卷入舆论浪潮时，往往易受情绪的支配，盲目地跟风站队，发表的言论也颇为偏激和片面。所以在构建良好校园舆论场的同时，我们不能忽视对学生的思想建设和文化教育，应帮助学生拓展知识面，形成更加科学、客观、理性的思维，这样在面对舆论洪流时才不会被轻易裹挟。高校要积极开展提高学生文化水平和认知能力的工作，提升大学生的综合素质，促使大学生自觉分辨正确舆论与虚假舆论、正确言论和错误言论，培养大学生的言论责任感，从根本上应对校园舆情。

"反校园暴力"立法问题的研究

校园暴力事件近些年来屡见不鲜,研究为何会发生校园暴力,怎样防止校园暴力的发生,对于一个学校来说十分必要,同时良好的受教育环境对于学生的成长也十分必要。有效防止校园暴力的发生,加强立法工作是重要的途径之一。下面将结合我国"反校园暴力"立法问题展开相关的讨论研究。

一、课题背景与研究意义

校园暴力指发生在各类型学校校园内部及有限辐射地域,学校成员(既包括学生又包括老师)或校外人员采用达到一定恶性程度的暴力方法,施加于其他学校成员,攻击他人人身或财产,导致其身体、心理、财产受损,或学校财产及学校教学管理秩序被严重破坏的暴力现象[①]。校园暴力主要有三种形式:一是躯体暴力,包括推、打、踢、挤等可致他人疼痛、伤害、损伤的攻击行为;二是言语、情感暴力,包括恐吓、威胁、辱骂等;三是性暴力,包括性骚扰、性侵犯等。校园暴力的主要表现有:同学之间因日常矛盾摩擦产生暴力行为、帮伙同学欺负其他同学的暴力行为、同学之间或师生之间因感情纠葛产生暴力行为、学生因受管教产生不服心理对教师实施暴力行为、教师因自身性心理变态或突发精神疾病等原因产生暴力行为,基于反社会心理或精神疾病专门针对学生群体的一次性连续疯狂杀伤暴力行为等。

(一) 我国校园暴力问题现状

在我国,从已有研究结果来看,校园暴力的现状不容乐观,发生的频率越来越高,暴力的程度也越来越严重,其中一些暴力表现出团伙性、报复性、残忍性等特点。2003年,浙江大学"青少年攻击性行为的社会心理研究"课题组调查显示,49.2%的同学承认对他

---

① 季成叶. 儿童少年卫生学:第七版[M]. 北京:人民卫生出版社,2013.

人有过不同程度的暴力行为，87.3%的同学承认曾遭受过其他同学不同程度的暴力侵害[①]。

1. 广州、北京的校园暴力情况

2005 年，荆春霞等人就广州市校园暴力的情况，对广州市某中学的全体学生进行问卷调查（包括初中生、高中生），结果显示在接受调查的 1 890 名学生中，有 1 220 名在过去的 1 年中曾经遭遇校园暴力，发生率为 64.6%。在各种类型的暴力事件中，以语言暴力最为常见，占 41.5%。男生校园暴力的发生率（70.1%）高于女生（58.9%）；教室、厕所、回家的路上是躯体暴力的多发地点[②]。引发校园暴力最常见的原因是语言摩擦，其次为受他人牵连和酒精、药物作用。暴力事件对学生的影响轻重不一，轻则无影响，重则可致使学生躯体和心理受到伤害，甚至产生自杀念头。遭遇暴力事件后，多数学生会将遭遇告诉同学、老师和父母，但仍有 5.3%的学生因受到威胁而不敢讲。对北京市初中校园暴力的问卷调查显示，20%的同学承认曾"公开扬言要报复某人（教师或同学）"，18.7%的同学承认"经常故意找碴儿、欺负弱小"，16.8%的同学承认"事前做了些准备（找人帮忙或带工具），再找某人打架"，16.1%的同学承认有"结伙打架、滋事"行为。

2. 台湾的校园霸凌现象

在台湾地区，校园暴力也被称为校园霸凌。国外也有用"校园霸凌"一词代替"校园暴力"的。"霸凌"一词源自英文"bully"（欺侮）的音译，是指人与人之间权力不平等的欺凌与压迫，它一直长期存在于社会中，包括肢体或言语的攻击、人际互动中的抗拒及排挤，也有可能是类似性骚扰般的谈论性或对身体部位的嘲讽、评论或讥笑。校园霸凌通常指学生之间的欺凌与压迫。霸凌并非偶发事件，而是长期且多发的事件，其主要表现形式有关系霸凌、言语霸凌、肢体霸凌、性霸凌、反击性霸凌、网络霸凌六大类。近年来，台湾校园频繁发生霸凌事件。媒体已报道多起中小学校发生恶意欺辱同学、威胁老师的霸凌事件。台湾地区教育事务主管部门 2009 年委托台湾中山大学开展的调查显示：初中校园有 13.3%的霸凌者，13.6%的人曾被霸凌，40.2%的人曾看过校园霸凌。台湾初中生约 95 万人，相当于有 12 万多的初中生是霸凌者。另据台湾"儿童福利联盟"的调查，台湾初高中、职校男生遭霸凌的比例达 10.3%，超过六成的学生表示在学校曾被同学凌辱过，有 7%的中小学生自认经常，甚至每天霸凌同学，校园霸凌已然成为很多学生的梦魇。更有甚者，连老师也成了学生霸凌的对象。对于校园霸凌现象，如果老师去管，霸凌者很可能也会对老师施暴，而老师却只能是打不还手、骂不还口。如果老师出手制止，霸凌学生就可以告老师打学生。因此，当遇到校园霸凌时，老师一般都不敢管，也不愿管，大都抱着

---

① 杨宏飞，叶映华. 杭州市中小学校园暴力行为及其相关因素分析[J]. 中国学校卫生，2006，27（10）：880-882.

② 荆春霞，王声湧，陈青山，等. 广州市中学校园暴力发生情况及原因分析[J]. 中国学校卫生，2005，26（1）：22-23.

多一事不如少一事的心态，但这又放纵和助长了霸凌者的嚣张气焰。

（二）研究意义与研究思路

校园暴力作为一种校园内普遍存在的现象，对孩子们幼小的心灵造成了不可磨灭的伤害，而仅仅通过口头教育很难完全遏制此类现象。正是因为缺少法律对校园暴力事件的强制约束，校园暴力事件才会此消彼长。校园暴力的施暴者逍遥法外，而被施暴者则长期处于心理不安定的状态，无疑对孩子的身心健康极其不利。2016年，演员、政协委员巩汉林呼吁尽快出台相关法律遏制校园暴力事件，要对校园暴力"零容忍"。巩汉林的呼声得到了时任教育部部长袁贵仁的回应："无论是来自外部的，还是内部的校园暴力，都应当坚决防范、坚决制止。"为什么校园暴力多发并且多样化？原因很多。社会上的暴力和暴力文化过多，部分成年人充满戾气，这是一个重要的大背景。殴打欺辱之类的事情发生在少年身上，只要不出人命，通常就过去了。一些学校本身也问题多多，应试教育以追求分数为目的，背离"立人"的教育目标，老师往往以严厉的面目出现，不仅没有杜绝"硬暴力"体罚，还使"软暴力"的惩罚随处可见。孩子成长大环境的劣化，催化了校园暴力的畸形多发。毫无疑问，未成年人出问题，成年人要负主要责任。从学校和教师的角度，巩汉林认为，"凡是发现有教师虐待孩子的情况，包括施暴、辱骂孩子，应该永远清除出教师队伍"。而在传统教育观念中，老师的戒尺就是要打在学生身上的，还美其名曰"打是亲、骂是爱"，而不知"赏识教育"为何物；"一日为师，终身为父"，老师打学生，还是"严父"的化身。如此"师道尊严"，想要从根本上予以扭转，确实很难。从解决燃眉之急的角度看，"制止"在第一位，"防范"在第二位。同为政协委员的中华全国律师协会副会长朱征夫直言，不少校园暴力案件已经涉及"侮辱罪"，"现在校园暴力中的施暴者基本上不到14岁，都以批评教育为主，因此刑事责任年龄不调整，就没有更好的办法，建议适当调整刑事责任年龄"。

2016年6月，时任国务院总理李克强对校园暴力频发问题作出重要批示。批示指出：校园应是最阳光、最安全的地方。校园暴力频发，不仅伤害未成年人身心健康，也冲击社会道德底线。教育部要会同相关方面多措并举，特别是要完善法律法规、加强对学生的法制教育，坚决遏制漠视人的尊严与生命的行为。据粗略统计，2015年媒体公开报道的校园暴力事件多达30余起，且多发于初中、高中阶段。而实际发生的校园暴力事件远超这个数字。与之相对的是，教育部门和有关方面应对乏力，但并不是说其看不到问题的严重性，不想管，而是缺乏强有力的法律武器。我国对于校园暴力的立法不足表现在两个方面：一是现有的《刑法》《未成年人保护法》《预防未成年人犯罪法》等相关法律法规，并未对校园暴力做出明确的、具有可操作性的惩戒规定，加上一条未满法定年龄不能追究刑责的规定，使得惩戒无从说起；二是缺少一部针对校园凌虐案的专门法律。

李克强总理的批示最核心的要义在于"要完善法律法规、加强对学生的法制教育"。本课题小组将围绕"校园暴力的立法"的各个方面进行材料收集，问题梳理，实例认识、分析和比较。我们的研究思路为：首先，通过研究校园暴力的特点与国内外应对措施，对校园暴力问题有一个透彻的认识。其次，探讨"反校园暴力"立法问题的核心部分。"反校园暴力"立法很早就被提出，但是目前依旧未能从根本上落实，"反校园暴力"立法路上困难重重，也引发了很多争议与质疑。本小组通过梳理"反校园暴力"立法问题的各方观点将这一矛盾清晰呈现出来。最后，通过研究总结，形成我们对于"反校园暴力"立法问题的看法和观点。

二、校园暴力的定义与特点

要研究校园暴力的相关问题，首先就必须明确校园暴力的定义以及它的整体特点，只有这样，才能针对问题提出有效的解决对策。

（一）校园暴力的定义

国内学者对校园暴力的界定还没有完全一致，较难对目前的校园暴力概念进行归类。与此同时，正因为有关法律对此没有一个明确的定义，在校园暴力事件中"校园"的范围，事件的主体、内容和程度都存在争议。

1. 关于"校园"范围的界定

在"校园"范围的界定问题上，主流观点认为应对校园暴力的发生场所进行一定的限制，一般认为限制在校园内以及校园周围一定区域内（其中包括学校组织活动所在的校外区域，因为该区域在特定时间段是学校具有一定的管理权限以及对学生承担保护职责所在地）。对于"校园周围一定区域内"的界定，有学者提出了校园"合理辐射地域"的观点（"校园合理辐射地域"大多数简化为"校园周边"）。该观点参考了"在中小学校园周边200米以内，不得开设酒吧间、歌舞厅、录像室、台球室、电子游戏室"以及"禁止在中小学校园周围200米范围内设立互联网上网服务营业场所"两条规定。由此可以看出，"校园周围一定区域内"与校园管理存在密切关系。

而"校园合理辐射地域"这一概念可以从三个角度去界定：①与校园秩序和师生安全密切相关的校园周边地区。参照我国目前校园周边秩序管理的法律法规，校园周边的认定大体可采用"200米原则"。当然，这只是一个参照的系数，不能予以绝对化。②学校教育管理活动延伸至校外的空间，例如统一开展学生实践活动、集体活动的校外地域。③学校监护责任与家长监护责任转移的过渡地区，这一般是指学校放学、放假后，学生返家时校门与家门的连接地域。如果超出了上述校园的合理辐射范围，则不宜界定为校园暴力的范畴，否则容易过度扩充校园暴力的外延①。当然，随着校园暴力不断进入大众视野，不少学者也注意到校园暴力事件不一定发生在校园内或者周围，也有可能发生在其他区域。因此，对校园暴力的空间界定，学者们也提出不同观点。他们认为，校园暴力是发生在校园内外、施加于学校成员（既包括学生又包括老师）并能导致其身体和心理伤害的行为。事实上，很多暴力事件不是发生在校园内，而是发生在学生上学或回家的路上，研究者一般把这些事件也视为校园暴力事件②。

2. 关于主体、对象要素的界定

关于校园暴力的实施主体以及实施对象的范围也存在争议。"与在校师生直接有关的暴力行为，均可界定为校园暴力"③ 是目前关于校园暴力最广义的定义，其中校园暴力的类型被划分为学生之间、学生及家长对教师、老师对学生、社会人士对在校师生、学生对学校和师生财物、学生对社会人士人身及财产六种。暴力行为的对象包括在校师生和被侵害人的身心和财物。同时，国内诸多学者对校园暴力的分类也有不同的观点。金志利将教职工之间的暴力行为纳入校园暴力范畴，将校园暴力的类型分为四种，即"教职工之间、师生之间、学生之间、校外人员与师生之间"④。梅志罡、汤志超在将校园暴力对象分为人身和财物之外，还将"心理暴力"纳入暴力范围，并且明确将"师生对社会人士实施的暴力行为"也纳入进来⑤。张美英则对校园暴力的类型做出最狭义的限定，即分为"学生之间相互实施的暴力、校外不法人员对在校学生实施的暴力、师生之间实施的暴力"三种⑥。

3. 关于校园暴力方式手段的界定

在校园暴力的方式、手段界定问题上，存在较多的争议。最早社会上一致认同校园暴力是一种"暴力攻击行为"，是"故意使用武力对自己或他人或团体进行威胁或采取行动"⑦ 并造成一定后果的行为。随着时间的推移，人们对校园暴力的认识也发生变化，认为是一种"以口头、物体或身体任何部位发出的侵犯他人人身权利和财产的攻击性行为"，将暴力形式从单纯的武力行为扩展到口头暴力或称语言暴力。而近年来，越来越多的学者将校园暴力的方式从身体暴力、财产暴力进一步扩展至心理暴力、冷暴力。

4. 关于校园暴力程度的界定

即校园暴力行为的恶性程度及其后果情况。在校园暴力的程度上，不同学者的界定也

---

① 姚建龙. 校园暴力：一个概念的界定[J]. 中国青年政治学院学报，2008，27（4）：38-43.
② 张旺. 美国校园暴力：现状、成因及措施[J]. 青年研究，2002（11）：44-49.
③ 彭拥兵. 论校园暴力及暴力游戏罪过心理生成机制[J]. 重庆工商大学学报（社会科学版），2006，23（1）：115-119.
④ 金志利. 校园暴力事件的成因分析与对策[J]. 中国科教创新导刊，2010（11）：117.
⑤ 梅志罡，汤志超. 中学校园暴力：社会化视角的透析[J]. 青年探索，2007（4）：57-60.
⑥ 张美英. 象牙塔里的阴影——透视国内校园暴力[J]. 科学中国人，2003（2）：23-25.
⑦ 陈小梅. 论校园暴力事件后的心理创伤治疗[J]. 漳州师范学院学报（哲学社会科学版），2011，25（3）：143-147.

不相同。程伟认为校园暴力包括对人的伤害以及校园秩序的破坏两方面，即"侵害他人的生命权和健康权或对他人的生命权和健康权构成严重威胁，破坏校园正常的学习生活秩序及其周边环境秩序"的行为①。李群则认为校园暴力是对人的一定程度的伤害，即校园暴力是"产生了或最大可能地导致了受害者的损伤、死亡、心理伤害、发展不良或权益侵害等"的行为②。王吉对校园暴力的程度阐述比较简单，认为校园暴力是对学生生理或心理实施的"达到一定伤害程度的侵害行为"③。

（二）校园暴力的特点

近年来，各种校园暴力、伤害事件屡见不鲜，无论在数量上还是后果上均呈愈演愈烈之势。"女生太邋遢引公愤被打成十级伤残""学生被按进粪坑围殴""6 分钟女生被打 38 记耳光围观者说太精彩""四川乐至初中女生遭扒光羞辱""永泰初三男生遭围殴脾被切除""安徽小学生被逼喝尿"等恶性事件引发重大舆论。将目光投向国外，校园暴力事件同样普遍，《告白》《韩公主》《妈妈别哭》《总有一天》《失控的校园》等由真实校园暴力事件改编而成的影视作品折射出的诸多问题也让人无法忽视。关于校园暴力的防治问题，现已成为各界关注的重点。国内外频发的校园暴力事件其实都有相似之处：

（1）大多数发生在学校开展正常管理教育期间，地点多在校园内部或是学校周边地区。

（2）涉及的群体多为青少年。但随着媒体的不断曝光，教职工甚至社会人士涉及校园暴力的现象也逐渐进入公众视野。

（3）侵害行为包括身体和精神上的侵害行为。

（4）校园暴力常因为学生之间、师生之间的关系和约束而呈现出一定程度的隐蔽性。

（5）侵害手段包括实际攻击、伤害、虐待、猥亵等直接实施暴力的手段，也包括以语言辱骂等手段严重损害受侵害人精神健康的行为。

（6）校园暴力往往是一个长期而持续的过程。

（7）危害性会因为涉事群体的年龄局限而被放大。

（8）部分受侵害人会因长期受到暴力侵害转而报复侵害人，甚至引发恶性事件。

（9）管理困难，校园暴力与非暴力的界限目前较为模糊，没有清晰明确的界定，也没有针对性的防范措施和处罚制度。由于群体多为心智尚未成熟的青少年，对于施暴者来说，其对后果认识的不全面会导致暴力手段残忍恶劣，而对于受侵害人来说，心智不成熟使他们更容易受到创伤，也更难从创伤的心理阴影中恢复。因此，校园暴力的相关立法刻

---

① 程伟. 透视与思辨：我国校园暴力犯罪成因解析与防控对策[J]. 理论界，2012（1）：53-55.
② 李群. 大学校园暴力行为的归因与防范对策研究[J]. 哈尔滨职业技术学院学报，2015（4）：102-103.
③ 王吉. 一个校园安全的建设蓝本：奥维斯校园暴力预防计划简介[J]. 外国中小学教育，2004（8）：36-38.

不容缓。

三、国内外对于校园暴力问题采取的应对措施

针对校园暴力采取相对应的举措，我们既可以学习国内对于校园暴力的整治措施，也可以学习借鉴国外的相关经验，这样可以更好地防止校园暴力事件的发生。

(一) 我国对于校园暴力问题采取的应对措施

防治校园暴力是一项综合治理工作，我国从多方面入手应对校园暴力，并出台指导意见，加强学校、家庭、心理咨询、执法部门等多方面的力量协同合作，加强法治理念宣传，强化学生自我保护意识。

1. 出台政策文件

校园暴力的存在引起许多人的重视，为了应对校园暴力，国家曾出台多份文件。2016年4月，国务院教育督导委员会办公室印发《关于开展校园欺凌专项治理的通知》，明确了学校应对校园欺凌的四项措施。

(1) 开展教育。各校要集中对学生开展以校园欺凌治理为主题的专题教育，开展品德、心理健康和安全教育，邀请公安、司法等相关部门到校开展法制教育，组织教职工集中学习对校园欺凌事件预防和处理的相关政策、措施和方法等。

(2) 完善制度。各校要制定完善校园欺凌的预防和处理制度、措施，建立校园欺凌事件应急处置预案，明确相关岗位教职工预防和处理校园欺凌的职责。

(3) 加强预防。各校要加强校园欺凌治理的人防、物防和技防建设，充分利用心理咨询室开展学生心理健康咨询和疏导，公布学生救助或校园欺凌治理的电话号码并明确负责人。

(4) 及时处理。各校要及时发现、调查处置校园欺凌事件，严肃处理实施欺凌的学生。涉嫌违法犯罪的，要及时向公安部门报案并配合立案查处。

2016年11月，教育部、中央综治办、最高人民法院、最高人民检察院、公安部、民政部、司法部、共青团中央、全国妇联等部门联合印发了《关于防治中小学生欺凌和暴力的指导意见》，提出如下指导意见。

(1) 切实加强中小学生思想道德教育、法治教育和心理健康教育。

(2) 认真开展预防欺凌和暴力专题教育。

(3) 严格学校日常安全管理。

(4) 强化学校周边综合治理。

(5) 保护遭受欺凌和暴力学生身心安全。

（6）强化教育惩戒威慑作用。

（7）实施科学有效的追踪辅导。

（8）加强部门统筹协调。

（9）依法落实家长监护责任。

（10）加强平安文明校园建设。

（11）全社会共同保护未成年学生健康成长。

2. 学校教育

事实表明，有暴力倾向的同学大多学业欠佳，自我放弃，无法在校园学习中得到满足与重视，而老师迫于升学的压力也与之缺少沟通，未建立起良性的师生关系。另外，青春期学生处于生理、心理迅速发展和变化的时期，具有特殊性。校园里学生聚集，学生与学生之间会发生直接的接触，因此学校或其周围往往是校园暴力发生的主要场所。所以，学校在应对校园暴力中起到了直接的作用。为发挥学校在防治校园暴力中的作用，学校需要全面推进素质教育，加强对在校学生的法制教育和思想道德教育，增强其遵纪守法的观念；加强对学生心理素质的教育，及时对学生进行青春期教育；适当弱化教师权威的观念，尊重学生的教育主体地位；加强教师队伍建设和管理，注重提高教师自身素质；维护广大在校师生的合法权益，增强其安全感；对于实施了校园暴力的少数师生，还应运用惩罚措施，该处分的要处分；组织丰富的课外活动，加强学校与家庭的联系。

3. 家庭教育

家庭环境和父母对孩子的教育会直接影响学生的行为、习惯、意识。参与校园暴力的学生往往受家庭影响比较严重，家庭的教育功能不足，父母往往忙于工作，无暇顾及亲子关系，造成家长与孩子的关系疏远。父母的教育方式不当，对孩子不是过于溺爱，就是简单粗暴；家庭内部存在暴力行为，父母染有恶习或有违法乱纪行为，孩子长期在这种环境下会受到不良的影响。对于解决校园暴力，家庭教育起到了源头性的作用。各方都鼓励家长经常与孩子进行沟通交流，用科学的方法教育孩子，帮助孩子树立起积极、健康、向上的人生志向；要培养孩子在心理上、人格上、为人处世上有宽阔的思想境界，为孩子健康成长创造良好的家庭氛围；教会孩子正确的交往技巧，学会以智慧和能力取胜。家长自身还要能够理智冷静地面对校园暴力。

4. 社会环境

和谐的社会环境对于学生有着积极的引导作用，让学生生活在健康积极向上的社会氛围中，能有效避免校园暴力频发。近年来，为了整顿社会的不良风气，国家投入了大量的精力，规定大众传播媒体中禁止出现暴力情节，以及以污蔑羞辱他人为乐的粗野动作、言语和抽烟、打架等画面；禁止未成年人进入网吧、游戏机室、酒吧；禁止在学校周围开设一些成人性的娱乐场所等；整顿社会风气，净化校园周边环境，优化青少年成长环境。

5. 立法保护

《中华人民共和国未成年人保护法》可以保护在校园暴力中受害的未成年人的权益，但目前针对校园暴力中未成年施害者的惩戒条例尚不健全完善，国家也在积极制定反校园暴力的法律，旨在尽快将校园暴力纳入法律强有力的管辖范围。

（二）西方国家对于校园暴力问题采取的应对措施

校园暴力事件在西方国家引起关注比较早，同时这些国家对此类事件的应对措施也更加完善且严格。下面是一些西方国家对于校园暴力采取的应对措施的简介。

1. 美国

美国的校园暴力引起社会广泛关注的时间比我国要早，美国反映此类问题和其他青少年思想问题的文学与影视作品也层出不穷。对校园暴力，美国采取的应对措施主要有：第一，降低霸凌行为的认定标准。除了打人、吐口水、故意推搡、拍裸照等行为外，联邦政府的一系列立法还把言语辱骂、口头威胁和在公共场合故意嘲笑他人残障、种族、性别、性取向、宗教信仰等构成精神攻击的行为也被认定为霸凌行为。近年来，美国法律还将网络暴力，如在社交媒体和网络辱骂、攻击或披露同学隐私等行为界定为霸凌行为。第二，学校对校园霸凌行为采取零容忍政策。政府规定学校必须提供举报霸凌事件的渠道，而教职员一旦发现这类行为必须举报；学校对被举报的霸凌事件必须进行调查；学校需对欺负他人者采取积极干预措施，轻者口头警告，重者开除学籍。第三，加强父母对子女的管教责任。如果学生欺负同学，学校会马上要求其家长开家长会；如果未成年学生因霸凌行为而被送到青少年法院，父母也要一起进入司法程序；如果法官认定孩子的霸凌行为与父母的不法行为（如吸毒、酗酒）有关，法官可以把孩子的监护权转移到寄养家庭；如果父母管教不当，法官会要求父母上训导课程，学习如何合法管教子女；如果子女的霸凌行为造成他人受伤，父母必须承担相应民事赔偿责任。第四，加强对霸凌行为的刑事惩罚。对未满18周岁的校园暴力涉案者，法院通常以辅导警告等方式处置。若后果严重且施暴者有前科，即便是未成年人涉案，也可以当作成人刑事案件审理，按成人标准定罪量刑。第五，严惩霸凌同伙。根据犯罪心理学"同伙壮胆"理论，联邦法律引入"共谋杀人罪"（同伙即便没有直接参与杀人，也要与杀人者共同承担谋杀罪）。这一"共犯连带"原则同样适用于霸凌案件，即便只是帮凶，也与直接欺凌他人者同罪。这些措施对遏制暴力犯罪起到了一定的作用。

2. 英国

英国对校园暴力的关注也早早就开始了。从 2005 年起，英国每年的 11 月会举行反欺凌周活动，集中开展各种宣传活动。2007 年，英国更是启动了一项小学自助反欺凌工程，主要是请高年级学生帮助低年级学生，协同老师，一起反对同学间的欺凌行为。总的来说，英国的应对措施主要有以下几点：

（1）制定专门针对校园欺凌的政策法规，完善相关法律政策。

（2）在社会层面广泛宣传并呼吁抵制校园霸凌，营造有效治理校园霸凌的社会环境。

（3）在教育者方面，强调教育工作者在关注青少年学生成长方面的法律责任。政府重视老师在服务管理学生行为上的地位和作用，会拨付专项经费用于老师的培训。

（4）全面关注学生行为。不仅关注学生在校内的行为，也关注他们在校外的表现。如果家长发现老师在校园霸凌方面处理不当，可以向校长甚至地方教育局申诉，追究教师和学校的管理责任。

3. 德国

德国在校园霸凌方面态度鲜明，打击力度很大，其重视程度甚至超过了包括美国在内的不少国家。相较于其他国家，德国更注重从根源上解决问题，将思想教育作为孩子的必修功课。"善良教育"是德国儿童接受人生启蒙的第一课，从爱护小动物开始，通常是思想教育中很重要的一环。对孩子进行"善良教育"的另一项重要内容是同情和帮助弱小者，尽力帮助身边需要帮助的人。对于两次记过后仍不思悔改的校园"小霸王"，校方有权把他送到"不良少年管教部门"给予强制管教。

4. 澳大利亚

澳大利亚的校园欺凌现象也比较严重。最新统计数据显示，澳大利亚的公立学校平均每周公布60多起校园欺凌，对此，政府采取了以下应对措施。

（1）建立政府支持的组织和网站，如"反欺凌网络组织"和"澳大利亚无欺凌计划"，以帮助学校了解欺凌现象。

（2）为学校制定相关政策，提供教师培训的指导大纲。

（3）政府通过《全国安全学校框架》来协助学校积极打击校园内学生间欺辱行为，使学校变得更加安全，使遭受欺辱的学生能得到及时的帮助。

（4）培养学生具有爱心、同情心以及宽容和理解的品质，以消除校园中的骚扰、以大欺小等现象。

（5）《全国德育教育框架》为实施德育教育提供了支持保障。

5. 挪威

在应对校园霸凌方面，挪威的应对措施非常出色。在政府的支持下，学校严格监督，全民抵制校园暴力。2002年，挪威政府还通过了一个宣言，号召国家、地方政府以及家长和教师团体加入尽快根除校园霸凌现象的行动。

（1）政府鼓励学校对包括网络欺凌在内的校园欺凌问题采取全校范围的干预措施，学校建立了全校范围内的反欺凌政策。

（2）学校所有干预人员要时刻用"筛选标准"识别学生的违规行为，同时建立匿名报告系统，鼓励学生及时报告欺凌现象。

（3）学校要严格校规，防止欺凌者破坏学校公共资源以图发泄。

（4）构建受欺凌者的庇护所，有的学校还专门设置了安全室。

（5）开设相关的反欺凌课程，训练受欺凌者应对欺凌的能力、欺凌者的移情能力以及旁观者的责任意识。

（6）重点监控课堂和课外活动，增加校园主要观测点的摄像头数量，减少校园观察的死角，尽可能使一切活动可视化、公共化。

（7）在教室活动中施行反欺凌教师负责制，强化教师在教室领导中的权威。

四、"反校园暴力"立法问题的各方观点

校园暴力屡禁不止，针对这一现象，有关人士提出校园立法建议。关于"反校园暴力"立法问题，各方的观点都有所不同，并针对立法将会产生的问题进行了讨论。

（一）"反校园暴力"立法问题

校园暴力问题涉及个人、家庭、校园、政府、司法机构乃至社会多个方面。校园立法虽然较早就被提出，但到目前为止，该项立法进程缓慢。课题组通过对大量案例的阅读，发现这一问题主要围绕三个焦点进行激烈的讨论：①校园暴力问题是否应该上升到立法层面去解决？②鉴于校园暴力问题中的当事人多为青少年，"反校园暴力"立法涉及的刑事尺度应该如何把握？③"反校园暴力"立法应如何系统化制定，个人、家庭、校园、社会应如何分担相应责任？针对这三个焦点，本文总结梳理了各方人士的探讨与分析。

（二）"反校园暴力"立法问题的各方观点总结

本文对于各方观点的总结主要围绕三个焦点展开。

1. 对待校园暴力是否应该上升到立法层面去解决

各方人士对于校园暴力事件是否应该上升到立法层面去解决这一问题的看法基本一致，大多数人表示校园暴力问题应当上升到立法层面去解决。

全国政协委员、南开大学法学院副院长侯欣认为，校园暴力的频繁，与社会风气、青少年成长环境、家庭教育等方面都有关系。他坦言，从根本原因看，很大程度是源于针对校园暴力的惩处仍然停留在道德层面上，并没有上升到法律层面。

也有学者指出，我国对于儿童保护缺乏相关的法律系统。虽然2015年我国发布了《关于依法办理家庭暴力犯罪案件的意见》和《关于进一步加强对网上未成年人犯罪和欺凌事件报道管理的通知》，但在司法实践中，校园暴力的处置仍处于法律的盲区。

全国政协委员、中华全国律师协会副会长朱征夫则表示，不少校园暴力案件已经涉及"侮辱罪"。"现在校园暴力中的施暴者基本上不到 14 岁，都以批评教育为主，因此刑事责任年龄不调整，没有更好的办法。"

2016 年两会期间，校园暴力就受到了代表委员们的广泛关注，代表委员们纷纷呼吁重视校园暴力问题。有的代表认为应当适当降低承担刑事责任的年龄标准，从根源上杜绝校园暴力；也有代表认为只有加大法制教育力度才能减少校园暴力。

"对校园欺凌和暴力没有统一衡量标准，是中小学生校园欺凌和暴力频发、学生对欺凌和暴力不以为然的主要原因。"中小学生校园欺凌和暴力的主要原因是立法和惩戒机制的缺失，使得中小学校园暴力长期以来停留在道德层面而没有上升为法律议题。口头批评教育永远不能根治中小学的校园暴力行为，而法律层面的缺失使得未成年人的人身安全得不到有效的保障，"反校园暴力"立法迫在眉睫。在当今"依法治教"的时代背景下，通过法律途径才能长久推进依法治理校园欺凌，有效防治中小学生欺凌和暴力。修订相关法律法规，将中小学生校园欺凌和暴力惩戒纳入立法范围，这才是我们最应该做的事。

2. "反校园暴力"立法涉及的刑事尺度应该如何把握

中小学生一般是未成年人，出于保护未成年人的特殊需要，立法和执法向未成年人倾斜，使得不少学生有"未成年人不需要担责"的误读，以致放纵自我。全国人大代表刘希娅说，对欺凌和暴力的处理缺少一整套的治理机制、惩戒力度小，造成中小学生校园欺凌和暴力后果日益严重，部分学生对欺凌和暴力行为肆无忌惮。

在加强对校园暴力行为法律干预方面，他们建议借鉴国外法律经验，修改《刑法》《预防未成年人犯罪法》等法律中的有关内容，通过立法进一步明确学校、家庭和社会在校园欺凌中的安全教育、管理和防范责任。同时明确校园暴力定义，细化类别，制定相应的惩戒措施。根据青少年身心发展规律，适度调整未成年人刑法适用年限和应承担刑事责任的罪种。

还有学者提出引入恶意补足年龄原则，探寻适合我国国情的预防校园暴力法治体系。"恶意补足年龄原则"使得刑事责任年龄的适用有了弹性，既有利于保持法律政策的稳定性，又解决了部分未成年人利用最低刑事责任年龄逃避法律制裁的问题。针对校园暴力，引用恶意补足年龄原则，有利于把握刑罚和教育的尺度，在打破刑事责任年龄"庇护伞"的同时，也给了处在成长阶段、可塑性强的未成年犯改过自新的机会。当然，如何使来自英美国家的"恶意补足年龄原则"在中国得到合理的运用，还需要我们在实践中去探索。

3. "反校园暴力"立法应如何系统化制定，个人、家庭、校园、社会应如何分担相应责任

校园暴力是学生、家庭、学校和社会问题的综合反映，只有构建校园暴力防治体系，明确规定相关责任人的法律责任，建立相对完善的法律程序与法律救济制度，才能切实解决校园暴力问题，预防青少年犯罪。

各方建议相关部门完善全国性校园警察制度，开展多种形式的法制教育。在中小学设立校园警察，联合学校成立专门的学校纪律管教部门。参考国外校园警察制度，授予纪律管教部门对学生的特别惩罚权力，并规定严格的程序，负责调查、处理校园暴力行为。与之相配套的，对有校园暴力行为的学生做出参加义务劳动、纪律处分等处罚，将学生的受处分情况及改正情况记入成长档案；对达到一定行为标准的学生，强制送入政府性工读学校。

在责任分配方面，我们可以效仿西方各国，设立法制监管方面的责任人，在学校设立法制监督责任人，让学校与家庭合作监督青少年，同时创造良好的社会环境，以防范为主的同时也能在问题出现后将责任追究到人。

对各方观点进行总结后，我们发现：校园暴力目前呈现频率增加、结果恶化、施暴人低龄化等趋势。这不仅严重损害学生身体健康，还造成被欺凌学生孤独、自卑、厌学、人际交往障碍等严重心理和行为问题。立法是对孩子们最根本的保障，但是"施暴者也是孩子"，就给立法造成了阻碍，在保障孩子不遭受校园暴力的同时，还要确保对施暴者的惩罚是严厉而不过格的，只有保证所有孩子的身心健康，才能保障社会的未来。

五、总结

校园暴力事件的影响对于整个社会来说都是极其恶劣的，这也引起了有关方面的高度重视，与此同时，相关的保护学生校园安全的措施和指导意见也陆续出台。

（一）关于未来校园安全的建议

近几年校园安全暴力问题频发，已经成为不得不面对的严峻的社会问题，同时随着媒体的报道，校园安全问题也得到了社会各界的高度关注。

2016年11月，教育部、中央综治办、最高人民法院、最高人民检察院、公安部、民政部、司法部、共青团中央、全国妇联等9部门联合印发了《关于防治中小学生欺凌和暴力事件的指导意见》（以下简称《意见》）。《意见》从"积极有效预防学生欺凌和暴力""依法依规处置学生欺凌和暴力事件""切实形成防治学生欺凌和暴力的工作合力"3个方面，提出了11点具体要求。《意见》一方面明确指出，"保护遭受欺凌和暴力学生以及知情学生的身心安全，严格保护学生隐私，防止泄露有关学生个人及其家庭的信息。特别要防止网络传播等因素导致事态蔓延，造成恶劣社会影响，使受害学生再次受到伤害"。另一方面，"对实施欺凌和暴力的中小学生必须依法依规采取适当的矫治措施予以教育惩戒，既做到真情关爱、真诚帮助，力促学生内心感化、行为转化，又充分发挥教育惩戒措施的威慑作用。对实施欺凌和暴力的学生，学校和家长要进行严肃的批评教育和警示谈话，情节较重的，公安机关应参与警示教育。对屡教不改、多次实施欺凌和暴力的学生，应登记在案并将其表现记入学生综合素质评价，必要时转入专门学校就读。对构成违法犯罪的学生，根据《刑法》《治安管理处罚法》《预防未成年人犯罪法》等法律法规予以处置，区别不同情况，责令家长或者监护人严加管教，必要时可由政府收容教养，或者给予相应的行政、刑事处罚，特别是对犯罪性质和情节恶劣、手段残忍、后果严重的，必须坚决依法惩处"。

2017年4月12日，李克强总理在国务院常务会议上强调，要切实把校园建设成最阳光、最安全的地方。李克强特别指出，要建立防控校园欺凌的有效机制，及早发现、干预和制止欺凌、暴力行为，对情节恶劣、手段残忍、后果严重的必须坚决依法惩处。有关部门对校园安全事件要第一时间妥善处置并及时回应社会关切，及时公布调查结果，主动积极作为。在2016年的《政府工作报告》中，李克强在谈及教育时曾专门加上"安全"二字，指出"从家庭到学校、从政府到社会，都要为孩子们的安全健康、成长成才担起责任，共同托起明天的希望"。同年6月，针对校园暴力频发，李克强总理专门作出重要批示：校园应是最阳光、最安全的地方。校园暴力频发，不仅伤害未成年人身心健康，也冲击着社会道德底线。教育部要会同相关方面多措并举，特别是要完善法律法规、加强对学生的法制教育，坚决遏制漠视人的尊严与生命的行为。

从上述的材料和文献中可以看出，政府在花大力气整治校园风气问题，但是我们仍应该考虑到校园暴力问题涉及的大都是未成年人，每次校园暴力事件发生时，我们一边同情被害者的可怜一边诅骂施暴者的残忍，但是事件过后，我们往往看不到对施暴者的处罚，看不到对被害者后续的治疗与心灵上的安抚，这与目前仍然是偏向保护未成年人的风向有关。尊老爱幼的传统美德也在一定程度上包庇校园中的暴力事件，家长、学校、警察打着不影响孩子前程的"善意旗帜"，往往大事化小，小事化了，却忽视了被欺负的孩子所遭受的肉体、心灵上的创伤。

我们调查校园暴力事件时，有一句话引起我们的关注——"初中时也看过暴力事件，考上了重点高中后就很少见过"。统计各大型校园暴力事件，我们发现这些事件多发于一些村镇的中小学，那里的学生家长长期外出务工，孩子和爷爷奶奶一起生活。老一辈的人认为可以吃饱穿暖就是好的生活，却没有注意到孩子的成长也需要精神的食粮。在这样的环境下，学校的教育便不被重视，而且一些村镇学校缺少高素质、真正做教育的教师，学校领导年纪也偏大，在他们的认知中校园打闹是正常现象，再加上青春期的孩子容易躁动，很容易做出出格的事，甚至引发校园暴力。当暴力事件发生后，并没有人可以出面制止或者解决，又使得校园暴力愈演愈烈。但是在重点高中，在较发达的地区校园暴力却很少发生，这其实也折射出了当代中国社会发展的不平衡、不全面。

所以想要解决校园暴力的问题，政府、家庭、学校三方应该共同努力。

一是家庭要加强教育。平日里家长应该多与孩子交流，节假日、周末多陪伴孩子，在重视孩子"智"的发展的同时，也应关注孩子"德"与"体"的发展。

二是学校要加强对中小学生的教育保护和心理疏导。在中小学积极开展生活技能教育，帮助中小学生学习和掌握人际交往技巧，正确处理校园冲突，正视自己的心理问题。同时学校还应加强培养学生自我保护意识，向学生传授遭遇伤害时自我解救或者向他人求助的方法。

三是教育主管部门要加强介入。当发现学生遭受欺凌和暴力时，教育主管部门要及时介入，对严重的欺凌和暴力事件，要迅速联络公安机关介入处置。同时要严格保护学生隐私，防止有关学生及其家庭信息被泄露，使受害学生受到二次伤害。

四是公安机关应当主动净化校园周边环境，强化学校日常防治工作。公安机关应当在治安情况复杂、问题较多的学校周边设置警务室或治安岗亭，密切与学校的沟通协作，积极配合学校排查发现学生欺凌和暴力隐患，并及时预防处理，加强对困难学生群体的保护和关爱。对校外成年人教唆、胁迫、诱骗、利用在校中小学生违法犯罪的行为，必须依法从重惩处。

五是地方政府要积极创新，探索建立专门学校。对屡教不改、多次实施欺凌和暴力的学生，应登记在案并将其表现记入学生综合素质评价，必要时转入专门工读学校就读，对施暴学生实施重点看护。同时，根据违法犯罪程度不同实行层级管理，情节较轻的，责令家长或者监护人严加管教；情节较重的，可由政府收容教养，或者给予相应的行政、刑事处罚；对犯罪性质和情节恶劣、手段残忍、后果严重的，必须坚决依法惩处。

校园应当是最阳光、最安全的地方，校园暴力事件不仅伤害未成年人的身心健康，还冲击着社会道德底线。加强校园安全管理，杜绝校园暴力，政府部门责无旁贷。

(二) 课题小组对于"反校园暴力"立法问题的看法

张雪东同学通过此次实践认识到，我国自 2013 年以来，每年的两会都会有有关"反校园暴力"立法的声音出现，特别是近几年这样的声音越来越大，其中的主要原因是我国目前的校园暴力问题频发，很多人在看到一幕幕惨剧之后十分痛心。但遗憾的是，到目前为止，"反校园暴力"立法在我国还存在很多尚未解决的问题，因此尚不能步入立法进程。"反校园暴力"立法问题牵涉到方方面面，但总的来说分为三个方面，一是校园暴力牵扯到的刑罚问题，究竟应该如何对恶性校园暴力事件进行刑罚处理，学界有很大的争议；二是我国目前社会家庭结构的问题十分突出，"反校园暴力"立法将直接牵扯到家庭、学校、社会三方面对于青少年成长的责任问题；三是"反校园暴力"立法牵涉到执行机构是否需要增设的问题，也是媒体和大众关注的一个焦点。如果将校园暴力简单地归类于刑事犯罪，那么"反校园暴力"立法的意义就不复存在了。究其主旨，他觉得"反校园暴力"立法的重大意义在于该项立法能改善我国目前脆弱的社会家庭结构，使得一个人的成长有人负责，有法可依。

尚小雨同学认为，校园暴力在校园中十分普遍，这是一种病态的、十分不合理的现象，而在我国的法律条文中至今都没有对这种现象进行明确的规定，这无疑是十分不合理的。校园暴力现象的泛滥可归结于三方面的原因：一个是孩子自身，一个是学校，还有一个是国家的立法问题。对于孩子来说，孩子自身缺乏是非好坏的判别能力，对自身情绪的控制也十分不到位，而社会上的暴力视频的传播使他们觉得暴力是唯一的解决问题的方式。而就学校而言，学校本着息事宁人的态度，只是在矛盾发生后不断地调解，而对于防微杜渐、防患于未然没有起到太大的作用。就国家而言，相关法制还有待完善，而作为未成年人的施暴者，因为得不到法律的制裁和管教，在心理上发生扭曲，更可能变本加厉，性情乖僻，进而可能在成年后做出危害社会和国家的行为。加快"反校园暴力"立法进程的说法并不是空穴来风，而是经过深思熟虑和比较得出的结果。

李钧同学提到，不记得从什么时候开始，他就经常会听到有关"校园暴力"事件的新闻，甚至会有视频发到网上，视频里往往是几个人打一个人，周围的人或在观看或在起哄、嬉笑，很少发现有人上去帮忙，而被打的人也基本没有反抗的动作。每次看到类似的视频和报道都会感到很痛心，这事对被打者得造成多大的伤害啊！对于"校园暴力"事件，他认为家庭、学校和社会都有责任。首先，家庭的影响最为重要。家庭成员文化素质低下、道德品质败坏，家庭的管教方法不对，家庭不和谐都会增加校园暴力发生的可能。其次，学校过于偏重知识教育，忽略孩子的心理健康教育。最后，"社会元素"过多进入校园也是诱因之一。例如，歌厅、舞厅和游戏机室等影响着青少年的学习生活。他觉得减少"校园暴力"应该从四个方面发力：第一，父母多关心自己的孩子，帮助其平稳度过青春期；第二，父母和学校要教育孩子控制自己的情绪，引导他们正确解决生活中的矛盾；第三，避免过多的"社会元素"进入校园；第四，加强有关"校园暴力"的法律法规建设。

林清羽同学认为，关于校园暴力的立法刻不容缓。第一，校园暴力的定义模糊，使得学校、家庭乃至司法机关在处理类似事件的时候存在一定的困难。而校园暴力危害程度中被侵害人"受到一定程度的伤害"没有明确的规定，那么类似事件的处理很可能出现各个地方各个事件中的侵害人受到的处罚不同的不公平现象。第二，法律惩治的空白，致使受害人的合法权益无法得到应有的保护和赔偿，同时施暴者犯罪后付出的成本太低，也成为他们有恃无恐的原因之一。第三，校园暴力的涉事群体，主要为在校的未成年或是刚成年不久的学生，因此相关立法还应考虑未成年人的界定问题。目前对未成年人的界定标准多年未更改，是基于过去人的营养、生理发育、心理发育、身体成长状况等条件而定的。而现如今，随着新媒体的发展，未成年人普遍思想早熟，这些条件已经发生了根本性的变化，如果还沿用原来的标准，很显然已经不合时宜；是否应该把未成年人的年龄合理降低，是一个值得考虑的问题。第四，个人认为校园暴力普遍存在、危害性巨大且管理困难的原因还在于社会、家庭的影响。不可否认，许多家庭在教育子女的过程中依旧习惯性用打骂来纠正子女不当行为，而这种暴力手段会被子女"学会"并且施加到他人身上。同时，影视、书籍、社交平台的良莠不齐，暴力的无处不在也使得青少年更加容易受到不良影响。校园暴力也存在一定隐蔽性。校方、家庭可能会认为这是学生之间的"打闹"，出不了什么大事，外界的漠视再加上受侵害青少年不同程度上不愿将这类丢脸的事情告诉家长以寻求帮助，也助长了这类事件的滋生和发酵。但值得庆幸的是，随着此类事件的不断曝光，社会各界对校园暴力危害性的认识越来越深刻，国家和社会的重视度逐日提高，法律保障在不断完善，社会监督力度和社会话题敏感度也在不断加大，相信经过长时间的努力，校园暴力将会得到最大程度的遏制。

郭睿同学表示，完善应对校园暴力的法律法规无疑是刻不容缓的，无论是校园暴力事件的频频发生，还是施暴者屡教不改的问题，都说明了对于校园暴力行为的惩罚措施和惩罚力度都还不尽如人意，并没有达到我们想要的效果。在他看来，纠正某些学生、家长甚至老师的思想更加迫在眉睫。在现有的校园暴力中，除了引起广泛关注的打人事件、肉体上的摧残外，没有引起广泛关注的言语辱骂、关系孤立等精神上的欺凌很可能还远远不止我们了解到的这些。在不少家长眼里，给孩子起绰号、口头辱骂等行为都是小孩子之间的打闹，大人无须介入，让孩子自己解决就好。甚至在孩子不堪其辱，忍不住向家长倾诉时，一些家长还会指责孩子不懂事，斤斤计较，并没有意识到事情的严重性，长此以往，被霸凌的孩子越来越不愿倾诉、不愿求助，最终导致悲剧的发生。另外，有些孩子自己也可能认为这些事情不是霸凌而不向老师和家长求助，最终导致悲剧。更可怕的是，如果老师也意识不到这些是霸凌行为的话，在孩子们相互接触最为密切的学校，被霸凌的孩子将找不到一丝依靠，反抗时寻求不到外界的帮助。另外，一些老师自己都意识不到的行为也有可能对学生们的思想和行为起到导向性的作用，有时不一定是老师对学生的批评直接导致的学生精神受到伤害，而是对部分学生的批评可能会使一些思想不端正的施暴者们认为这些人是可以被欺负的，而如果老师对此又没有足够的警惕，校园暴力就可能发生。所以他认为，在完善法律，完善对于校园暴力问题的应对和惩罚措施的同时，也应该向广大学生与老师、学生家长和社会人士全面普及校园暴力相关知识和应对措施，纠正某些人的不正确的思想观念，教会学生自保，教会家长关心孩子精神状况，教会老师识别并处理校园暴力，创造一个适合解决校园暴力问题的社会环境。

张晓同同学看了有关各方对于"反校园暴力"立法问题的评论后，发现两个事实：一是我国法律体系对未成年人中受伤害的弱势群体的合法利益的保护，终于予以了足够的重视；二是仍有人还在为同为未成年人加害方的强势群体的非法行为辩解，只关注到他们的利益，却对受害人被暴力伤害的严重后果不予以关注。该同学认为，他们忘记了立法的根本宗旨：惩前毖后，治病救人。预防为主，惩治为辅，惩治同样是为了预防犯罪。立法的首要目标，是为了让人不去违反法律，要做到这一点，立法就必须能起到震慑作用，让公民必须对法律有敬畏心理。法律惩治的是那些置法律威严于不顾的极少数人，而让绝大多数遵守法律的人受到保护。反对或减轻对施暴行为人的法律惩罚，实质上，又何尝不是反对或放弃了对受伤害人的法律保护？

匡开新同学通过此次社会实践认识到，"反校园暴力"立法是必要的、紧迫的。立法的目的是让人民能够自觉地参与到正常的生活中去，制定规则，保护人民的利益。现阶段国家实行依法治国的政策，其前提是有法可依，而对于很多校园暴力行为，尚没有专门的法律去制裁。当事件发生时，很多家长和学校采取的是大事化小、小事化了的措施，最重的处罚也就是施暴者在公安局接受几天教育。这些措施对于所谓的"小混混"来说完全没有威慑力，他们仍会肆无忌惮地对他人实施暴力且被施暴的对象大多是没有反抗能力的中小学生，所以我们经常看到施暴者威胁受害者，如果受害者报警，施暴者出来后会变本加厉地残害受害者，导致受害者屡次被同一施暴者残害且时间跨度很久。对于未成年人，我们应予其最大程度的保护。尊老爱幼是中华民族的传统美德，可是面对那些为老不尊的人，我们是忍耐还是争取自己的权利呢？对于那些对他人施加暴力的"幼"，我们还可以继续包庇吗？当然不能。年纪小、不成熟不能成为开脱罪责的理由，更不是可以继续包庇的借口。犯法了就应该接受法律的制裁，违法必究无关乎年龄、身份、职业、种族，培养法治精神应该从小做起，从小事做起，建设法治国家不能缺少任何一环。

潘如兵同学觉得，校园暴力的问题其实非常普遍，许多人在成长的过程中或多或少经历过不同程度的校园暴力，小到被要求交零用钱，情节严重的会大打出手。随着网络和社交媒体的发展，一些触目惊心的视频、图片在网上流传，关于校园暴力的立法问题开始为人们热议。校园暴力事件的频发和相关法律存在的巨大空白有着十分直接的关系。校园暴力直接关系到的主体是未成年人。长期以来，许多人存在着这样一种观念：未成年人的知识储备以及他们对社会的认识很有限，心智尚不成熟，因此无法对自身的行为负责，法律的惩戒作用不宜在未成年人身上施行。诚然，未成年人存在着认知有限的问题，但未成年人不会不知道伤害他人这种行为的恶劣性质和严重影响。"冰冻三尺，非一日之寒"，有的未成年人会陷入校园暴力的深渊不能自拔，和学校、家庭不能为他们营造健康的成长环境有关系，但没有法律的约束，就不会有相关的机构对其做出有效的制约和纠正，人们对于校园暴力只能是一再宽容以至于发展成为纵容。如果没有法律强有力的规范和震慑，以及对反校园暴力法强有力的执行，恶性校园暴力事件就不能得到有效制止。因此当前针对校园暴力立法是刻不容缓的事情。

大学校园代取业务发展情况调查
——以 H 大学为例

伴随着电子商务的快速发展,越来越多的师生开始网购,快递取件也逐渐频繁,随之而来的就是校园代取业务的兴起。校园代取业务极大地方便了广大师生,节省了大家寄、取快递的时间,同时也促进了校园快递服务的发展。本次实践通过调查研究 H 大学校园代取业务情况,进行数据的整理分析,探寻该项业务的优势及不足之处,再有针对性地进行改进完善,以为促进大学校园代取业务的协调健康发展提供参考。

一、调研概况

本实践小组以校园代取业务为调查研究对象,在组建团队基础上,首先查阅相关文献资料,然后分工、制订调研计划,再进行问卷调查和访谈、数据分析,最终完成调查报告。

二、课题背景及意义

随着电商的快速发展,网购已经成为高校师生生活中不可或缺的一种购物方式。同时,由于高校快递的特殊性,校园快递"最后一百米"问题一直没有一个高效合理的解决方案。快递站点设置不合理、取件耗时、快递积压等问题限制了校园快递服务水平的提高。

正是在这种情况下,校园代取业务应运而生。目前许多高校正在或者已经设立了可以提供代取服务的组织或机构。这些组织面向整个大学校园,受众人群甚广,由指定配送员负责将学生的快递由快递点运送至宿舍楼。

虽然快递代取业务的出现有效解决了"最后一百米"问题,但是由于校园内人员流动大、宿舍楼下堆积的快递缺乏管理,经常发生快递错拿、乱拿、遗失等现象,使大学生权益无法得到保障,也使代取服务行业出现不少不必要的损失。加之大学校园是一个特殊的场所,代取快递的"跑腿者"多数是勤工俭学的兼职大学生,他们的工作经验有限,而校园快递收取点多、派送时间零散、人员出入随意，这些都给他们的工作造成了不便，也成为快递代取业务的隐患所在。

本次实践在肯定快递代取业务正面价值的基础上，希望能通过对与其相关的法律性质和制度的探究，提出相应的合理的优化对策和完善建议，使校园代取业务更好地服务高校师生。

三、研究方法

在本次课程实践中，本小组选取校园代取业务为课题，拟通过资料查找、问卷调查、针对性访谈等研究方法展开研究。

首先是文献研究法。在了解前期课题以及问卷调查与访谈问题的制作阶段，小组成员查找相关的文献资料了解了基本信息，并围绕课题提出疑问。

其次是问卷调查访谈法。在本次课程实践中，本小组分别针对普通学生以及从事代取业务的学生采取调查问卷和针对性访谈的形式进行数据调研，实地了解本校代取业务的现状，获得本次实践主要的信息与数据。

最后是定性分析法与功能分析法相结合。这也是本小组实践活动的亮点所在。本小组的成员全部为法学专业的学生，因此可以从专业的法律视角解读校园代取业务，提出建议以解决现存的问题。

四、H 大学快递代取业务现状

随着电子商务的发展，快递成了每个人生活中必不可少的一部分。在有效回收的 200 份问卷中，我们发现有 34% 的人每月要收取 1~5 次快递，45% 的人每月要收取 5~10 次快递，16% 的人每月收取 10~15 次快递，5% 的人每月甚至要收取 15 次以上的快递。通过以上数据，我们可以看出，校园快递代取具有一定的市场基础，需求产生市场，每月要去快递点收取快递需要耗费一定的时间，而如果快递数量多的话，要耗费的时间精力就更多了。因此，为了解决快递末端"最后一百米"问题，代取快递服务的兴起也就不足为奇了。

从调查数据我们可以看出，时间因素是绝大多数人选择代取的原因，快递不易搬运、快递点远、天气等因素也深刻影响着同学们选择代取的意愿。校园快递点一般很分散，而且距离同学们的主要活动区较远，取快递需要花费很多时间；在大学校园生活也没有大家想象中的清闲，相比于花时间去取快递，同学们可能需要把时间花费在更有意义的事情上。有的大件快递对于体质较弱的人来说是一个很大的负担，没有人帮忙根本无法完成远距离的搬运。若是遇上雨天、雪天或者炎热的夏天，出门取快递的意愿瞬间便消失了，自然想找人帮忙代取。

在有些同学选择代取的同时，也有些同学拒绝选择代取，最主要的原因便是担心丢件或自己的快递出现损坏；也有的同学是因为代取定价不明或过高，担心自己在快递单上的信息泄露而拒绝；还有同学是因为自身有时间精力去取快递，觉得没有必要选择代取。

代取快递的价格受到多种因素的影响，简单来说，代取的成本增加，其价格也相应地会增加，毕竟这是一种营利性活动，代取者需要确保一定的收益。只要加价不是很过分，同学们大多可以接受。

代取一般有一个固定价格以便让顾客有一个稳定的心理预期，大部分同学能接受每件1~2元或3~4元，超过这个限度便有些难以接受。但这只是针对一般情况下的普通快递而言，如前所述，代取价格受到很多因素的影响，在天气不好、快递过重等情况下价格自然会提高。

在如何收取被代取的快递方面，大部分同学都是选择让代取人把快递放宿舍楼下或者其他自己方便收取的地方，只有少部分同学选择亲手接收。这便存在着一定的安全隐患，当快递放在宿舍楼下、教室等地方时，它处于一个无人监管的状态，很容易丢失。

在代取业务中，因为机制不完善等，有时候会出现一些意外。我们的调查结果显示，最多的便是送达不及时，同时也会出现快递丢失、快递破损、错拿漏拿等情况。

当代取发生意外时，同学们一般如何处理呢？调查结果显示，最主要的办法就是找代取人和代取负责人，或者找快递点进行补救，但大部分情况下效果并不理想。

总的来说，校园代取业务还是一个尚未界定清楚的行业，存在着很多没有解决的问题，同学们也表露出了一些期望。首先，他们希望代取业务能根据情况明码标价，以便有确切的心理预期；其次，希望能够送货上门，具体到每个宿舍以确保快递的安全性；最后，要制定明确的责任承担机制以应对意外情况；等等。

除了问卷调查，我们也采用了一对一访谈这种方式进行调查。

首先，本小组通过访谈调查的方式对 H 大学快递点信息有了基本了解。第一，H 大学快递点基本信息。目前 H 大学一共有四个快递点，分别是中通、圆通、南门和 8 舍。每一个快递点的取件方式都有一些不同，中通需要带证件（校园卡、身份证）或者支付宝实名领取，圆通需要对名字和手机号，南门是名字，8 舍是不用核对，直接扫码出库。第二，在代取从业者方面，之前都是本校的学生做代取，本科生、硕士生、博士生都有；后来由送外卖的小哥专门到学校送快递，之后研究生就逐渐不再从事这一行业，目前还在做的学生基本上是大三、大四的本科生，人数在 5 个左右。第三，在业务量方面，日业务量一般。上午 11 点半之前是南门和中通的比较多，下午 3 点左右 8 舍比较多。年业务量一般在电商平台搞活动促销和开学时较大。第四，在价格制定方面，一般是根据快递的体积和重量来收费，雨天和雪天会有价格变动。价格体系主要沿用当前代取从业者大一最开始时学校代取的标准，不过已经进行了下调。下调主要是考虑到单量有所上升，并且竞争对手不断增加。

其次，我们对接受采访的代取从业者个人工作情况进行了了解。第一，在送达时间方面，正常是中午 12 点以后和下午 5 点半以后，如果没有课的话大约上午 10 点半和下午 4 点半送达，总之晚上 9 点前都能送到。第二，关于搬运方式，受访者通过电瓶车加大麻袋的方式搬运快件，校外代取人员会采取开电动汽车的方式。第三，在工作量方面，每位代取者平均每天大概取六七十个快件，每周大概五六百个。第四，关于接单方式，受访者一般通过 QQ 群、QQ 好友私单以及微信的方式接单，当被问到是否有通过微信小程序等方式接单时，受访者表示小程序不方便双方沟通，因此在尝试后放弃。第五，在定制化服务方面，例如送货上门等，受访者表示从事代取业务的大部分是男生，而选择代取业务的很多都是女生，因此不太方便上楼，一般都是送到楼下。

最后，我们就代取过程中出现过的一些问题和事故进行了调查，主要包括交通事故、顾客特殊要求、快递丢失三个方面。在代取过程中遇到交通事故时，受访者认为和一般的交通事故处理方式基本一致，确认过错方后由其对所造成的损害进行赔偿，尽量不延误快递送达。如果交通事故致使快递受损，也会在跟顾客交流、阐明情况之后，向过错方索赔。在顾客特殊要求方面，受访者表示在职责范围内会尽量满足顾客的需求，比如加急件会优先送达，同时也会适当收取额外费用；但是如果是快递代取以外的要求，一般不会予以满足，例如代打印、代买奶茶等。

对于快递丢失问题，受访者普遍认为一般会分时间段来划分责任。如果快递是在快递点丢失，受访者一般会在二次寻找无果后，建议顾客带上证件、快递信息去代取点向工作人员咨询，在这种情况下受访者也不会收取代取费用。如果是在快递运送途中，由于受访者的过失导致快递受损或丢失，一般会由其向顾客道歉后根据快递价格全款赔偿。如果是在快递送达宿舍楼下之后丢失，受访者表示会通过查询监控等途径尽力寻找，实在无法解决再商议具体赔偿。

此外，受访者也对现行代取制度存在的问题表达了自己的看法和建议。受访者表示代取业务价格竞争激烈、市场混乱，同时现行代取制度存在的问题比较严重，保障措施不完善，对法律知识了解不足，只能通过道德的约束来规范行为，发生侵权事件后，找不到明确的法律来保护代取从业者以及快递所有者的合法权益。

五、H 大学快递代取业务现存问题

校园快递代取业务作为信息化社会快速发展的表现之一，是近年来物流发展的新事物，受各种因素影响，存在诸多问题。

（一）业务规范不明

校园快递代取业务作为一种新兴的服务模式，尚未有明确的法律法规对此进行规范。目前学校正在运作的几个代取平台基本都是学生自发组织起来的服务组织，现存的法律法规并未对这一块有明确规定，代取平台自身也未制定相应的运营规则，缺乏明确的责任承担机制。代取过程中出现问题主要靠生活经验和个人道德进行调整，但这种调整方式在遇到特殊情况时很容易出现问题，比如贵重物品丢失，代取人作为学生，没有经济实力进行赔偿，可能会不愿承担一定的责任。因为目前对于在不同情形下丢件的情况并没有相应的具体规定，所以有时会出现责任空白区域。

（二）代取流程不够清晰

快递代取服务的工作人员主要是在校兼职学生，学生本就是利用课余时间兼职，没有足够的时间参加适当的培训，且代取的流程并不细致清晰。工作人员一般是在课间有时间的时候才去快递点取快递，在这期间内，收件人只能通过微信、QQ与代取人联系，了解取件情况，没有一个固定的反馈机制。

（三）快递收取存在一定风险

根据调查，从事代取的人员一般为男生，而需要代取的大多为女生，所以通常情况下代取的快递一般都是放在宿舍楼下等着物主自取。但宿舍楼下并无专门放置快递的地点，多是随意放在地上，有桌子就放在桌上。宿舍门口人流量较大，而且同学们的外卖、别人送过来的东西等都是集中放在这一地点，一旦遇到高峰期就显得十分混乱，极易导致丢件或者错拿。

六、H大学快递代取业务现存问题之原因

校园快递代取业务之所以会出现上述种种问题，原因很多，主要包括以下几点。

（一）客观环境因素

H大学快递代取业务出现问题的原因中，客观环境因素主要体现在以下三个方面：社会经济的快速发展、校园管理有待完善以及法律环境的相对滞后。

1. 社会经济的快速发展

随着近年来我国经济的快速发展，居民消费需求不断扩大，消费水平不断提高，同时电商平台也不断发展完善，网购已经成了每个人生活中必不可少的一部分。在这样的浪潮

中，快递行业也获得了迅速的发展。根据相关调查，网购群体中 2/3 以上是 10～39 岁的人群，与此相对应，文化教育和美妆香水等产品消费同比增长也较快。大学生作为中青年群体中的主力军，其庞大的规模和丰富的需求使得其在网购中扮演着重要角色，根据我们的调查统计，大部分同学每月都有 3～5 次的网购经历，因此大学生对于快递物流行业的依赖性极高，学校的快递网点也日益增加。

2. 校园管理有待完善

根据实地调查和相关论文整理可知，H 大学校内有大约两万多人，整个校区的快递服务网点主要分布在四个地方，且其中三个地点离大部分同学的住宿地点较远。大学生买东西几乎 100% 靠网购，目前的服务网点难以满足学生的需求，久而久之便形成下课后各快递点大排长队以及快递代取现象。而学校对快递和人员的管理较为松散，学校也并非封闭式的管理模式，人员结构较为复杂，管理确实较为困难。同时，在治安管理方面，学校在公共区域安装有监控摄像头，但监控并不能全方面覆盖整个校园的公共区域，存在一些治安管理的死角。

3. 法律环境相对滞后

在这样一个电子商务行业井喷式发展的时代，我们的法律环境有些许滞后，包括大学生的法律素养发展的滞后。2007 年起网络购物就已经显现其锋芒，国家在 2008 年出台的《快递市场管理办法》、2014 年国家邮政局印发修订后的《邮政业消费者申诉处理办法》，就是为维护消费者权益制定的。2015 年修正的《中华人民共和国邮政法》就快递业务和损失赔偿进行了相关的规定，2018 年《快递暂行条例》正式公布，于同年 5 月 1 日起实施。2020 年 10 月 1 日起，《邮政业用户申诉处理办法》正式施行。但是校园快递代取业务作为新兴行业，其形式不同于一般的邮政快递，其适用的不仅是快递和邮政的相关法条，还涉及《中华人民共和国消费者权益保护法》中相关的赔偿责任，甚至惩罚性赔偿，因此需要更完善的法律去支撑[①]。

（二）主观因素

虽然我国法治建设已经进行多年，大学作为文化教育中心也开展了各种各样的普法素质教育活动，但不可否认的事实是，当代大学生的自我权益保护意识和能力尚显不足。当发生快递代取失误事件时，大多数人的做法是和代取工作者理论，尽管是对自己合理权利的诉求，但却缺乏对具体法律的认识与运用，有时情绪激动之下易引发口角之争而导致不欢而散。这种情况的发生和大学生的心理特质有关，在自我权利意识变强的同时，整体的认知能

---

① 沈怡君. 校园快递代取服务法律及风险防控问题研究——以江苏大学为例[J]. 新西部（下旬刊），2018 (6)：62-65.

力并没有得到完善的发展,情感丰富但情绪波动较大,自我表现欲较强,表现方式容易出现偏差。在以上特质的作用下,大学生在并不了解法律和相关权益保护措施的情况下,会采取不恰当的方式去处理该问题,这样不仅不能及时取回自己的快递,而且造成很多负面影响。

七、大学快递代取业务的法律分析

大学快递代取业务需要明确快递代取业务的法律性质,了解快递代取业务存在的法律隐患,尤其是快递代取业务出现纠纷时的责任分配,进而采取有效措施规避风险。

(一) 快递代取业务的法律性质

校园代取业务属于委托代理行为。如果代理仅是个人行为,是个人从事这项业务,就是一个简单的代理合同。如果有公司或者平台的介入,涉及经营行为,其性质就转变为商事法律关系。本次报告仅在民事法律关系的范畴内对代取业务进行分析,因此代取业务本质就是多方之间的委托代理合同关系。

委托代理,是指基于被代理人的委托授权而发生代理权的代理,也称授权代理、意定代理。在委托代理中,代理人按照被代理人的委托行使代理权,委托合同是代理权赖以产生的基础,授权形式可以采取口头或书面形式。

代理涉及三种法律关系:一是委托人与代理人之间的授权关系,二是代理人与相对人之间的关系,三是后果承担关系。代理在快递代取业务中表现为:委托人授权给代取者的关系;代取者以委托人的名义从快递公司工作人员处取走快递的关系;代取者实施代取行为的法律效果由委托人本人完全承担的关系[①]。代理行为的法律特征有以下几点:

(1) 代理人仅在代理权限范围内实施代理行为,但可独立进行意思表示;
(2) 代理人必须以被代理人的名义实施代理行为;
(3) 代理行为的法律后果直接由被代理人承担。

以上三点特征,在校园代取业务中均适用。

(二) 快递代取业务存在的法律隐患

校园快递代取业务作为一个新兴行业,形式多样,牵涉范围广,受众基数大,但发展时间不长,许多制度都还不完善,存在管理上的漏洞。此外,立法进程也没赶上电子商务的迅猛发展,相关法律法规不健全,使得校园代取业务存在不少法律隐患。

首先,快递公司是否同意代取的问题。在代取人员代为取件时,相对方即快递公司工作

---

① 王利明. 民法学[M]. 北京:高等教育出版社,2019:84.

人员,需要确认代取人员是否具有代理权限。而其能不能仅仅根据代取人员提供的姓名、联系方式、取件号码等信息,就判断代取人员具有代理权限,这一点在法律认定上存在争议。

其次,保价赔偿风险。随着电子商务行业的发展,消费者的保价赔偿意识也在不断提高,保价赔偿不管是按原值,还是按照事先约定的价格,对于代取人员都是一笔巨大的损失。对于未保价快递,由于快递代取属于营利性业务,这种情况不能适用《中华人民共和国邮政法》中的免责条款[①]。而从事代取业务的大多为勤工俭学的大学生,经济条件一般,快递受损或遗失时,未必能承担赔付责任。

最后,委托人的信息泄露问题。有些快递代取会要求提供委托人的姓名、联系方式、宿舍楼门牌号,甚至有些快递代取小程序会要求提供身份证信息、证件照片。有利可图使得代取人可能将委托人的信息售卖,危害委托人的信息安全。

(三) 快递代取业务出现纠纷时的责任分配

校园人口基数大、流动人口庞杂,校园管理不甚周全,容易发生快递错拿、乱拿、遗失等现象,使委托人权利无法得到保障。此外,校园快递代取点多,配送时间不稳定,出入人员复杂,都为校园代取出现纠纷埋下了隐患。

校园代取纠纷中最常见的便是快递受损或遗失问题,出现这类问题时,法律并没有明文规定责任划分。我们只能根据法律的基本原则以及相关条文来推定出现纠纷时法律责任应由哪一方承担。

根据意思自治原则,在发生纠纷时,首先要看的就是双方之间的约定。如果委托人与代取人双方在事前已经约定好了意外情况下的责任分配,就直接依约定承担损害赔偿责任。双方之间没有约定的情况下,主要是看快递受损或遗失的时间点。如果是在快递点就损坏或丢失了,当然是由快递公司承担相应责任;如果是在快递代取运送途中受损或遗失,则由代取人承担一定责任;在送达交付地点后出现问题的,是否及时通知委托人、交付形式、交付对象、交付地点的安全性等因素,都会影响到最后的责任认定,这种情况比较复杂,一般需要具体情况具体分析,在实务上操作困难,难以举证。

(四) 快递代取业务中有效规避风险的措施

校园代取存在制度上的漏洞与法律上的风险,但这些风险是可控制的,在实际生活中,我们可以通过一些手段和措施来有效地规避风险,减少损失。在一般情况下,规避风险最好的手段就是,在事前双方之间以口头或者书面的形式做好明确的约定。在代取小程序上注册或者委托代取时,应当注意该平台的用户告知、注意事项等说明,其中应该有关

---

① 张仕广. 快递代拿的机遇与法律风险[J]. 中国市场, 2016 (32): 45-46.

于代取中出现意外事件的责任分配规定。如果是没有通过平台，直接与代取人员联系的情况，也应该在事前做好相应的约定，至少应在取货前将相应的免责条款告知代取人员，进行损害赔偿相关事宜的约定。约定的形式不拘泥于书面合同，在微信等聊天软件中的聊天记录也可作为约定的证据。

总而言之，最好的措施就是"有言在先"，事前做好约定，否则在出现意外情况时，就容易发生纠纷。虽然法律也能够在事后对委托人的权益进行部分保障，但这时的保障并不能做到全面且及时。在事前做好约定，才是对自己，也是对他人最负责任的行为。

八、大学快递代取业务发展的对策

为了更好服务学校师生，满足师生收发快递的需求，对学校快递代取业务的未来发展，我们建议从学校和快递公司两方面采取相应的举措。

（一）学校方面

若想使大学快递代取业务健康稳定地发展，就需要多方面的协同参与和合作，其中首先应当有所作为的是学校方面。

1. 建设统一的学生服务中心

大学目前快递点分散，彼此间距离较远，距离学生生活区也较远，给学生取快递带来了很大的不便。除此之外，快递点大多不固定，场地较为简陋，取件流程的管理不规范，存在一定的安全隐患。与此相对的是，随着电商的飞速发展，学生与教师对于快递服务的需求量日益增长，目前的设施难以满足其要求，尤其是在购物节等特殊时间点，快递量更是暴增，管理的混乱导致了许多纠纷。鉴于此，大学应该积极地与各快递公司沟通，建设统一的学生服务中心，用来作为学校快递服务的配送点并提供其他相关服务。

学生服务中心可选择距离学生生活区较近的位置，各快递公司将快件配送至学生服务中心后统一管理。这样做既可以便利广大师生取快递，降低快递公司运营快递代理点的成本，也可以更好地对代取业务的从业人员进行管理，提高他们的工作效率，降低成本。

在管理方面，可以将一些工作分配给学生，通过学生社团进行日常的管理和运行。具体来说，校园快递服务中心可以在学校后勤部门的管理下，招聘家庭贫困、有勤工俭学意愿的学生从事快递管理、扫码甚至配送的工作，学生可以通过该平台勤工俭学以减轻家庭经济负担，也利于课余时间积累工作经验[①]。

---

① 杨士涓，周燕蓉，顾淑红．"互联网＋"时代下高校校园快递配送模式研究［J］．物流科技，2017，40(2)：89-92．

不仅如此，在有了固定统一场所及工作人员后，还可以在深入分析广大师生需求的基础上，提供更加细致周到的服务，例如个性化包装，代送鲜花、贺卡等[1]。

目前南京已有部分高校采取了这样的方式，并且这些服务中心运转良好，获得了广大师生的一致好评。

2. 规范校内快递代取业务

目前 H 大学从事代取业务的人员构成较为复杂，既有在校学生也有校外人员。学校层面应对此进行规范，将有资格从事代取业务的人员限定在获得从事代取业务资格的学生以及快递公司从事送货上门业务的工作人员。校外人员在管理上存在难题，出现纠纷时难以解决，而大学生课余时间较空闲，有相当一部分的大学生有做兼职的意愿，且雇佣的劳务成本比校外人员低。

将目前零散的代取从业人员集合在一起，一方面提供相应职业培训，制定详细的业务流程，从订单的接受到取件送件的规范，从派送路线的规划到派送时间的安排，明确送货职责及相关的注意事项，传授相关法律知识，使得他们在遇到纠纷时能够寻求帮助；另一方面，根据他们的课程合理安排工作时间，在保证学生学业不受影响的前提下为大学生提供勤工俭学的兼职机会，也为校园代取业务的后续发展打下基础[2]。

目前代取人员在送件时一般是放在宿舍楼下，快件摆放混乱，造成来往学生出行的不便，也增大了丢件的风险。因此代取服务的地点应该尽量避免监控的死角，便于发生纠纷时证据的收集，并且应配备照明设备，便于学生寻找[3]。

在接受订单的方式上也可以进行创新与完善。微信作为一个为智能终端提供即时通信服务的免费应用程序，凭借其互动性强、免费和跨平台的优势，迅速占据日常社交的市场，因此可以基于微信公众平台将委托人发布订单及代理人接受订单全过程实现自动化和流程化[4]。比起 QQ 或微信的传统对话模式，微信小程序等形式可以更好地规范与完善取件的全过程。消费者可以发布订单，从业者可以接受订单，代取人在送达后需要在平台上确认，收件人也需要在平台上签收，若长时间不签收，则会显示自动签收。除了整个取件收件过程更加严谨透明之外，双方都可以在平台上给对方打分，完善用户体验，在遇到丢件等纠纷时也有相对明确的证据，便于后续协商。

（二）快递公司方面

学校方面建立统一的学生服务中心，规范校内代取业务，以此来做好学生方面的工

---

[1] 任大勇. 学生自主管理下的高校校园快递新模式研究[J]. 物流技术，2014, 33（11）：71-73.
[2] 吴盛汉，甘小芳. 大学校园快递代取的可行性分析及方略——以龙岩学院为例[J]. 龙岩学院学报，2017, 35（4）：112-117.
[3] 沈怡君. 校园快递代取服务法律及风险防控问题研究——以江苏大学为例[J]. 新西部（下旬刊），2018（6）：62-65.
[4] 严泽凡，高语越，胡建，等. 校园快递互助平台的设计和实现[J]. 信息记录材料，2018, 19（2）：56-58.

作，接下来就是快递公司完善其自身，提高其服务质量，展开个性化的服务。只有将学校管理和快递公司管理相结合，才能更好地促进大学校内代取业务的发展。

1. 完善快递点建设

除了快递代理点的建设之外，快递公司，尤其是没有固定快递点、通过快递员固定时间点在校门口进行配送的快递公司，可以在校园内安设快递自提柜，减少快递员的工作量，也使得师生提取快递的时间更充裕[①]。

2. 开展个性化服务

快递公司可以利用其现有资源的优势，开展个性化的服务，例如送件到宿舍等业务，拓展业务、开拓市场，与现有校园代取业务形成良性竞争。

九、结语

随着电子商务的快速发展，校园代取已经成为我们生活中必不可少的一部分，而这其中也存在着许多不可忽视的隐患。校园管理的特殊性、学生法律素养的欠缺以及制度的不完善，使得校园代取中错拿、遗失快递的情况频频发生。校园代取业务在民商事法律领域内属于委托代理行为，其表现为：委托人授权给代取者的关系；代取者以委托人的名义从快递公司工作人员处取走快递的关系；代取者实施代取行为的法律后果由委托人本人完全承担的关系。但由于立法的滞后性，实务中关于代取权限、保价赔偿风险、信息泄露、权责划分等问题仍有待规制，这也需要学校、快递公司乃至我们自身的共同努力。学校可以通过建立统一的学生服务中心、规范校内代取业务等方式提升校园服务水平；快递公司可以通过改进快递点建设、进行个性化服务等方式来更好地保障顾客的权益；我们自身则可以通过"有言在先"来规避代取中的不必要风险。

我们需要认识到，代取业务本质就是一种时间交换。一些同学把没有时间做或者不愿意花时间做的事情，通过用金钱买时间的方式，交给其他同学来做，实现双赢。它可以使社会资源形成优化组合，避免资源浪费，这是我们必须肯定的校园代取的正面价值。但同时，我们也要清醒认识其不足之处，通过实地调研和思考，提出合理的优化对策和完善建议，让校园代取业务更好地服务高校师生。

---

① 顾笑，王妙韵，杜子琳，等. 高校快递"最后一公里"免费代取模式[J]. 中国管理信息化，2017，20(15)：123-127.

高校贫困生资助评定系统问题研究[①]

高校学生资助工作现在已成为高校学生工作中十分重要的环节。高校贫困生资助体系建设与高等教育能否持续改革和发展有着重大关联。解决好贫困大学生上学难问题，已经成为高等教育事业发展的一个重要且复杂的问题。贫困学生的资助问题能够反映出高校资助建设的水平及能力。高校贫困生资助评定的公平公正也直接关系到学生个人、学校声誉以及整个社会的公平正义。本课题旨在通过研究高校贫困生资助评定系统中存在的问题，发现不足，反思总结，从而更好地促进完善贫困生资助工作。

一、课题调研背景

为了帮助家庭经济困难大学生上学和顺利完成学业，国家已经建立起一套完备的资助体系，并在政策设计上做到以人为本，方便办理。家庭经济困难的学生，只要了解相关政策并采取积极态度，就会发现获得国家资助并不是一件困难的事情。

(一) 目前国家资助贫困生的措施

国家现行的对贫困生的资助，是建立在贫困生家庭情况调查基础上的。所有拿到高校录取通知书的学生，同时会收到学校寄送的高等学校学生及家庭情况调查表和介绍国家、学校资助政策措施的小册子。这个调查表和小册子非常重要，应该认真仔细阅读。家庭经济确实困难的学生，应如实填写高等学校学生及家庭情况调查表，到家庭所在地乡、镇或街道民政部门加盖公章，带到学校，就可以通过学校专门设立的"绿色通道"报到入学。入学后，可申请享受各项资助政策。目前国家资助贫困生，主要采取如下6种措施。

(1) 设立绿色通道：为切实保证贫困家庭学生顺利入学，教育部规定各普通高等学校都必须建立"绿色通道"制度，即对被录取入学、经济困难的新生，一律先办理入学手续，然后再根据核实后的情况，分别采取不同办法予以资助。目前各高校在新生入学报到时普遍开辟了"绿色通道"，在报到等环节安排有专人接待。家庭经济困难学生通过"绿

[①] 本文所涉政策等皆为课题调研时政策。

色通道"报到入学，在困难资助方面会得到"一条龙"式的帮助。

（2）国家助学贷款：全日制普通高校在校本专科生、第二学位学生、研究生中的家庭经济困难学生，可以申请国家助学贷款。国家助学贷款每人每年最高6 000元。国家助学贷款主要用于解决学生的学费和住宿费问题。

（3）国家助学金：每年9月30日前，学生根据国家助学金的基本申请条件及其他有关规定，向学校提出申请，并递交普通本科高校、高等职业学校国家助学金申请表。2010年12月22日，国务院决定：从当年秋季学期起将普通高等学校国家助学金平均资助标准从原来的年生均2 000元提高到3 000元，惠及430万名家庭经济困难学生，占在校生总数的20%。在分配国家助学金名额时，对民族院校、以农林水地矿油核等国家需要的特殊学科专业为主的高校予以适当倾斜。

（4）国家奖学金：国家奖学金是为激励普通本科高校、高等职业学校和高等专科学校学生勤奋学习、全面发展而设立的。国家奖学金的奖励标准为每人每年8 000元。获得国家奖学金的学生为高校在校二年级以上（含二年级）学生。同一学年内，获得国家奖学金的家庭经济困难学生可以同时获得国家助学金，但不能同时获得国家励志奖学金。国家励志奖学金用于奖励资助高校全日制本专科（含高职、第二学士学位）学生中品学兼优的家庭经济困难学生，奖励标准为每人每年5 000元。民办高校（含独立学院）按照国家有关规定规范办学、举办者按照规定的比例从事业收入中足额提取经费用于资助家庭经济困难学生的，其招收的符合规定申请条件的普通本专科（含高职、第二学士学位）学生，也可以申请国家励志奖学金。

（5）勤工助学：勤工助学是高校学生资助的重要组成部分，家庭经济困难学生入学后可以通过勤工助学方式减轻经济压力，以顺利完成学业。《高等学校学生勤工助学管理办法》规定，学生参加勤工助学的时间原则上每周不超过8小时，每月不超过40小时。校内临时岗位按小时计酬，每小时酬金可参照学校当地政府或有关部门规定的最低小时工资标准合理确定，原则上不低于每小时12元人民币。校外勤工助学酬金标准不应低于学校当地政府或有关部门规定的最低工资标准。

（6）学费减免：国家对公办全日制普通高校中部分确因经济条件所限，交纳学费有困难的学生，特别是其中的孤残学生、少数民族学生及烈士子女、优抚家庭子女等，实行减免学费政策。其中在校月收入（包括各种奖学金和各种补贴）已低于学校所在地区居民的平均最低生活水准线，学习和生活经济条件特别困难的学生免收全部学费；对其他一般困难的学生适当减收部分学费。具体减免办法由省级教育、物价、财政部门制定。

(二) 2018年贫困生补助的标准

2018年贫困生的补助标准主要包括以下三个方面的内容：教育扶贫资助的对象及金

额、贫困生的界定标准以及贫困生的教育补助。

1. 教育扶贫资助的对象及金额

（1）城市低保对象、城市低收入家庭子女通过普通高考，被国家承认的大学本科和专科院校录取的国家计划内统招生。本科生资助7 000元，大专生资助5 000元。

（2）农村五保对象、低保对象通过普通高考或中考，被国家承认的大学本科和专科院校录取的国家计划内统招生及中专生和技校生。本科生资助7 000元，大专生资助5 000元，中专生、技校生资助3 000元。

（3）农村执行计划生育政策困难家庭女学生通过普通高考和中考，被国家承认的大学本科和专科院校录取的国家计划内统招生及中专生和技校生。本科生资助3 000元，大专生资助2 000元，中专生、技校生资助1 000元。

（4）农村在册贫困户（返贫户、新增贫困户、未脱贫户）通过普通高考和中考，被国家承认的大学本科和专科院校录取的国家计划内统招生及中专生和技校生。本科生资助7 000元，大专生资助5 000元，中专生、技校生资助3 000元。

2. 贫困学生怎么界定

一般来说，以下几类都属于贫困户家庭，可以申请补助补贴。

（1）无经济来源、无劳动能力、无法定赡养人或抚养人的居（村）民。

（2）领取失业救济金期间或失业救济期满仍未能重新就业，家庭人均月收入低于市低保标准的居（村）民。

（3）在职人员在领取工资或最低工资及退休人员领取养老金后，其家庭人均月收入仍低于市低保标准的居（村）民。

（4）其他家庭人均月收入低于市低保标准的居（村）民（不包括五保对象）。

3. 针对贫困学生的教育补助

（1）学前教育阶段：免收保教费。

（2）义务教育阶段：免除杂费、免费提供教科书和作业本；享受寄宿生补助，小学生每生每期500元、初中生每人每期625元；享受营养改善计划，每生每天4元。

（3）高中教育阶段：发放国家助学金，建档立卡的学生可领取每人每年1 000元的补助。

（4）大学教育阶段：每人每年可获得4 000元补助（其中学费资助2 000元、生活补助2 000元），直到学业结束。休学期间，暂停发放资助。

（三）H大学帮扶贫困生现状

H大学资助体系为包括国家奖助学金、国家助学贷款、学费补偿贷款代偿、校内奖助学金、学费减免、勤工助学、困难补助、"绿色通道"、伙食补贴、资助育人计划等多种资助方式在内的混合资助体系。

H大学国家助学金资助面约为全日制在校本科生总数的20%，资助标准设为2档，即：一档每生每年4 000元，二档每生每年3 000元。其中，建档立卡的家庭经济困难学生、农村低保家庭学生、农村特困救助供养学生、孤残学生、烈士子女以及家庭遭遇自然灾害或突发事件等特别困难的学生的国家助学金原则上为一档。每学年秋季学期开学初申请评选，公示无异议、报学校审核通过后，及时发放。

　　H大学每年国家励志奖学金资助面约为全校全日制在校本科生总数的2.9%，每生每年5 000元。同一学年内，国家励志奖学金和国家奖学金不能同时获得，但可以和国家助学金同时获得，符合条件的学生可于大学二年级开始申请，每学年秋季学期评选。H大学每学年开学初启动评审工作，当年10月31日前完成评审上报教育部审核，审核通过后每年11月30日前将国家励志奖学金一次性发放给获奖学生。

　　国家奖学金每学年评选一次，符合条件的学生可于大学二年级开始申请，每学年秋季学期评选。H大学每学年开学初启动评审工作，当年10月31日前完成评审上报教育部审核，审核通过后每年11月30日前将国家奖学金一次性发放给获奖学生，并颁发国家统一印制的奖励证书，记入学生的学籍档案。

　　除了以上列举的三个较为重要的资助政策外，H大学还建立了"六位一体"的资助育人体系，不仅能够为学生提供"奖学金、助学金、助学贷款、绿色通道、勤工助学、困难补助、学费减免"等经济资助形式，确保不让一个学生因家庭经济困难而失学，还为家庭经济困难学生搭建了"学业支持、心理辅导、素质拓展、就业创业指导"的育人体系，保障学生成长发展。

　　H大学自2004年以来，一直在新生入学时开设"绿色通道"，家庭经济特别困难的新生如暂时筹集不齐学费和住宿费，可在开学报到的当天，通过学校的"绿色通道"报到，缓交学费、住宿费。为确保家庭经济困难的新生顺利入学并圆满完成学业，学校推出八大温馨举措解除贫困新生及家长的后顾之忧，帮助贫困新生安心就学。一是迎新工作前移，安排辅导员及时与被录取新生取得联系，向他们介绍情况，提供咨询，并可向贫困新生提供到校路费；二是开通入学报到绿色通道，贫困新生可免交或缓交学费和住宿费，先行报到注册；三是赠送爱心大礼包，包括日常生活用品、床上用品、人身保险和电话卡等，让贫困新生一到校就能及时入住并向家里报告平安；四是提供爱心资助，贫困新生入学后即可获得每月生活津贴费和勤工助学岗位；五是实施心灵关怀，由心理专家对新生开展适应新的学习、生活环境的个体或团体辅导，开通心理咨询热线；六是开展朋辈辅导，由高年级学生志愿者对新生进行一对一的朋辈辅导，使新生在学长的带领下健康成长；七是引导自强自立，邀请有关专家和自强之星开设系列励志成才讲座，组织新生参加志愿者服务和社会实践举动；八是提供返乡路费，使第一次出远门的贫困新生在寒假能回家团聚，感受亲情和学校大家庭的温暖。

H大学的助学政策涉及方方面面,还有如临时困难补助、寒衣补助、寒假返乡路费补助、助飞成长计划、爱心超市、爱心协会等公益社团活动,种类丰富、形式多样的助学计划是学校人文关怀的重要体现。

教育公平是社会公平的重要基础,是国家基本教育政策。党中央、国务院高度重视家庭经济困难学生就学问题,将建立健全国家学生资助政策体系,保障所有家庭经济困难学生都有平等接受教育的机会,作为促进教育公平的重要举措和途径。通过国家资助,切实减轻困难家庭供应子女上学的经济负担,传递党和政府的关怀、社会主义大家庭的温暖,是保障和改善民生的重要举措。通过国家资助,让每一个家庭经济困难学生都能成为有用之才,帮助家庭经济困难学生消除贫困代际传递,是实现国家长治久安、建设社会主义和谐社会的本质要求。通过国家资助,保障每个公民的受教育权利,对于巩固义务教育普及成果、加快普及高中阶段教育步伐、进一步提升高等教育大众化水平具有重要作用,这是我国教育事业科学发展、建设人力资源强国的迫切需要。

二、调研方法

本次调研主要采用资料检索法、问卷调查法和个体访谈法。

(一)资料检索法

作为国家教育工作的一项重大工程,学界对贫困生资助工作的分析与研究非常多。我们结合H大学的情况,检索查阅资料,对学校发布的所有贫困生评定细则、助学金评定标准加以搜集整理,同时寻找网上有关的专业论文,全面了解学校乃至全国各个高校的相关政策方针。

(二)问卷调查法

我们采取网上发布问卷的方式,问题主要针对贫困生资助工作中的相关细则和同学们对当今贫困生资助工作的看法。问卷主要发放对象为高校在读学生。通过所得的数据资料,我们得以了解高校学生对于贫困生助学体系的态度和了解程度,希望他们能在这一方面形成自己的看法。

(三)个体访谈法

由面到点,我们对几位同学进行了当面访谈。一位是班级的生活委员,主要负责本班贫困生同学的资格认定。以他为代表的班级干部是学校审核贫困生资助资格的第一个审核者。还有两位同学是审核认定的贫困生,为保护隐私,我们对他们做了化名处理。他们的切身经历是我们了解贫困生获得补助、使用补助方式的重要途径。对这几位同学进行的面对面访谈,使我们的调查结果更为客观全面。

三、调查分析

为了解同学们对贫困生补助工作的看法,探讨目前贫困生补助发放中存在的问题,征求同学们对贫困生补助的建议,使同学们对贫困生补助工作形成自己的看法,寻找一个帮助贫困同学完成大学学业、度过大学生活的方法,本课题组特展开此次调研。本次调查问卷均以线上形式发放,目标人群均为大学生。通过此次问卷调查,我们希望让同学们更好地了解身边的贫困生补助情况并对此表达自己的看法、提出相应的建设性意见。此次问卷目标是 300 份,实际回收数量 315 份,问卷反馈基本实现了我们的预期设想。

(一) 个人信息及基本生活情况

这部分的问题主要是想统计一下同学们基本的个人信息(年级、性别、政治面貌),了解同学们每月的生活消费水平以及是否领取过贫困生补助,也是为后面的问题做背景调查。

参与填写本次调查问卷的同学,主要是大二和大三年级的,大一和大四年级的学生占少数。在填写本次调查问卷的同学中,男生占比 48.3%,女生占比为 51.7%,男女比例较为均衡。填写本次问卷的绝大多数同学的政治面貌是共青团员,该比例达到 78.7%,一部分是共产党员和群众,民主党派占少数,只占到 1.9%。

调查发现,有 45.1% 的同学每月的生活费为 1 000~1 500 元,26.7% 的同学每月生活费为 1 500~2 000 元。学生的生活费数目也存在着一定差距,有一些人每月生活费不足 1 000 元,也有一些人生活费在 2 000 元以上甚至不用担心生活费的问题。

有近四成的学生得到过各种形式的贫困生补助,近六成的学生没有得到过。在没有得到过的学生中,是因为不需要补助,还是需要却因为一系列的原因而没有获得,这将在下文讨论。

(二) 对贫困生补助工作的认知

调查发现,同学们对贫困生补助的相关细则了解程度不是很高,很了解的同学应该就是切实需要补助的学生,因而所占比例较少。从我们所了解到的情况来看,学校对于补助细则的通知多是通过向各个学院发放电子文档,由辅导员完成通知。而大多数的辅导员只是将通知文件发到年级群中,简单说明情况而已。贫困生的数量毕竟比较少,很多同学都认为事不关己,也就不愿意打开文件认真阅读。可能带来的问题是细则的内容缺乏反馈、更新，使一些问题得不到及时解决，如相关标准模糊、认定条件过于宽松，等等。

作为贫困生补助工作中的重要一环，评选标准永远是最重要也是最棘手的一个问题。调查发现，家庭经济困难是认定贫困标准中最重要的一条，这很容易理解，从"贫困生补助"的字面意义就可以看出，补助的对象是家庭经济相对困难以至于无法单独支撑其完成四年学业的学生。其次重要的标准就是具有优秀的道德品质和必须拥护党和国家的方针、政策。这两项也是评选优秀学生的重要标准。享受国家的补助就应该具有良好的道德素养。由此可以看出，同学们认为补助贫困生也应该符合"择优录取"的选择理念。至于学习成绩要求，并不在同学们所认为最重要的标准行列。这应该算是评选的一个辅助因素，并不应该作为主导。

调查发现，同学们对于贫困生补助形式的认知与当下高校中的主要补助形式相一致。首先，资金补助占主导地位。资金补助最为方便，发放到学生手中后可以有多种使用方式，有"一劳永逸"的特点。其次，设立助学岗位为重要的辅助手段。这种方式可以在补助资助贫困学生的同时培养其勤劳踏实的品性，也是最值得大力推广的资助形式。至于其他方面，实现起来可能会相对困难，或多或少地会使资助不能够及时地帮助到贫困学生。

调查发现，超过半数的同学认为贫困补助的发放应该一学期一次。这是因为贫困生补助的种类繁多，通知、评选和发放也是一个比较耗时间的过程，发放频率过高会导致一系列的问题，比如审查草率、通知不到位，等等。一学期一次使得过程变得不那么仓促，让补助审核、落实的过程更加规范。

关于"您觉得应该如何花费这笔补助较为合理"的问题，调查发现，同学们比较一致地认为资金形式的补助应该用于学习与生活方面。国家拿出资金补助大学生完成学业，学生们理应将其用于正途，用于保证生活质量，并努力提高学习成绩。

作为国家非常重视的一项工作，贫困生补助对相关学生的生活、学习与心理都有着相当大的影响。很多同学都认为贫困生补助的首要任务是帮助贫困家庭的大学生完成学业。超过六成的同学认为"寒门能出贵子"，这些补助是在为社会培养高素质人才。超过半数的同学认为，当生活上没有了后顾之忧，学生学习也就有了热情。这个结果反映出同学们对补助的作用和优势都是十分了解的。

问卷通过调查同学们对贫困生补助的一些基本情况的认识，包括补助的细则、标准、形式、发放频率和作用，较为系统和直观地了解到了同学们对于本校贫困生补助工作的认识程度。总的来看，同学们对于贫困生补助的作用和效果基本上都是心知肚明的，但是也存在着一个比较突出的问题，就是大部分同学对贫困生补助的认定标准不太了解，这就很可能带来一些问题。比如有些同学拿到了补助，他周围的好友可能会觉得惊讶，认为他没有资格拿，从而可能引发同学间的矛盾，从中又会牵扯出一系列的问题。这提醒我们，贫困生补助工作需要一定的宣传力度，需要让同学们知道并理解相关规定。

(三) 探讨贫困生补助工作存在的问题

在这部分内容里,我们主要探讨在大多数学生的眼中,每年或者每学期的贫困生补助政策是否存在问题、存在哪些问题,如在评定细则、资金发放、资金使用和补助覆盖范围等方面。

每一个标准都会因为一些原因不能百分之百地对每一个评定对象公平,也就是说总会存在一些问题。调查发现,85.31%的同学都认为有部分家庭条件比较好的同学故意上报虚假信息来骗取补助金充当"生活费"。

对于已经通过贫困生认定并获得相应补助的同学,补助资金的发放也是争议比较大的一点。补助资金发放多,是否存在挥霍的情况?补助资金发放少,是否存在不够的情况?从调查数据中不难看出,超过半数的同学都认为贫困生补助资金较少且发放不及时,仅有三成的同学认为资金过多和存在克扣。

针对"在您的生活经历中,贫困生是否都得到了帮助"的问题,接近六成的同学都认可大多数贫困生得到了帮助,仅有两成左右的同学认为没有得到帮助。

关于补助的使用,有少量同学认为部分同学对贫困生补助使用有铺张浪费的情况,有六成左右的同学认为贫困生对此项资金的使用还是合理的。

通过对这四个问题的探讨,我们可以看出大多数同学均认可贫困生补助政策暴露出的问题。从各项数据分析可知,目前的贫困生补助评定细则还存在漏洞,虚假申报、信息作假等情况不时出现;贫困生补助资金相对较少,对于一些相对贫困的同学来说杯水车薪;大多数贫困生均得到有效帮助,但仍有少量真正贫困的同学出于面子或者被某些作假同学占据名额,并未得到有效的资助。不过令人欣慰的是,在大多数同学眼中,贫困生补助政策相对公平,资金发放及时充分,擅自克扣、挪用资金的情况比较少见,且资金使用相对合理,能够做到用在实处而非浪费。我们也能够通过以上的数据反思贫困生补助政策存在的问题,比如是否需要改进评定细则,是否需要提高门槛、增加资金,是否需要对资金使用者进行回访和增加周围同学互评环节来确保资金用在真正需要帮助的人身上等。指出问题不等于全面否定,贫困生补助的标准也需要随着时代的进步而改进,只有把钱用在最正确的地方才是这类补助存在的真正意义。

(四) 对贫困生补助工作的期望与展望

我们调查了大学生对学校和自身这两个与贫困生补助有紧密联系的主体提出的意见。

从相关数据可以看出,接近80%的同学认为学校应该多开展一些勤工俭学的活动,并且认真落实相关政策,尽力保证公平公正;同时有60%的同学认为学校需要多关注贫困生的心理健康问题;55%的同学建议学校应该尽可能地争取国家和社会爱心人士的资助,通过这一系列的措施来使贫困生补助政策更加完善。

80%的同学主张大学生一方面应该秉持不铺张、不攀比,合理消费的心态,另一方面,需要根据自身真实的经济状况认真考虑是否申请补助;76%的同学认为学生要有吃苦耐劳的精神;73%的同学觉得大学生应该以积极向上的态度去生活。

总之,在贫困生补助问题上,我们认为:首先,从学生对学校的期望层面来看,大学生更关心的是机遇与公平这两个关键性因素,这也很符合年轻人的性格特点,年轻人对于机遇的把握与公平的竞争是极为重视的;在大学生的生活阅历中,公平与机遇仍是主流,正因如此,学校更应该对贫困生的补助做到公平公开、全程透明,并且进行公示,同时学校的监管部门也需要对资金的流向做好监管工作,保证每一笔补助金都发到学生的手上。其次,学校也需要关注学生的心理健康问题,一些学生会因为贫困的因素而出现心理问题,学校应该对这些同学给予及时的关心与心理援助,学生的身心健康高于一切。最后,学校在贫困生补助金的来源上应该争取更加多样化,如接受社会爱心人士的资助,这也可以激励学生更加发愤图强。

从学生的自身情况来看,大学生必须要做到实事求是,考虑自己的真实情况,然后决定是否申请贫困生补助。同时,大学生要有吃苦耐劳的精神,树立正确的消费理念,做到不铺张、不攀比,合理消费。希望每一个大学生都能乐观积极地面对生活,不因为家庭情况而感到自卑。

四、对相关同学的访谈

为了更好地了解贫困生补助的相关实际情况,我们分别对申请贫困生补助的同学以及参与贫困生补助认定的同学进行了访谈。

1. 对申请贫困生补助的同学的采访

问:你申请的助学金是什么类型的,是国家补助还是企业资助?

答:国家的,申请过励学金但没通过。

问:你知道没通过的原因吗?

答:名额不多,成绩没有其他人好。

问:贫困生的认定过程你觉得麻烦吗?

答:不麻烦。

问:认定审核是每年都要提交材料还是只需要提交一次?

答:每年都需要。

问:每年你能拿到的补助金大概有多少?

答:1 500元。

问：这笔钱你一般会做什么用途？

答：生活费。

问：你觉得这笔钱的数额合适吗？

答：合适。

问：你一个月的生活费大概在什么范围？

答：1 000元左右。

问：你觉得从评定到助学金发放整个流程有什么问题或需要改进的方面吗？

答：发放的时间可以再早一点。

评价：

（1）虽然社会企业也会有一些针对贫困生的助学励学金，但大多数贫困生的主要助学金来源还是国家补助。国家助学金的金额也基本能满足申请人的需求。贫困生的认定以及助学金资格的审核并不复杂，不会给同学带来太多额外负担，但同时也可能给一些有"歪心思"的同学提供了可乘之机。

（2）学校每年都会重新审核贫困生的资格，保证助学金能真正发放到有需要的人手中，但对助学金最终的用途和对于贫困生生活的帮助与影响缺少回访，没有及时收集同学的日常反馈意见。

（3）对于现行的助学金资助发放制度，申请过的同学基本满意，但他们也认为评定与最终助学金发放的时间间隔太长，往往学期初就提交了申报材料，学期中后期才收到助学金。

2. 对参与贫困生补助认定的同学的采访

问：作为班里的生活委员，是学校评定贫困生的最基础的评定者，那你评定工作的主要流程是什么样的？

答：第一步，由学生本人提交申请，并附上社区（乡镇）开具的贫困证明。第二步，在班级内，由班导师和班干部进行贫困生等级的评定，根据家庭情况、日常生活情况等分为一般困难、困难、特别困难三个等级。第三步，将班级内评定的名单上报年级生活委员，录入贫困生库。当国家助学金/励志奖学金申报工作开始后，学生本人申请，学院根据学生贫困等级、学习成绩、日常表现等在年级内组织评选，最后公示。

问：申请贫困生补助的同学多不多，积极性如何？

答：不算太多，积极性很高。

问：贫困生补助有没有发放到位呢？

答：因为款项直接打入学生个人账户，并由学院监督，能够都发放到位。

问：你觉得学校给予的贫困生名额是供大于求还是供不应求呢？

答：供不应求，因为只要手持贫困证明就很大概率可以进入贫困生库，所以申请人数比较多。然而，各类助学金发放的名额是固定的，有时是供不应求的。

问：是否存在有同学弄虚作假的行为呢？

答：据我所知，没有。

问：你觉得你的评选标准有哪些？与学校制定的细则相一致吗？

答：我的评选标准主要是申请人是否有有效力的贫困证明，平时生活中的消费水平和自我描述是否相符。和学校制定的细则一致。

问：对现在的贫困生补助工作提些简单的建议吧。

答：贫困证明的开具有点简单，应该更严谨一点。目前存在重复收取证明材料的情况，申请人打印复印比较麻烦。感觉应该一次性上交，并留档。

评价：

（1）大致来说，学校目前的贫困生补助流程是学生自己上交相关申请表和有效证件，再由班级和年级逐级进行评选，在班级评定过程中由班级生活委员和班导师结合学生平时的生活消费水平以及是否具有有效的贫困证明来评选。过程比较透明，补助对象评选比较公平公正。

（2）参与评选人数和积极性，只要有贫困证明就拥有参与贫困生评选的资格，但是贫困生补助的名额有限，这对评选过程的严谨度和公平度也提出了较高要求。据这位生活委员表述，他所在的班级里并没有学生在评选过程中提供虚假证明的情况。

（3）因为补助款直接打入学生提供的银行卡账号，并且由学院监督，所以补助发放过程中并不存在"截留"资金的现象；而且贫困生是每年都会重新评选，这对领到补助的同学也是一种监督。如果某同学存在铺张浪费、过度消费的情况，在第二年的评选中就不会通过贫困生认定。

（4）因为学校每年都会重新评选贫困生，一些基本材料每年重复收集，对于需要参与贫困生评选的学生来说是个小麻烦。

五、解决方案

通过以上对高校贫困生补助政策的探究与调查，我们小组认为我国的高校贫困生资助工作在对家庭经济困难学生的帮扶方面发挥了巨大作用，资助了许多的寒门子弟。国家对高校贫困生的资助力度不断加大，很大程度上缓解了他们的经济压力。但高校资助育人工作是一项复杂的系统工作，不能仅满足于物质帮扶，还应重视贫困生的心理素质、学习能力和就业能力的培养。对此，我们查阅资料并结合自己的亲身体会和经历，提出以下的解决方案。

(一)建立规范的贫困生认定机制

规范的贫困生认定机制是高校开展贫困生资助育人工作的前提,贫困生的认定一般是于大一时进行,且一经确认基本是四年不变的。为保证高校贫困生资助育人工作的顺利开展,首先必须建立规范的贫困生认定机制。

第一,要制定科学、合理的贫困生认定标准。坚持"身份判定、定量评级、定性评估"的工作原则,结合定性及定量两种评定方式,采取学生自荐、班委推荐、班导审核等方式,进一步完善贫困生的认定体系,保证评定结果的公平性、公开性和公正性,使真正贫困的学生能得到资助。

第二,重视并加强对贫困生认定的动态化管理。随着社会经济的发展,各地区经济发展水平也会有所变化,这就影响着学生的家庭经济情况,也要求高校对贫困生的认定实施动态化管理。依地区经济发展差异,参照各地区居民月生活最低保障标准,建立贫困生家庭经济的量化指标评测体系,对学生消费水平进行重新评估,针对部分家庭经济有所好转、已脱离贫困线的学生,可要求其退出贫困生队伍。实现贫困生入档的量化管理,可保证贫困生认定的公平性,提高其可信度。

(二)不断完善资助体系

只有不断完善资助体系,才能确保补助政策有效及时,并且体现公平和公正。具体应该从如下方面展开:第一,应不断优化当前资助育人体系,依学校实际情况适当调整各资助措施的比例,同时建立最低生活保障制度,保证贫困生的基本生活需求。第二,拓宽资金来源。可通过政府财政补助、社会募捐、学校统筹等方式,不断拓宽资助资金来源,以保证贫困生的基本生活与学习。第三,设置专项奖学金。高校可充分利用自身学科优势,与社会各界合作,一方面,高校可为合作单位提供学科专业帮助,另一方面,高校可通过合作方式获取专项教育基金,有利于扩大高校资助力量。第四,积极开展勤工俭学活动。勤工俭学不仅是给予贫困生经济帮助的重要方式,同时也是培养贫困生艰苦奋斗、自立自强意识的重要手段,有利于帮助学生改善自身思想观念,避免产生不良心理,而且也为学生今后步入社会、适应社会打下良好基础。

(三)加强心理健康教育

贫困生的不良心理不仅会影响高校贫困生资助育人工作的效果,还会影响贫困生自身生活、性格等,不利于学生的长期发展。因此,高校在实施贫困生资助育人工作的过程中,不但要做好"资助"工作,而且要更加重视贫困生的"育人"工作。第一,要加强对贫困生思想的引导,让贫困生了解高校实施资助育人的内涵、目的等,使贫困生真切地感受到学校、社会、国家对其的关心与爱护，帮助其建立积极向上的生活和学习态度，有利于其综合素质的提高，为国家及社会贡献力量。第二，给予贫困生人文关怀。高校在解决贫困生的经济问题时，还应充分考虑到贫困生的内在需求，给予贫困生人文关怀，建立人性化的资助育人模式。第三，培养贫困生的诚信与感恩反哺意识。高校、社会、国家为贫困生提供了经济、物质及心理方面的帮助与引导，贫困生也应学会感恩和反哺，同时还应具备诚信意识，保证所提供的贫困证明真实、可靠。

（四）加强对贫困生的回访

学校应该对已经申请或即将申请贫困生补助的同学进行回访，了解他们的学习状况和生活状况，了解他们是否将补助金用到该用之地，是否存在铺张浪费、虚假申报等情况。在进行回访的同时，还可以了解到真正家庭困难的同学，对他们进行再次的资金补助或提供勤工俭学岗位等二次援助，根据回访情况及时调整评定标准或补助形式，真正做到资金申请无虚假，资金发放无瑕疵。

六、总结

通过这次调查研究，我们首先对高校助学体系的意义有了较为全面而深入的了解。其主要意义有以下几个方面。

（1）从个体层面来说，高校助学体系能在一定程度上帮助寒门学子减轻经济负担，解决其上学难的问题，给部分寒门学子带来了希望与出路，因为进入大学学习是大多数人实现阶层向上流动的通道之一。

（2）从家庭层面来说，高校助学体系给贫困家庭带来了改变整个家庭命运的希望。无论城市还是农村，对大多数底层百姓来说，子女有好的出路是改善其家庭经济状况的最重要的方式。

（3）从国家层面来说，高校助学体系是扶贫工作向教育倾斜的表现，体现了我国早在1987年就提出的"百年大计，教育为本"政策方针。

其次，我们认识到，教育是最为彻底的扶贫，只有通过对教育的支持，才能从根本上解决贫困问题，从而有助于缩小城乡差距、中西部差距，解决我国社会发展不平衡不充分的问题。

从知识技术水平层面看，高校助学扶贫的同时，也对社会主义人才培养起到了很大的作用，对实现社会产业升级起到了强大的助推作用。

从精神文明水平层面看，社会总体知识水平与社会精神文明水平存在极强的正相关。高校助学使更多的人有机会接受大学教育，其知识水平提升的同时，也对社会主义文化建设具有重要意义。中国式现代化不只需要"物质财富极大丰富",还需要"精神财富极大丰富"。

当然,任何政策都不是十全十美的,其中也存在一些问题,主要有以下几个方面。

(1) 助学金发放不精准、助学金金额不多。部分同学平时生活较为铺张浪费,却申请到助学金,造成资金流失,同时使同学们对高校助学体系的意义价值产生质疑。另外,部分贫困学生碍于面子,因难为情而不愿意申请助学金,这进一步造成了助学金发放不够精准。对于部分家庭极端贫困的学生来说,比起学费和大学生生活基本开支,助学金无疑是杯水车薪,致使部分学生整天忙于兼职,甚至影响到学业的正常进行,助学金也就失去了本来的意义。

(2) 助学金评定不够透明。以 H 大学为例,贫困生库的名额认定全凭一纸贫困证明文书,从基层的班级生活委员,到最后的学校审查公示,相应的监督和认定环节不完善。不仅仅在 H 大学,这种现象在各高校普遍存在。我们认为评定细则需要进行改进。

(3) 注重物质帮扶,淡化精神关怀。在学校的各类资助中,有 80%~90% 的部分以奖助学金、困难补助、慰问物资等形式直接发放给贫困生。各级资助管理部门高度重视资助资金和物资的发放工作,但对高校贫困生切实存在的精神需求却重视不足,把握不准。具体资助工作中,出现简单粗放、泄露学生隐私、伤害学生自尊、忽视学生内心感受等情况。有些辅导员甚至把贫困生库的名单发在大群中,并标着"一般贫困""重度贫困"等;有些班级甚至集体投票评定贫困等级。这些做法在一定程度上对贫困学生造成了不良影响和心理压力。

(4) 重视政策执行,忽视思想培育。不少贫困生缺乏应有的感恩意识,他们认为,国家和学校的奖助学金都是自己应得的,没有表现出应有的知恩图报、感恩奉献等传统美德。甚至有的学生贪恋钱财,为了获得国家和学校的资助不惜开具假证明,虚构事实,夸大困难程度等,表现出诚实守信等道德品质的缺失。

总的来说,高校助学的价值意义远大于其存在的问题。调查显示,H 大学学生对学校助学体系较为满意,认为学校助学金不存在冒领、克扣及私吞的问题,评定较为公平公正,发放及时。对于其中存在的一些细小问题,大学生们也希望有关部门人员能进行一定的思考并予以改进。

参考文献

一、著作类

[1] 马克思恩格斯文集：第二卷[M]. 北京：人民出版社，2009.

[2] 中共中央文献研究室. 十四大以来重要文献选编：中[M]. 北京：中央文献出版社，2011.

[3] 毛泽东. 毛泽东选集：第一卷[M]. 2版. 北京：人民出版社，1991.

[4] 邓小平. 邓小平文选：第二卷[M]. 2版. 北京：人民出版社，1994.

[5] 邓小平. 邓小平文选：第三卷[M]. 北京：人民出版社，1993.

[6] 江泽民. 江泽民文选：第二卷[M]. 北京：人民出版社，2006.

[7] 江泽民. 江泽民文选：第三卷[M]. 北京：人民出版社，2006.

[8] 中共中央党史和文献研究院. 十九大以来重要文献选编：上[M]. 北京：中央文献出版社，2019.

[9] 习近平. 论党的宣传思想工作[M]. 北京：中央文献出版社，2020.

[10] 中共中央党史和文献研究院. 习近平关于注重家庭家教家风建设论述摘编[M]. 北京：中央文献出版社，2021.

二、报纸类

[1] 江泽民. 在纪念红军长征胜利六十周年大会上的讲话[N]. 人民日报，1996-10-23（2）.

[2] 胡锦涛. 在纪念红军长征胜利70周年大会上的讲话[N]. 人民日报，2006-10-23（1）.

[3] 习近平. 在纪念红军长征胜利80周年大会上的讲话[N]. 人民日报，2016-10-22（2）.

[4] 习近平. 青年要自觉践行社会主义核心价值观——在北京大学师生座谈会上的讲话[N]. 人民日报，2014-05-05（2）.

[5] 习近平. 在北京大学师生座谈会上的讲话[N]. 人民日报，2018-05-03（2）.

[6] 谢仕亮. 年轻"负翁"当不得[N]. 深圳特区报，2019-02-21（A02）.

[7] 徐建辉. 量力而行 树立收支有度的消费观[N]. 中国商报，2019-03-26（2）.

三、硕博论文类

[1] 邓江波. 革命历史题材影视创作的重大突破——试论电视剧《长征》的艺术特色[D]. 武汉：华中师范大学，2002.

[2] 曾玉兰. 我国高校职业指导存在的问题与对策研究[D]. 武汉：华中师范大学，2004.

[3] 郭玉坤. 中国城镇住房保障制度研究[D]. 成都：西南财经大学，2006.

[4] 邵明玉. 和谐社会建设视野中的民生问题研究[D]. 北京：首都师范大学，2009.

[5] 汪欣宇. 小学性教育实施中存在的问题及对策探讨——以乌兰浩特市某小学为例[D]. 呼和浩

特：内蒙古师范大学，2014.

[6] 涂中. 小学中高年段性教育的调查研究——以武汉市 A 小学为例[D]. 武汉：华中师范大学，2014.

[7] 马菁. 消费文化视野下女大学生消费观的问题研究——以 S 大学为例[D]. 成都：四川师范大学，2018.

[8] 房雪. 社会工作视角下大学生非理性消费的介入研究[D]. 西安：陕西师范大学，2019.

[9] 黄丽媛. 基于社会主义核心价值观的高校就业教育研究[D]. 锦州：渤海大学，2019.

四、期刊论文类

[1] 封海清. 从文化自卑到文化自觉——20 世纪 20—30 年代中国文化走向的转变[J]. 云南社会科学，2006（5）：34-38.

[2] 杜振吉. 文化自卑、文化自负与文化自信[J]. 道德与文明，2011（4）：18-23.

[3] 秦平. 《春秋穀梁传》华夷思想初探[J]. 齐鲁学刊，2010（1）：13-17.

[4] 杜芳. 中华优秀传统文化与文化自信[J]. 探索，2017（2）：163-168.

[5] 王伟光. 坚定文化自信 传承和弘扬中华优秀传统文化[J]. 求是，2016（24）：31-34.

[6] 秋石. 正视道德问题加强道德建设——三论正确认识我国社会现阶段道德状况[J]. 求是，2012（7）：10-14.

[7] 王倩. 关于"互联网+"背景下高校思政课改革的多元思考[J]. 学校党建与思想教育，2016（8）：45-47.

[8] 陈萌，姚小玲. 新时期高校思想政治理论课教师队伍建设的问题与对策研究[J]. 思想教育研究，2014（12）：84-87.

[9] 杨彩娟. 改革开放以来我国高校思想政治理论课程设置的历史沿革[J]. 教育与职业，2012（18）：117-119.

[10] 雷娜，左鹏. 新中国成立以来高校"形势与政策"课的历史沿革与建设经验[J]. 思想教育研究，2017（2）：79-83.

[11] 周寻. 加强文学教育 提高大学生文学素养[J]. 中国大学教学，2015（12）：86-88.

[12] 李丽，赵文龙. 家庭背景、文化资本对认知能力和非认知能力的影响研究[J]. 东岳论丛，2017，38（4）：142-150.

[13] 罗芳，关江华. 家庭背景和文化资本对子女非认知能力的影响分析[J]. 当代教育科学，2017（9）：91-96.

[14] 郑吉伟，郭发. 论习近平对邓小平思想政治教育思想的继承与发展[J]. 思想教育研究，2018（3）：19-23.

[15] 黄祐. 江泽民对新时期大学生思想政治教育理论的创新发展[J]. 黑龙江高教研究，2005（3）：31-33.

[16] 冯亮. 大学生网购特征与网购满意度影响因素研究[J]. 中国青年研究，2017（1）：73-79，22.

[17] 王雄，邹铃. 我国 P2P 网贷平台成交量的政策效应研究——基于平台类型与地区的差异[J]. 金融理论与实践，2019（9）：49-59.

[18] 马永霞，张雪，施翰. 大学生就业能力的"双顾客"满意度评价研究[J]. 教育与经济，2019，35（3）：11-19.

[19] 袁晓夏. 当前高校大学生就业面临的问题及对策[J]. 教育与职业，2016（4）：34-36.

[20] 颜玉凡，叶南客. 文化治理视域下的公共文化服务——基于政府的行动逻辑[J]. 开放时代，2016（2）：158-173.

[21] 赵开开. 不做"负翁" 树立正确消费观[J]. 人民论坛，2019（17）：106-107.

[22] 张梓琪，丁三青. 透视大学生"双十一剁手"现象：消费主义思潮的渗透和流行[J]. 当代青年研究，2019（1）：51-56.

[23] 杨宏飞，叶映华. 杭州市中小学校园暴力行为及其相关因素分析[J]. 中国学校卫生，2006，27（10）：880-882.

[24] 荆春霞，王声湧，陈青山，等. 广州市中学校园暴力发生情况及原因分析[J]. 中国学校卫生，2005，26（1）：22-23.

[25] 姚建龙. 校园暴力：一个概念的界定[J]. 中国青年政治学院学报，2008，27（4）：38-43.

[26] 张旺. 美国校园暴力：现状、成因及措施[J]. 青年研究，2002（11）：44-49.

[27] 梅志罡，汤志超. 中学校园暴力：社会化视角的透析[J]. 青年探索，2007（4）：57-60.

[28] 王吉. 一个校园安全的建设蓝本：奥维斯校园暴力预防计划简介[J]. 外国中小学教育，2004（8）：36-38.

[29] 赵银平. 文化自信——习近平提出的时代课题[J]. 理论导报，2016（8）：7-9.

[30] 王誉俊. 新闻传播语境中道德绑架的内涵与规避[J]. 今传媒，2016，24（3）：30-31.

[31] 黄明理. 论道德对个体的意义[J]. 淮阴师专学报，1994（2）：15-17.

[32] 何宏米. 浅议加强高校思想政治心理教育的作用[J]. 青年与社会，2013（15）：133.

[33] 张桂群. 试论全球化背景下弘扬长征精神的必要性[J]. 科技信息，2011（2）：221-222.

[34] 胡少华. 大众传媒娱乐化现象应对策略分析[J]. 新学术论丛，2012（6）.

[35] 周栩睿. 娱乐新闻报道的弊端与对策[J]. 科技传播，2018，10（23）：34-35.

[36] 韩升，赵玉枝. 当前大众文化审丑异化的批判性解读[J]. 中央社会主义学院学报，2017（1）：100-104.

[37] 曾楠. 警惕文化泛娱乐化侵蚀精神家园[J]. 共产党员（河北），2017（24）：54-55.

[38] 陈雅萱. 新媒体对大学生思想道德认知的影响及对策研究[J]. 群文天地，2012（23）：290-291.

[39] 褚笑清，王乃新. 网络舆情监管存在的问题与对策建议[J]. 学理论，2016（11）：51-53.

[40] 官晓慧. 浅谈《胡锦涛文选》对高校学生思想政治教育工作的启示[J]. 现代经济信息，2016（22）：426.

[41] 牛田盛. 大学生对"十九大"精神和习近平新时代中国特色社会主义思想的认知状况调查[J]. 教育探索，2018（4）：78-83.

[42] 孙绪敏，薛来彩. 加强校园文化建设 促进大学生文学素养的提升[J]. 文教资料，2014（30）：9-10.

[43] 李常. 新时期高校思政教育与就业指导教育的融合策略[J]. 经济师，2021（1）：161-162.

[44] 吴立全. 高校创新创业教育融入人才培养全过程的路径探究[J]. 中国成人教育, 2018 (6): 79-81.

[45] 彭拥兵. 论校园暴力及暴力游戏罪过心理生成机制[J]. 重庆工商大学学报（社会科学版）, 2006, 23 (1): 115-119.

[46] 金志利. 校园暴力事件的成因分析与对策[J]. 中国科教创新导刊, 2010 (11): 117.

[47] 张美英. 象牙塔里的阴影——透视国内校园暴力[J]. 科学中国人, 2003 (2): 23-25.

[48] 陈小梅. 论校园暴力事件后的心理创伤治疗[J]. 漳州师范学院学报（哲学社会科学版）, 2011, 25 (3): 143-147.

[49] 程伟. 透视与思辨：我国校园暴力犯罪成因解析与防控对策[J]. 理论界, 2012 (1): 53-55.

[50] 李群. 大学校园暴力行为的归因与防范对策研究[J]. 哈尔滨职业技术学院学报, 2015 (4): 102-103.

[51] 沈怡君. 校园快递代取服务法律及风险防控问题研究——以江苏大学为例[J]. 新西部（下旬刊）, 2018 (6): 62-65.

[52] 张仕广. 快递代拿的机遇与法律风险[J]. 中国市场, 2016 (32): 45-46.

[53] 杨士涓, 周燕蓉, 顾淑红. "互联网+"时代下高校校园快递配送模式研究[J]. 物流科技, 2017, 40 (2): 89-92.

[54] 任大勇. 学生自主管理下的高校校园快递新模式研究[J]. 物流技术, 2014, 33 (11): 71-73.

[55] 吴盛汉, 甘小芳. 大学校园快递代取的可行性分析及方略——以龙岩学院为例[J]. 龙岩学院学报, 2017, 35 (4): 112-117.

[56] 严泽凡, 高语越, 胡建, 等. 校园快递互助平台的设计和实现[J]. 信息记录材料, 2018, 19 (2): 56-58.

[57] 顾笑, 王妙韵, 杜子琳, 等. 高校快递"最后一公里"免费代取模式[J]. 中国管理信息化, 2017, 20 (15): 123-127.

五、网络资源类

[1] 王佳伦. 律师从《超级MT》是否侵权解析著作权侵权和不正当竞争问题[EB/OL]. (2015-09-16) [2023-03-16]. https://zhuanlan.zhihu.com/p/20220150.htm.

[2] 全国青联常委会关于深入学习宣传贯彻党的十九大精神的决议[EB/OL]. (2017-11-26) [2022-11-10]. https://qnzz.youth.cn/gzdt/201711/t20171126_11064096.htm.

[3] 三季度新闻发布会实录[EB/OL]. (2017-11-01) [2022-12-01]. http://www.mohrss.gov.cn/xxgk2020/fdzdgknr/zcjd/xwfbh/lxxwfbh/201711/t20171102_280523.html.

[4] 人民日报发文：马保国闹剧, 该立刻收场了[EB/OL]. (2020-11-28) [2021-03-01]. https://www.thepaper.cn/newsDetail_forward_10189554.

后 记

经过近两年的努力，历届部分优秀学生实践成果共19篇终于结集出版。本书稿围绕新时代高校校园生活变迁这一主题，从文化、教育、生活和热点话题四个篇章，全方位展示新时代高校校园生活变迁的全貌，包括大学生的思想及其倾向，以及他们思想的深度、厚度和温度。这些优秀学生实践成果可能会有诸多不足，却也倾注了指导老师和同学们的心血。希望通过结集出版，可以激励和启发更多的同学投入课程实践，也有助于推动教学相长，促使思想政治理论课教师加强教学反思，拓展思想政治教育的时间和空间，逐步提升自身教学能力，在教学和研究中获得成长。

参与本书写作的情况：

总负责：孙秀芳。

文化篇：晏自立、夏元兴、王森、张泽琛、丁志屿等。

教育篇：刘寅、陈天辉、沈甜、郑丽虹、巴冬阳等。

生活篇：金晶、张逸、李鼎新、陈晶晶、王小龙等。

热点问题篇：张颂蕊、张雪东、张道福、雍成立等。

在统稿过程中，河海大学马克思主义学院2021级研究生齐玉坤、叶宗慧和刘晓羽参与其中，尤其是齐玉坤同学在整合书稿和统一格式方面提供了很大帮助。2020级研究生吴贞兰、梁乐、程慧慧三位同学参与了第一轮部分内容的修改，2019级研究生吴秀、陈倩男和邵林三位同学也有所参与，在此一并向他们表示感谢。

本书编写过程中也得到河海大学马克思主义学院领导和同事们的指导，得到了河海大学出版社的大力支持，在此致以诚挚谢意！

本书稿在尊重学生作品原貌的基础上进行修改和学术加工，但因编者自身水平的局限，可能会有诸多不足之处，恳请同行专家、学者和广大读者批评指正。